父亲王广亚(1922-2015)

1986年，我与父亲在香港维多利亚公园留影

2010年6月6日父亲九十华诞，家人喜聚贺寿（左五左四：父亲同夫人王蔡秀鸾。左三：我。右二：弟弟王育文。右三：弟媳妇。左一：二弟王育丰。左二：妹妹王育华。右一：三子王新奇。）

跨越海峡两岸的教育实践家

我的父亲王广亚

图书在版编目（CIP）数据

跨越海峡两岸的教育实践家：我的父亲王广亚／
王淑芳著. — 郑州：河南人民出版社，2016. 10（2020.9 重印）
ISBN 978 - 7 - 215 - 10396 - 2

Ⅰ . ①跨…　Ⅱ . ①王…　Ⅲ . ①王广亚 - 生平事迹
Ⅳ . ①K825.46

中国版本图书馆 CIP 数据核字（2016）第 244748 号

河南人民出版社出版发行

（地址：郑州市郑东新区祥盛街 27 号　邮政编码：450016　电话：65788070）
新华书店经销　　　　　　郑州豫兴印刷有限公司印刷
开本　　710 毫米×1000 毫米　　　1/16　　　印张　23.5
字数　　290 千字
2016 年 10 月第 1 版　　　　2020 年 9 月第 2 次印刷

定价：48.00 元

出 版 说 明

本书自2016年10月出版以来，受到广大读者，尤其是海峡两岸教育机构的同仁，育达、升达校友与众多学子的欢迎和称赞。本书主要介绍了台湾著名教育事业家王广亚博士热爱教育、艰苦创业的人生经历和辉煌成就，同时反映了他成长、成才、成功的时代背景与其热心社会公益事业的崇高品德，是广大读者了解、学习王广亚博士的生动教材。

本次重印补充了发生在王广亚博士逝世前后的一些事，更加系统、完整地呈现王广亚博士的一生。

具体的修订过程主要从以下四个方面着手。一是对过时的、不恰当的内容进行了修改，如对有变化的提法进行订正，将"我院"修订为"我校"，"系"修订为"学院"等；对不准确的数字进行订正，将"从事教育事业60多年"，修订为"从事教育事业67年"等。二是内容更新，如更新了王广亚博士创办的10所学校的介绍、校领导班子与师资队伍介绍等。三是增加了部分内容，对王广亚博士的教育理念、"升达精神"等进行了补充。四是调整了部分编排顺序，如将原第五章第一节内容调整至第四章等。

敬请广大读者朋友阅读品赏。

河南人民出版社

2020年7月

序一
致敬回馈桑梓的王广亚先生

◆河南省原政协主席　林英海

　　近日，获知河南省原政协委员、郑州升达经贸管理学院董事长王淑芳女士，正为其父王广亚博士作书，我顿时兴奋不已。王广亚老先生的爱国精神和在教育事业上所取得的成就，的的确确应当大讲特讲，大书特书。在王淑芳女士的盛情邀请之下，我爽快应允为该书作序，以表达对王老先生的崇敬之情，以及对王淑芳女士的赞誉。

　　在教育行业，自古有"桃李不言，下自成蹊"的名言警句。升达学院的创办人王广亚博士鼎力办学、回馈桑梓以及良好的教育风范，就如桃李，虽然无言却足以感召世人。

　　我与王广亚博士是因1994年国家教委发文批准成立升达经贸管理学院而结缘。1995年，我在担任河南省政协主席期间，有幸与同事一同考察正在兴建的升达学院，才真正目睹了王老先生的风采，我们一见如故、相见恨晚。他的热爱祖国、热爱家乡、热爱教育事业的崇高精神，他的宽阔胸襟，他的聪明才智，他的坚毅品性，都令我十分敬佩。之后，在升达的工作上，我总是给予力所能及的支持。当升达在建校与招生工作中遇到困难时，我及时了解详情，向省委、省政府汇报并想方设法加以解决，从而，确保了升达学院能够快速建设与顺利招生。在升达学院隆重召开建校五周年庆典之时，我发去贺信，感谢王广亚博士及升达全体教职工在国家教育方针下，为国家、为河南、为中原经济区建设培育大批英才，也感谢王广亚博士为教育事业献身。

　　升达学院建校已23载，它从沟壑纵横的荒郊野地发展到现在的高楼林立,水木清华。作为第一所在大陆办学的台资民办大学,升达是海峡两岸文化教育交流的桥梁和纽带,为河南以及省会郑州的文化教育与与经济发展做出较大贡献。看到升达强大的师资力量、校园浓厚的学习氛围,听到升达在社会上的良好口碑,媒体对升达的宣传与赞誉,我甚感欣慰,甚是自豪。在创办人王广亚和董事长王淑芳的带领下,升达学院认真贯彻党和国家教育方针,在省教育厅的关心指导下,它已成为我省民办教育的一颗明珠。

在与王广亚先生交往的同时,我也认识了王淑芳女士。作为王老先生的长女,她长年陪伴在父亲身边,继承了父亲事业,精心管理着父亲创办的学校。尤其是她秉承了父亲勤俭朴实、自力更生的精神,在谋划学校发展、管理学院、沟通交流等方面颇有王老风范。我为她能够秉承父亲意愿,将升达学院打造成家乡一所优秀的高等学府而感动。升达学院从名不见经传,逐渐发展成今天的誉满中原。这与她的努力及领导是密不可分的。

"乌鸦尚反哺,羔羊犹跪足",纵观王淑芳女士数十年如一日,追寻父亲的足迹,遵循父亲的意愿,秉承父亲的事业,关心父亲,孝敬父亲,又为父亲作书,谁不动容?试问,人世间有几个儿女能费尽一腔心血,将父亲一生的资料认真收集整理,在繁重工作下伏案疾书,去纪念父亲伟大的一生呢?王女士做到了,而且做得很好。我为之敬佩!

2016 年 7 月 1 日

序二
王广亚博士——两岸民办职教的先行者

◆中国台湾地区教育部门原负责人 吴清基

前言——忘年至交，亦师亦友

一生为教育奉献有成就者或许不少，但是，在我心目中能让我心悦诚服以"伟大"称呼赞许者则不多，王广亚博士，则当称之无愧。我和王创办人结缘于1994年在我担任教育部门技职教育负责人时；后来，我在台北市政府服务期间，因担任教育局长和副市长工作，和王创办人乃有更多请益互动的机会。我发现他是一位务实的传奇教育家，是我在教育圈内所敬仰的长辈。即便后来我担任教育部门负责人职务，王创办人仍是我教育政策和学校问题咨商请益的对象。我们可谓志同道合、齐心齐力的忘年至交，亦师亦友。

一、投入教育，成人之美

王创办人1922年出生于河南省巩义，其父亲王家升老先生一生务农，勤俭刻苦，寄望儿子能多读书，做出一番事业。因此，王创办人秉持父亲的期勉，更有"男儿立志出乡关，学不成名誓不还"之雄心壮志。到了台湾，他原在审计署当公务员，以他的努力踏实、勤奋积极的个性，若继续留任公务员，他可以仕途亨通，成为简任或特任高官；若改行经商，他前瞻远见，胆识过人，在台湾经济快速起飞时代，可以坐拥商城，和王永庆齐名。但是，他选择教育办学，为作育英才而忘我，为成就他人而努力。诚为昔之孔夫子今日再世也。

二、独立办学，杰出有成

王广亚博士创办育达教育事业集团，并没有财团雄厚资金资助，完全是一个人白手起家,克勤克俭,一砖一瓦,辛苦堆砌。早年只身渡海来台湾,他选择了教育办学,打造了别人无法达成的民办教育事业王国。

王创办人在教育界是一位十项全能好手,打从幼儿园教育开始,无论中小学普通教育、初中高中职业教育、专科职业教育,到大学高等职业技术教育,他都全心投入,且办学绩效卓越有成。他以民间办学的力量来弥补政府办学的不足;他用教育的爱心感动师生,成就莘莘学子。他的春风化雨,教泽广被,让许多社会青年接受了教育,真是功在教育,泽被社稷。

三、回馈乡梓,社会典范

王创办人饮水思源,回馈乡里,除办学外,还有更多义行善举,令人感动敬佩。如:捐资海上桥村建校办学,修路办厂,捐资兴建升达艺术馆、巩义二中钟塔,捐资白马寺镌刻"佛说四十二章经"碑,捐资修建海上桥村文化广场,关心赞助河南诸多学校建设经费,为河南农村与旅游景点捐款捐物,乐善好施、支援灾区,体现"人饥己饥,人溺己溺"之大爱精神。

即使在台湾的社会奉献,他也一向默默行之,鲜少向外人提及。对于长期担任台湾私立教育协会理事长,协助他校校务提升发展,照顾私校同仁福利,捐助台北河南同乡会,资助中原读书会,资助创办出版"中原文献"杂志,等等。王创办人的慈悲胸怀、博爱大众,今之社会能与相比拟者诚然不多矣!

四、前瞻远见,引领教育

王广亚博士之所以能有此成就,主要是他眼光前瞻,见识深远,理念踏实,确实可行。教育的目标在增进学生知识,培养学生技能,健全学生情操态度和价值观念。王创办人深谙教育的目的,不仅教学生做事,更教学生做人。因此,育达教育王国的学子,落实德、智、体、群、美五育的目标是基本的教育方针;强化学生德育行为目标,树立学生服务人生观,培养学生负责尽职工作态度,均是王创办人所悬念之事。

20年前,我走进台北育达商职学校,曾在川堂见到王创办人亲笔书写的对联"要为成功找办法,不为失败找理由",以勉励学子积极上进追求成功。"勤俭朴实、自力更生"是他的办学作风,是育达、升达学园的校训;"伦理、创新、品质、绩效"是他的办学理念。王创办人办教育,一向秉持四要原则,即要有一流的师资、一流的设备、一流的管理、一流的福利。因此,其师资、设备、管理和福利都皆称一流,"三三三制"作为其办学治校理念,充分表现教学特色、品德特色和形象特色。王广亚博士办学的成就,确实因他的前瞻眼光、正确理念在引领教育同仁热忱付出。"育达""升达"正字招牌在台湾、在内地、在泰国闪亮发光,确因王创办人之睿智引领,并印证西方谚语"有怎样的校长,就有怎样的学校"。王创办人能同时荣获各地颁赠"终身教育成就奖"及"荣誉博士学位",其来有自。

结语——民办职教,两岸发光

由于王创办人卓越的办学成就,他在台湾任私立教育事业协会理事长长达27年之久,领导台湾私校教育发展,贡献巨彰;获选台湾第一届私校十大杰出教育事业家,并获教育部门颁赠台湾技职教育贡献奖。在内地,他因在河南郑州办学有成,入选"感动中原——60年·60事·60人";荣获中国教育协会"中国民办教育终身成就奖";更被尊称为"河南民办教育慈善人物"。

王广亚博士是当前海峡两岸技职教育的领航者,也是两岸民办教育的先行者,他对教育的贡献令人感佩,对社会的付出令人尊敬。他永远是一座发光发热的灯塔,照亮年轻人的璀璨前程。

2016年8月

序三
走在孔夫子的路上

◆河南省作家协会常务副主席　郑彦英

当他还是个小学生的时候,孔子是他的老师。当他90岁高龄时,孔子依然是他的老师。他的精神和信念,在与孔子穿越千年的对话中不断加强;他的足迹,在孔夫子走过和设定的道路上留下深深的印痕。他的名字叫王广亚。

20多年以前,这个名字就响亮在我的耳边,因为他创办了河南省第一所民办高等院校——升达大学。十几年来,我常常到升达艺术馆参加文艺活动,这个艺术馆是王广亚先生捐资兴建的。

20世纪90年代,升达大学建设初具规模时,我在灵宝市担任副市长,周六回郑州,河南日报社记者去升达大学采访,邀我一同前往。我欣然同意,因为我刚刚看过报道,时任省委书记李长春去升达视察,给予很高评价。那天天气很好,我们在时任升达大学董事王淑芳女士的引领下,参观了大学教室、教研室、实验室、图书馆、学生食堂和学生宿舍。当时的语音教研室和电脑教研室给我耳目一新的感觉。那时候,电脑在我国还未普及,家庭拥有电脑是很奢侈的事,河南大部分大学自然还没有这样的教研室,而在升达,一下子就和世界最前沿科技设施接轨。令我感动的还有学生宿舍,房间大,走廊宽,设备齐全,每个学生拥有单独的学习空间。那天,我在午饭前见到创办人王广亚先生,他穿着一件夹克,一看就是极其普通的夹克,面目清癯,却精神抖擞,眼睛里透着激情。我记得河南日报社记者采访了他五六个问题,他回答得很简短,但我记住了一句话:一个民族的兴亡,教育是基础。

在初夏上午温和的阳光里，这句话给我很深的印象，让我联想到孔夫子。孔夫子在战事稠密、列国相争的春秋末年，颠沛流离，带着弟子到各国讲学，宣传他的思想"礼"与"仁"，希望九州民众仁爱守礼。而王广亚先生，从台湾绕道香港，来到内地，来到郑州新郑，慷慨解囊，在龙湖边建设了一个大学城，要让中原学子，接受到世界一流的教育，接触到世界一流的科技。

这是我与王广亚先生唯一的一次接触，感触很深，印象很深，却仅限于此。当我读完王广亚的女儿、现任升达经贸管理学院董事长王淑芳所著的传记式文本《我的父亲王广亚》后，我才知道，我所知道的王广亚，只是苍山一角。

60多年来，王广亚博士构筑了横跨海峡两岸乃至东南亚的"教育帝国"，创办了十所学校，培养学生近100万人，获选为台湾第一届私校十大杰出教育事业家，获由中国教育协会颁发的"中国民办教育终生成就奖"等荣誉。

读完这本书，我在想，王广亚的足迹，许多是和孔夫子的足迹重叠的。孔夫子是中国私学第一人，王广亚则在内地和台湾两地创办民办教育学校；孔夫子倡导仁爱，王广亚则主张"爱国爱校、宁静好学、礼让整洁"的办学精神……王广亚则生活在我们的时代，主张"伦理、创新、品质、绩效"的办学理念，"勤俭、朴实、自立、更生"的办学作风。所以，王广亚在孔夫子设定的道路上，昂首前行。

孔夫子被誉为圣人，华人的血液里大都流淌着他的思想，而要把他的思想付诸现实，修身养性，不是每个人都能做到的。

然而，王广亚做到了。在这一点上，他是我的榜样。

2016年9月于河畔木屋

自序
献给敬爱的父亲王广亚

◆郑州升达经贸管理学院董事长　王淑芳

本书献给我最敬爱的父亲王广亚博士。本书也是献给父亲的育达教育机构及其创建的郑州升达经贸管理学院的。

我的父亲王广亚是台湾杰出的教育事业家。1993年，父亲回馈桑梓在郑州创建了郑州升达经贸管理学院，2004年，又在巩义创建了郑州商学院(原郑州成功财经学院)。他热爱祖国、热爱家乡、热爱教育事业的崇高精神和高尚品德令人感动，受到政府和人民群众的高度赞扬。2010年，父亲获"感动中原——60年·60事·60人"殊荣。2011年12月，荣膺全国教育行业最具影响力人物称号。2012年4月，荣获由中国教育协会颁发的"中国民办教育终生成就奖"；2012年5月，荣获"台湾技职教育贡献奖"；2012年9月，获"河南民办教育慈善人物"殊荣；2013年1月，获2012年度"河南省民办教育先进个人"称号。2013年、2014年连续两年荣获"中国突出贡献教育人物"称号；2014年荣获"黄河之子"称号；2015年荣获"中国教育事业领军人物"称号，并评选获准"中华文化人物"；2018年追授"改革开放40年河南民办教育终生成就奖"；2019年荣膺"新中国成立70周年'河南省突出贡献教育人物'特别奖"。

父亲在67年的岁月中，为海峡两岸的民办教育事业作出了巨大贡献，曾受到原中央政治局常委李长春在河南省任省委书记时的亲切接见。他的业绩受到教育部及河南省教育厅的充分肯定与大力支持，他创办郑州升达经贸管理学院之壮举，被河南省教育厅誉为河南民办教育史上的一座丰碑。作为他的女儿,我感到非常骄傲,非常自豪,非常荣幸,当然,我也承载了许多责任,许多担当。

我是父亲的长女,出生于一个大动荡、大变革的时代,生长于一个特殊的环境、特殊的家庭中。我的人生道路颇为艰辛坎坷,可以说,我的成长,我的变化,我的工作,我的事业与父亲密不可分,在父亲无微不至的关怀下,在父亲严格的言传身教中,在领悟父亲的办学精神、协助父亲兴教办学事业中,我获得了莫大的教益,我对父亲的办学理念理解得更为透彻,对父亲的不畏困苦、艰苦创业、惨淡经营了解得更为真切,对父亲的博大胸怀与高尚品德感悟得更加深刻。父亲的教育事业这座宏伟大楼的建造,我不一定了解它的总体规划、总体设计,但耳闻目睹了其中的许多"结构",许多"材料",从20世纪80年代后期至2015年的30多年中,我在父亲的身边经历了许多鲜为人知的感人故事。这些情节,常常在我的脑海萦绕,不时在我心中翻腾。我感到,我有责任把它记录下来,否则,我将会终身遗憾,我会愧对父亲。我认为这是我报答父亲、感恩父亲的一种方式,是深藏心底的一个夙愿,也是送给父亲最好的礼物。

本书也是为关心、支持民办教育事业的领导与朋友而作,为育达、升达等教育机构同仁而作,为我的至亲至爱及儿孙们而作,大家可以从书中领悟人生,得到启迪,获得知识,获得力量,获得勇气,获得智慧,学会创业,学会做人,学会感恩。

本书共分为父亲的家境与求学经历;初办教育的艰辛岁月;父亲67年办学盘点;父亲的教育思想与办学理念;升达——父亲办学的杰作等几部分。上述内容记述了父亲的家庭、人生经历、创业历程、精神世界、生活经验、获得成就以及事业成功的秘诀。

希望我的短思寸想,拙笔浅见,能给人们留下一份思考,一份印象,一份教益。

2020 年 6 月

目 录

第六章　父亲对升达爱得深沉

第七章　父亲与升达师生工友

第一章　父亲的家境与求学经历

低头忆乡事,捉笔书衷情。大家对我父亲王广亚博士的现在比较了解,但是,对我父亲的过去与家境,我想知道得不多。我撰写《我的父亲王广亚》这本书,先向大家介绍一下父亲的幼年、家境与求学经历,这不仅使广大朋友对我父亲能有一个全面的了解,还能通过父亲的家境,使大家了解家境对父亲的影响,以及父亲人生观的确立,父亲教育事业成功的原因。本章分家世与环境、父亲的幼年时代、我的母亲、我的叔父王万兴、父亲的启蒙教育、琉璃庙沟读书生活、辗转奔走读书求生、进修于日本亚细亚大学等八节。

第一节　家世与环境

海上桥村俯瞰

父亲旧居大门

我的家乡在河南省巩义市大峪沟镇海上桥村。巩义是河南省省会郑州市管辖的县级市，原为巩县，1991年9月1日改制为巩义市，但人们仍沿旧习称为巩县。巩者，取"山河四塞，巩固不拔"之意。因它东有虎牢关，西有黑石关，南有轩辕关，北有黄河天险，史称"东都锁钥"，为历代兵家必争之地。

巩义地处中原腹地，陇海铁路横穿东西，交通便利，矿产资源丰富。南边是雄伟高峻的中岳嵩山，北边横卧着浑厚古老的邙山，平静的伊洛河水从中间流过，两岸平铺着良田沃野。我的家乡是个美丽富饶的地方。

巩义的东部一带是丘陵山区，绵延起伏的黄土岭，经流水冲刷，年深日久，沟壑纵横。自古以来，人们就依山挖掘窑洞，聚族而居，自然形成了一个个的村落。在大峪沟镇西北一个叫"海上桥"的村子，就是我家祖居之地。1922年农历6月30日，我的父亲

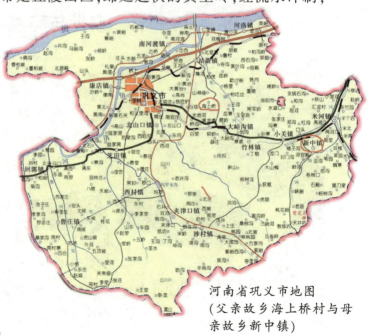

河南省巩义市地图
（父亲故乡海上桥村与母亲故乡新中镇）

王广亚就诞生在这个小小的山村。

元朝末年，中原饥荒加上战乱，赤地千里，人口急剧减少。明朝建立后，洪武皇帝朱元璋颁布诏书。在山西洪洞县，官府派吏卒把人们集中到一棵大槐树下，分发干粮、盘费，宣布皇帝诏令，驱使一批批老百姓离开古槐，携家带口迁徙到中原定居。我们王姓和刘姓家族就是那时候从山西洪洞迁到海上桥的，算起来该有600多年了。

第二节　父亲的幼年时代

我家曾祖父和祖父两代都是单传，所以自我父亲降生，他就成了王家的心肝宝贝，曾祖母和祖母对我父亲都是疼爱至极。旧时农村风俗，谁家的孩子最娇养，从小就给他穿一身红衣服，算是拴在关老爷所骑枣红马的马腿上了，做了关公老爷的牵马小子，受关爷保护，无病无灾。这红衣服，要一直穿到12岁。父亲小时先后认过三个干娘，分别是曹姓、刘姓、张姓等，都是我们本村人家。

父亲早年照

听长辈人说，父亲周岁生日那天，我家也像许多人家那样，在桌案上放了一些好吃的糖果、好看的玩具，还有香粉、雪花膏，再就是书本、笔墨之类东西，让我父亲去抓，这叫"抓周"。祖父抱着我父亲，曾祖母和祖母等人围在桌前，看我父亲会抓什么东西。按照一般人的风俗心理，孩子如果抓了吃的东西往嘴里填，表明这孩子长大一定是个吃材，没有出息；如果抓了香粉之类，表明这孩子长大爱和女孩子纠缠，也没有出息；如果是抓了书本、笔墨

父亲旧居当院

等物,则表明这孩子喜欢读书上进,长大了必有作为。芝兰玉树喜栽自家庭院,天下父母谁不盼望自己儿子读书成材呢?王勃在《滕王阁序》中说的"谢家之宝树,孟氏之芳邻"就是普天下父母的心愿。就要"抓周"的那一时刻,祖父祖母确是十分担心的,生怕他们的儿子会抓了糖果或是香粉。也许是与生俱来的缘分,我父亲一下子就把一本书抓在了小手里,惹得一家人笑得合不拢嘴,祖母高兴得流出眼泪来。

祖父对我父亲抱着很大的希望,王门世代以农为本,虽说倡言"耕读传家",但实际读书有成的人很少。祖父母盼望家里能出一个有学问的人,将来支撑门户。因此,祖父比平时更加勤俭,想积些钱来供儿子读书。我曾祖母对她孙儿自然分外娇惯,平日祖父外出赶集回来,给她买点烧饼或别样吃的,曾祖母总是要留给我父亲吃。我父亲四五岁时就很懂事,有好吃的他要先让我曾祖母、姑奶、姑姑吃。祖父长年累月在土地上劳动,父亲很小就常跟祖父下地干活,如拔草、拾柴,回到家里还帮助大人打水、扫院子,他从小就养成了爱劳动的习惯。

祖父喜欢儿子,但他并不娇宠,平时对我父亲的管教很严厉,从来不随便给我父亲零钱花,教育我父亲在外边玩耍不许和别人家的孩子斗气。上学后放假回来,白天干零活,晚上读书、写字、打算盘。

我父亲小时候很爱整洁,他每天清晨起来,总要帮着祖父祖母把院地打扫得干干净净,角角落落都要扫到,连鸡窝里的鸡粪都清理得一干二净,然后撒上一些细土,连一点儿怪气味也没有。祖父教他写的大楷,他自己订的白麻纸本整整齐齐,不论是描摹,还是临帖,他都是一笔一画,规规矩矩,本子上连一个小墨点也不容易找到。一本写完了,再换新本,旧本子不折不皱,保存起来。直到我小时候,还见过父亲幼年写的大楷,一本一本的白麻纸,没有一处卷角,纸质已经发黄了,但一张张清秀有力的颜体字,看上去还和新写的一样。

第三节　我的母亲

生我者父母,天下做子女的谁不爱自己的爹娘?我从小享受过父爱,但得到更多的是母亲的爱抚,我陪着母亲欢笑过,也陪着她流过太多的眼泪,经历过太多的磨难。

我父亲是 17 岁那年和母亲结婚的。母亲名张坤俊,比父亲大三岁。外祖父家住巩县浮戏山脚下的琉璃庙沟村,因村中有一座用琉璃瓦覆顶的观音庙而得名,而今庙已不存,村名尚留,隶属于巩义市的新中镇,已是有名的风景区。

我外祖父名张纯岳,曾在北京某大学深造过,后回归故里,从事教师工作,我父亲就当过他的门生。母亲常对我说,张氏先祖家有举人功名,历代均是书香门第。到晚清末年,转而经营矿业,靠采煤致富。外婆家一带地下煤藏丰富,外祖父家遂成为县内四大富户之一。

母亲从小就十分聪慧灵巧,幼年时外祖父送她进私塾学堂念过四书五经,并让她临摹阁帖,所以我母亲能书善画,家中年节的吉庆对联,多是她亲手书写。她的字字体娟秀,线条流畅,透出一股灵气。她 12 岁时跟外祖母习针线,学刺绣,她悟性强,手指灵活,很快就掌握了一套刺绣本领。15 岁起就能自画、自剪、自绣,外祖母常夸母亲心灵手巧,说张家女子青出于蓝而胜于蓝。我曾祖母和祖母常对着我说:"你妈绣花绣得真好,穿着她绣的花鞋去走亲访友,到谁家都是人人称赞。"我记得一件有趣的事是,我幼时,母亲为祝福我长命,常绣一种五虫鞋让我穿,由于绣得逼真,如同活的一般,家养的小鸡见我

我的父亲和母亲张坤俊1984年在香港留影

出来走路，就跑来啄我的脚面，竟将我的脚啄得又痒又痛。

老辈人还告诉过我父母亲结婚时的情景。母亲娘家是大户，我们家是海上桥王家首富，母亲是个才女，父亲在外游学多年，饱读诗书，又是王门长子，双方父母都竭力想把婚事办得气气派派，热热闹闹。结婚那日，车马盈门，宾客满堂，鼓乐欢奏，唢呐盛吹，红灯高挂，喜联耀眼，庭院里红绸飘舞，鞭炮声不绝于耳。

母亲结婚时的风光转眼就过去，命运安排给她的却是长期苦难。婚后不久母亲就跟随父亲去了南京，父亲经由巩县籍同乡、时任新国民政府于右任院长秘书的刘延涛先生介绍，在审计部当了一名职员。当时正值解放战争，南京处于战乱之中，我们住在南京市鸣洋街25号院内，父亲身为国民政府公务人员，薪俸微薄。当时家中有父母、我和妹妹念文，一家四口，还有叔叔正在南京读书，也要靠父亲接济；老家有几个远房伯叔，为了找工作，也赶来南京住在家里，父亲收入低微，生活难以维持。我善良贤能的母亲并没有流露出丝毫烦恼情绪，她有好几次背着父亲将外公陪送的首饰等物品变卖，以维持家中生计。

1947年我6岁，时局混乱，人心惶惶，父亲决定让叔叔送我们母女三人回河南老家。从此以后,我们遂与父亲失去联络,数十年天各一方,音信隔绝。回到海上桥,因一路奔波担惊受怕,小妹念文就夭折了,母亲悲痛难以自抑。当叔叔送我们到家时,祖父母见二儿子归来,喜出望外,强逼叔叔结婚后方可离家,叔叔不好违抗父母之命,匆匆办过喜事,即又离家,从此亦杳无音信。婶婶后来生下一子,取名长强。

家中成分被划为地主后,婶婶又改嫁他人,王家根苗幼子长强,由我母亲和祖母抚养,家中重担落在母亲肩头。她不得不日日起早贪黑,到数里外的大峪沟煤场,拣买主剩下的星点煤块,清扫散落煤末,积满箩筐,挑到二里外的县城去卖,维持家中生活。

1954年曾祖母去世时,家中无米待客,无儿送葬,只有母亲出面,一身重孝,挨家挨户跪地磕头求助乡邻。安葬之日,母亲肩扛哀杖,椎心泣血,悲痛欲绝,代祖父、父亲和叔父送曾祖母入土安息。

大陆开放后,母亲的苦日子终于熬到了头。1981年,母亲盼到了

母亲(右三)与我(右二)1985年在广州火车站

和父亲团聚的日子。当她到香港初次和父亲见面时，两位白发人"惊定还拭泪"，"夜阑更秉烛，相对如梦寐"。我母亲简直不相信眼前的真实，认为自己在做梦。这是阔别 34 年后的首次相聚，当年年轻的父母亲随着无情岁月的流逝都已变成华发苍颜，母亲更显得瘦削衰老。母亲 34 年来郁积在心头的爱与恨，悲与哀，苦与泪，一起像喷泉般涌出，她向父亲诉说三十多年的离情别绪，诉说她经历的种种苦难，细数她悲哀的往事和内心的积愤。她忍辱负重，侍奉过王门老小五代人。父亲静静地听着我母亲撕心裂肺的倾诉，他禁不住热泪横流，内心泛起一阵阵深深的自疚之情。他百般劝慰我母亲，能熬到夫妻见面的这一天就是幸运。父亲随即为母亲在香港置业安家，让我母亲在港安度晚年。

我的母亲张坤俊

然而，我的母亲在香港仅仅居住了短暂的 7 年时光，而且有五六年都是在病中度日。虽然母亲的物质生活条件大大改善，她完全满足，但劫后余生，心力交瘁，她的精神和体力均未得以恢复。我父亲在台湾身负重任，公务繁忙，每年能够来港与我母亲相聚的时日有限。孩子们上班，孙儿们上学，留下她一人在家里，无人能竟日陪伴，使她渐感孤单寂寞，觉得反倒不如在家乡农村，她精神上的痛苦依然难得解脱，又加上来港后语言不通，这些因素又加重了她的病情。1989 年农历正月初三日，母亲竟离我们而去，与这个世界撒手而别，给我们留下不尽的哀痛和永久的思念。

第四节 我的叔父王万兴

我父亲兄弟两个，他是兄长，有个弟弟叫王万兴，1927年出生，父亲比叔父大5岁。父亲曾用名是王万林，和叔父的名字都有"万"字，意在发家发财。王广亚是父亲后来改用的名字。

我的叔父王万兴

父亲和叔父可谓是唇齿相依，感情特别深厚，叔父的一生基本上都是跟随着父亲。早年，父亲供养他上学，后来，他协助父亲创办学校。在父亲的教育事业中，叔父是父亲的左膀右臂，强力助手，得力干将，他为父亲创办学校立下了汗马功劳。

听长辈们说，父亲和叔父从小都很聪慧，父亲曾当过叔叔的小先生，把自己背会的古诗民谣教给叔父，叔父很快就能背诵。父亲还教叔父读书、识字、写大楷，叔父对父亲非常崇拜，学得很是专心。

那个年代，我的祖父母多么希望两个儿子都能读书有成，光大门楣啊！因此，竭力支持二人外出求学。20世纪30年代初期，父亲和叔父都是辗转奔波出门求学。抗战胜利后，父亲在国民政府机关就职，做了个公务员，并从重庆随机关转到南京。随后，我和母亲，还有妹妹也来到了父亲身边。当时，薪水很是微薄，父亲除供养自家外，又把我叔父接到南京，供他在南京重辉商业专科学校读书。读书期间，叔父十分刻苦，学习成绩优良。1947年，南京局势紧张，人心惶惶，父亲让叔父把我们母女三人送回河南巩义老家，他一人随部门去了台湾。

我的叔父王万兴在台北协助父亲建立桃园育达高中，图为叔父在领取证书

叔父把我们送回老家后，本想立即返回南京，但是，祖父母坚决不同意，提出条件，让叔父必须结了婚，方可离家。在祖父母施压和包办之下，叔父很快办了喜事。婚后不久，他便返南京。再后来，父亲亲自回南京接叔父去了台湾。

叔父到台后，开始在台北一个林场做工。没过多久，父亲便让叔父参与筹建育达学校。我叔父从小热爱学习，为人踏实耐劳，办事机敏干练，敢作敢为，父亲对他很是欣赏。起初，父亲让他担任总务和教务工作，后来叔父又升为台北育达副校长、校长。桃园中坜分部成立时，父亲还聘请叔父担任分部主任长达20多年。

人生道路风云变幻，吉凶难测。正当我叔父事业蒸蒸日上，桃育发展兴旺之时，1984年2月16日，他赴美考察期间，不幸遭遇车祸，与世长辞。噩耗传来，我父亲悲痛难以自持，痛彻心扉不能名状，在众人劝慰下平静下来，立即飞赴美国处理后事，归来后又在桃育设灵堂致哀祭吊，我父亲亲自主祭，痛悼我叔父不幸英年早逝。北育桃育师生及各界亲朋好友前去吊唁，祭奠者达数千人。

叔父去世后，婶婶苏星辉女士获选为桃育新任董事长。

为表彰和纪念叔父功德，1985年12月，我父亲在桃园分校兴建"万兴纪念馆"。1995年1月，我父亲又在升达学院建造"万兴体育馆"，以在家乡纪念我的叔父王万兴。以上两座工程的建造，可见我的父亲对叔父感情至深，如果叔父在天之灵有知，也该含笑九泉了。

第五节　父亲的启蒙教育

　　山村农家，一年到头为衣食温饱劳苦，村子里世代几乎没有读书人。传说有些人家过新年时，在门上贴上红纸，没有字，因为全村找不到一个会写毛笔字的人。有人跑十里八里，到外村请人写了对联，回来贴到门上，字都颠倒着，闹出了笑话。

　　我家曾祖父以上，也是无一人识字。到我祖父时，他们兄妹七人，唯祖父是男的。曾祖父把他看成宝贝，非要让他读书识字不可。所以在我祖父幼时，曾祖父曾从外村请了一位先生来家里，教我祖父读过一年半书。据说我祖父读过《百家姓》《三字经》，还读了半部《论语》。革命前辈刘锡吾还是祖父的校长。总之，祖父识字虽然不多，但毕竟读过一点书，略通一点文墨，我们家也称得上是"耕读传家"了。由于曾祖父去世得早，祖父早早挑起了家庭的重担，他再没有读书的机会。所以，父亲从小就受到祖父祖母的宠爱，祖父决心要把我父亲培养成王门中又一个读书识字的人。后来祖父对我叔叔也抱着同样的希望和信心。

　　我的曾祖母是父亲的第一位启蒙教师，她是一位十分温顺善良的妇女，对待我父亲视同己出，十分娇宠。王门几代单传，到我父这一辈，奶奶连生了两个女儿，我父排行老

我的祖父王家升

我的祖母刘兰

三,三姑老四,我叔最小。我父被曾祖母极为看重,她把长孙看成了自己的心头肉。我父从3岁起,就每天晚上和曾祖母睡在一起。曾祖母虽是普通的农家女子,但她小时跟别人念过几天书,认得一些字,她脑子又聪明,记住了不少东西,还能自己编故事。她教我父亲扳着手指数数,教他学儿歌、唱小曲,给他讲故事。父亲记忆最深刻的,是我曾祖母讲给他听的"牛郎织女""嫦娥奔月"等神话故事。

祖父辅导父亲学习

父亲求学

父亲曾记得我曾祖母教给他的儿歌,像"月婆婆,明光光,关上大门洗衣裳;洗得净捶得光,打发小哥哥上学堂,读诗书,念文章,长大得中状元郎,喜报贴到咱门上,看那排场不排场"。

我小时候常听祖母,说我父亲幼时记性很好,曾祖母教给他的儿歌,他都能很快地背诵出来。如:"咪咪猫,上高桥;担担水,凹凹腰,石榴骨朵赛樱桃。"还有一些谜歌,如"弯弯树,弯弯材,弯弯树上挂银牌。谁能猜着这个谜,我把世界翻过来"(犁)、"上边毛,下边毛,当中一粒黑葡萄。要是猜不着,你就对我瞧一瞧"(眼睛)等,父亲记得很熟。曾祖母还教我父亲背过几首古诗,如孟浩然的《春晓》,李绅的《锄禾》。骆宾王7岁时写的那首"鹅,鹅,鹅,曲项向天歌。白毛浮绿水,红掌拨清波"父亲也早就背会了。

祖母常说,你曾祖母不知从哪里听来那么多故事,都讲给你父亲听,像司马光打破水缸救儿童,孔融四岁让梨,还讲三国故事,关公过五关斩六将,张飞、赵云、诸葛亮,你父亲总是听得很入神,过后,他还能把故事讲给别人听。

第六节　琉璃庙沟读书生活

巩义市琉璃庙沟(现新中村)张祜庄园一景

由于海上桥村偏远闭塞,交通不便,世世代代的村民只能沿着崎岖的盘山小路走出山村,看到外面的世界。即使去一趟县城——东站镇(今巩义市政府所在地站街镇下辖的一个行政村)也不容易。父亲记事的时候,村子里就没有学校。祖父母一门心思想把我父亲培养成读书人,但村中没有学堂,想请一位私塾先生上门来教,一则花钱不少,再则山村路远难行,山外的一些教书先生都不愿轻易进村。眼见我父亲已过6岁,又聪明懂事,是个读书的料,祖父祖母经过考虑,并和我大姑奶商议,决定把我父送到她家上学。

大姑奶家在距海上桥三十里的琉璃庙沟村(前文已对该村的自然环境做过交待)。当时,琉璃庙沟有个远近闻名的教书先生,名叫张纯岳,后来成了我父亲的岳丈,我的外祖父。也可能是人的缘分,祖父把我父亲送到那里,吃住在姑奶家,上学在张先生的私塾学堂。张先生曾在北平上过大学,是一个饱学之士,由于局势混乱,兵连祸结,他甘愿回家乡办个学堂,教几个小小蒙童,度挨日月。因他学识渊博,教子弟读书又特别认真,说话待人又和气,所以有不少人家都把孩子送来让他教。本村的孩子不必说了,数十里外的,也有一些人慕名将孩子送来,我父亲就属于这种情况。

张先生办的学堂,实际上只有几间旧房子,那是他家的祖产,临时为办学腾出来的。张先生既是教师,又是校长,教的虽是国文,但和私塾差不多。父亲开始读的书,还是《百家姓》《千字文》《三字经》。每天早晨到校后,总见先生照例坐在罗圈椅上,半躺着,堂桌上放着打手用的木板戒尺,让学生一个个上前来背书,先生不看书本,因为书上的内容他已烂熟在胸了。他只是眯缝着眼睛听学生背,好像睡着的样子,但是学生哪里背错了,他就会"哼"一声,然后睁开眼睛,锐利的目光刺得学生手足无措,所以不会背书的学生都特别怕他。张先生看起来虽很严厉,实际上很和善,他从不轻易动怒打学生手板,除非个别学生调皮逃学,或是过分顽劣,他才打上一两板子,打得学生手掌红起来,他就停了板子。

我父亲跟着张先生读了四年半书,从来没有挨过手板,这并不是先生对我父特别宽容,而是我父亲从没有惹过先生生气。先生要求背诵的课文,他总是背得滚瓜烂熟,他写的"大楷""小楷"作业干净工整,经常受到先生的表扬,先生渐渐注意并喜欢起我父亲,这个穿红袄红裤、红鞋红袜,头上留小辫的学生,渐渐得到先生的赏识。先生常常在讲堂上当众展开我父亲的作业本让同学们看。我父亲的大楷本上,许多字吃了红双圈,小楷本差不多每一页上都批有"甲""甲上""超"等字样。这些作业一直保存到20世纪50年代初,后来,都不知去向了。

第七节　辗转奔走　读书求生

从琉璃庙沟辍学回家之后，大乱的风声持续了几个月，又渐渐平息下来，父亲就帮助祖父每天下地干农活，晚上点起小煤油灯，独自一人在屋子里读书写字，有时也教我叔叔识几个字，背两首古诗。祖父看我父亲十分刻苦用功，是个读书上进的材料，

父亲为曾经就读的南阳内乡西峡口中学
（保定育德中学）赠建感恩亭

想着不能让他从此停下学业，功不成，名不就。祖父要想尽办法，送我父亲到外边读书。

转眼之间，父亲快13岁了，已经是大孩子了。他听说巩县北官庄村有一所私人办的学校，有点名气，叫"新心中学"，于是就和我八伯商量（父亲在堂叔伯中排行老九，八伯比他大一岁），同去报考新心，双双被录取。这样，父亲就再次走出海上桥这个小小的山村，到北官庄去上"新心中学"。

父亲对这所学校有图书储备十分感激，是学校图书馆的常客，在不足两年时间里，他在完成各门功课的同时，读完了《诗经》《尚书》《礼记》《左传》《国语》《战国策》等古籍，还读了《史记》的《本纪》《世家》和一部分《列传》，能够背诵出《诗经》中"国风"的多数篇章，又读了一些唐诗和宋词。父亲说，在新心，是他读书如饥似渴的时期，强烈

的求知渴望使他忘记了疲倦。晚上,学校的熄灯钟敲过之后,其他同学都入睡了,他还要点上煤油灯学习两个多小时,他的整个儿心沉迷在书中了,越读兴趣越浓。父亲在新心,也读了不少现代文学作品,如鲁迅、胡适、郁达夫的文章,郭沫若、徐志摩的新诗。他也开始接触到了一些外国作品,像英国莎士比亚的戏剧、法国巴尔扎克的小说等。

国家局势一天比一天危急,日军大举南侵的消息不断传来,新心校园内学潮迭起,校长贪污校款,教师配备不齐,我父亲读不下去了,他和八伯商量后,又回了家。

天有不测风雨,人有旦夕祸福。就在我父亲准备去洛阳求学时,一天,他和八伯一同到县城站街镇(自北魏以来,站街一直是原巩县<今巩义市>县府所在地)去看一位同学,想顺便看看近日的报纸,打听一下对日作战的消息。但他却不曾想到,灾祸就在眼前,大难会从天而降。我父亲和八伯还没有走到县城,就见一伙穿黄皮的军人,有20多个,帽子歪戴在头上,有的持枪,气势汹汹,向他们这边来。八伯见势不对,掉头就跑,刚刚16岁的父亲要跑时,已经来不及了。一伙人不容分说,上去就抓住我父的衣领,把他两只胳膊拉在背后,推推搡搡,到了县衙,父亲才知自己是被抓了壮丁。

父亲从武汉去重庆

父亲在南阳求学地

祖父母在家听我八伯说了我父亲被抓壮丁的事情，如同晴天霹雳，祖母痛哭不止，祖父急得团团转，束手无策，曾祖母知道了，一天气晕过去几次。祖父说，哪怕倾家荡产也要把儿子赎回来。他忽然想起本村一位远房堂兄的儿子在县衙当差，于是就跑去和这位堂兄商量。最后，我祖父把当年收获的三百多斤皮棉全部卖掉，还卖了几石小麦贴进去，最后用五百多块银洋，经过三个多月，才把我父赎了回来。父亲虽然瘦得皮包骨头，但总算平安回家，全家人心中一块石头终于落地。

被抓壮丁这段经历，使我父亲这位涉世不深的青年初步认识了社会，懂得了人生多磨难的道理。他不愿呆在山村里屈服于命运的摆布，他要到外面去看世界，创造自己的未来。他当时认为，读书是他唯一的出路。于是他又和我八伯一同去了洛阳关林，在那里，八伯的一位表叔开了一间杂货店铺，二人向他说明来洛阳求学的心愿，八伯那位表叔很热情，表婶慌忙做饭泡茶，经八伯那位表叔介绍，父亲和八伯进入附近的一所私立中学读书。不久八伯的表叔的店铺遭盗匪抢劫，店铺倒闭，八伯的表叔表婶也逃散了。关林那所私立中学里驻了从前线下来的军队，学校停办。父亲和八伯书读不成，饭也没地方吃

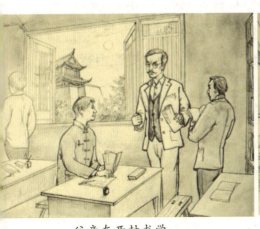

父亲在开封求学

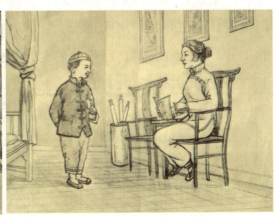

祖母教父亲背古诗

了,两人背上简单的行李,提着小书箱,步行一整天,约到晚上十点钟,回到了家,见到了分别不到两个月的亲人。

父亲洛阳求学的短暂之梦,就这样顷刻之间破灭了。挫折考验了他,他仍未灰心,祖父也决心培养儿子长大有出息,所以对我父亲求学的想法很支持。后来,我父亲又和八伯去了开封,通过考试,二人进入寺后街一所中学。刚刚读了一个多月,开封的风声就紧了,日寇侵华的气焰很盛,大批从前线溃败下来的中央军队沿平汉铁路向南撤退,开封城里人心惶惶,父亲和八伯就和其他同学商量,联系了十几名同学,组成一支流亡学生队伍,由一位老师带领,步行向南奔去。路上他们忍饥受渴,走了三四天,到达内乡县城,带队的老师认识内乡县成德中学的校长,一行人就在内乡停住下来,暂时安顿在成德中学。内乡地处偏远,

父亲在重庆

当时还较为平静,这样,内乡成了父亲他们的临时避难所,他们又有了可以喘息和读书的地方。不过,内乡也不是世外桃源,后来,父亲他们听说日寇已开始向南阳进犯,武汉早已失守,国军到处抓青年人当壮丁,内乡已不能久留,经带队的老师和同学们商量,决定再往南行,赶到长江边,搭轮船向四川去。

父亲他们乘坐的小火轮在长江中逆水上行了8天。

父亲到四川,原是打算继续读书的,但远离家乡,与祖父音信难通,身上带的钱早花光了。为了生计,父亲就和同学们一起商议,大家看到报纸上有不少招生招兵的广告和启事,都是国民政府为抗战成立的各种训练班,商议结果,都说国家正处危急存亡之秋,书生报国,

正当此时,青年人应投笔从戎,为抗战出力。于是我父就和几位同学投考了"战地政务研究会研究班",带队老师和其他同学也都各自找到了服务岗位。我父亲属于研究班的第九期学员,毕业后,他被分到国民政府盐务局做事,直到日本投降。

第八节　进修于日本亚细亚大学

《礼记·学记》上说:"学然后知不足,教然后知困。知不足,然后能自反也;知困,然后能自强也。故曰'教学相长'也。"《兑命》曰:"学学半,其此之谓乎?"我父亲到台湾后,主持育达等商职的各项政务,成了教人的人,不但要教导学生,还要劝勉老师。他深感自己责任重大,有继续学习,再充实自己的必要。况且社会迅速前进,人也应该不断求取新的知识。父亲看到日本从二次大战后,医治好战争创伤,经济、文化又迅速发展,他感到东邻日本确有很多好的东西值得学习。了解日本,学习他们的先进文化,应用到台湾的文化教育中非常重要。但是我父重任在身,他没有充裕的时间让他抛开校务,专心致志去进修。经与日方联系,我父亲利用暑假的时间,每年在日本亚细亚大学进修两个月经济学。短短假期里,他在日本教授的帮助下,自己研读大学课程,真正做到了心无旁骛,手不释卷。虽然父亲已近不惑之年,但渴求知识的欲望仍不减半分。他不顾赴日旅途的疲劳,也不顾炎夏的暑热,更不顾年龄渐大记忆力不如少年,每天早晨,在同去进修的人中,他总是第一个起床,活动锻炼后,就专心自修,读日语,习专业。上午,听教授辅导讲课,下

青年时期的父亲

午和晚上自修,夜深了才上床休息。

父亲在日进修期间,亲眼看到日本青年勤奋学习的劲头。日本是个岛国,本土资源贫乏,地理条件和台湾地区相似。但日本国民有发愤精神,他们从战争废墟中爬起来,办事认真,能吃苦。日本的青年学生特别珍惜时间,刻苦用功,政府重视教育,尊重教师。学校各项制度健全,教师水平较高,对学生要求严格,德智体群四育并重,尤重培养大和民族的国民精神。父亲把他在日本的见闻随时记录下来,作为自己办好育达的参考。"他山之石,可以攻玉",父亲在育达的一些管理办法,如成立实习就业辅导处等就是吸取了日美等国职校的管理经验,结合本校实际,采取的措施。

父亲在日进修期间,还广泛地和各界人士接触,特别是在教育界,他结交不少朋友,成了日本亚细亚大学最受欢迎的校友之一。他主动开展文化交流活动,以后有专章谈起。世界泛太平洋私校教育会议,我父亲即是发起人之一。

父亲经过四个暑期的刻苦进修,通过严格的考试和论文答辩,顺利毕业,亚细亚大学发给他经济学学士的证书,这是我父亲获得的第一个学位。

日本亚细亚大学校景

第二章 父亲初办教育的艰辛岁月

常言道,头三脚难踢,万事开头难。父亲只身来到台湾,下决心要办教育,他人生地不熟,又没有资金,赤手空拳,困难重重,怎么办?那个时候,我的父亲真好比驾驶一只独木舟,在大海上航行,要经得起惊涛骇浪的考验;真好比独自行进在万里沙漠之中,要接受饥渴和炎热的挑战;真好比攀登高山峻岭,要有坚强的意志。父亲经历了四处求人的苦难,尝够了"寄人篱下"的滋味,体味了资金匮缺的困惑与痛苦。他四处漂流,为寻找一块憩息之地而日夜奔波,他在筚路蓝缕时建起"竹篱茅舍"……这些,让我一一道来。

第一节 父亲步入教育行业的动机

我的父亲是 1947 年空着口袋跑到台湾找"前程"的。之前,他由同乡刘延涛介绍,在南京政府审计部门任职,担任一个小职员。当时,我的母亲、我和妹妹,还有我的叔叔王万兴,都在父亲身边。我们一家五口,全靠父亲的俸禄生活,日子过得很艰难。多亏我的母亲娘家家境优裕,手边有些"细软",经常变卖一些补贴家用。父亲在回忆那段经历时说,我在南京养家糊口,家中生活拮据,这对一个大男人来说,是很没有面子的事,觉得活得没有尊严。因此,父亲就积极活动,一心想调派到台湾去碰碰运气。

到了台湾,父亲走上从事教育之路的主要原因,首先是他胸有大志和崇尚教育,总想干一番事业。当时,父亲只有二十六七岁,风华正茂,正是年轻创业、干一番事业之时,他不甘做一个平庸职员,立志有所作为。不过,促成父亲走上从事教育之路还有三个重要因素:

一是工资低。到台湾审计单位初履新职,父亲的头衔是佐理员,从字面上就可以猜着这是基层的芝麻小官,月俸与南京相比并未增多。幸好家眷不在身边,他一个人省着用,月月有些盈余。但是,我爷爷的教诲经常在父亲耳畔响起:不要再像我一样靠种地生活,要接受教育,要在外边谋个职、干个事养活全家。这时,父亲虽然在外谋了职,但他一直感到他的公职低阶,俸禄微薄,距

去台湾之前,在南京担任公职时的父亲

我的爷爷对他的要求相差甚远,尤其是他把妻子女儿送回老家,由我的爷爷抚养,他内心实在有愧与不甘。

二是父亲所在的审计部门的上司对他有成见,不喜欢。我的父亲从小眼睛不是很好,字写得比较大。那个年代,行文办公都还时兴毛笔字,"蝇头小楷"是评价一个人的字写得好坏的标准,而这点对于我的父亲来说,那是办不到的。因此,在审计部门的工作中,父亲经常遭到上司的训斥。人是有尊严的,父亲不想受到这种待遇,随时想离开这个地方。

三是社会发展急需文化教育。当时的台湾,刚从日本人的长期统治蹂躏下摆脱出来,民生凋敝,百废待兴。我父亲看到台湾是个四面环海的岛屿,资源缺乏,台湾要振兴,单靠本岛资源,或靠旧的农业耕作都是不行的。父亲研读报纸,观察时势,他敏锐地观察到,未来的社

会,必然是从传统的农业社会走向工商社会,台湾经济发展,也需从工商业起步。这期间,有一件事更加坚定了父亲走上从事教育工作之路。一天晚上,父亲在台北街上行走,看到临街的一个较大的房子里热热闹闹地挤满了人。父亲前去询问,获知人们是在参加文化、会计补习班的。顿时,父亲很震惊,心中大喜,眼前一片光明。好啊,我也去办培训班!

现在看来,父亲当年看准了,做对了。他顺应了时代的潮流,具有前瞻性的眼光。然而,创业艰难,只有亲身开创过某种事业的人,才能体会出其中的酸甜苦辣。

第二节　从办会计补习班起步

父亲考虑,要想干大事业,须从小事做起,"登高必自卑,行远必自迩"。当时,一般的会计人员大都未曾受过正规训练,虽然大学里也有会计系专业,但学生毕业后,多半担任领导工作,真正埋头搞会计业务的基础人才相当匮乏。父亲想办个会计补习班,训练和培养会计人才,以应社会之需。

父亲找了几个朋友熟人商量,把自己办学的心愿告诉他们。他最先找的人有刘延涛先生(巩义同乡)、王启宗先生、曹立清先生(巩义同乡)、刘成懋先生等。几个人闲暇时,经常聚在一起酝酿讨论,诸位俊彦前辈对我父亲的想法非常支持,仅创办的校名就想了许多,最后一致同意以"育达"为好,取"育才达人"之义,古语有"己欲立而立人,己欲达而达人",育达就是要通过教育,使青年成为社会有用之才,正符合父亲的办学初衷。

父亲于1949年4月,把各种办学的申请书表准备齐全,呈报到台湾省教育厅,同时,经多日奔走洽谈,省立建国中学慷慨应允暂借校舍。七月,教育厅核准立案,"育达会计补习学校"(夜间上课)奉令建校,立即开展招生工作。父亲就亲自骑着脚踏车,带着糨糊,到处粘贴招生广告。在粘贴广告的途中,父亲意外地结交了《征信新闻报》(即后来台湾《中国时报》)的创办人石永贵先生,当时他们两个人都是骑着脚踏车,一个是贴招生广告,一个是贴报纸批发广告。1970年,育达高职"更生大楼"破土典礼时,身为《中国时报》董事长的石永贵先生亲临主持,铲起了第一铲土。

商业职业学校在当时的台湾尚属首创,因此广告一出,报名的人相当踊跃,而且大多数都是各机关各行业的在职人员,经过严格考试,录取 300 人,按程度编为高级两班、中级两班、初级一班。正要通知前来注册报到,一个意外的打击劈头而来:建国中学奉令增设夜间部,允借之校舍,全部收回自用。这一消息如同晴天霹雳,一瓢冷水浇在头上。校舍没有着落,还怎么办学?假如父亲当时办教育的意志稍有动摇,哪里还会有今日的育达、升达、成功(现为郑州商学院)?

毕竟天无绝人之路,"精诚所至,金石为开",父亲所任职的审计部隶属监察院,当时监察院常常借用"开南商工"学校的校舍开会,因此父亲得以认识"开南商工"的董事长王民宁先生。父亲通过曹立清、

刘肇祥二位先生介绍,转向"开南商工"借用校舍。借得二幢校舍、一间办公室,父亲的办学宏愿才在艰难曲折中诞生。也因此将开学之日——1949 年 12

父亲租借开南商工校舍办学

月 16 日,定为校庆纪念日。

第三节　从"寄人篱下"到购地搭"窝"

育达会计补习学校在艰难曲折中诞生，本来第一期招生就不顺利,然而,这还仅仅是开始。第一期半年制学生结业后，正准备招收第二期新生时,"开南商工"学校因见到我父亲办的会计补习夜校成果良好，他们就决定自办夜间部，于是把校舍收回，父亲的会计补习学校又成了无家可归的"流浪者"。

父亲在台北安宁街自建校舍留影

没有校舍,就没有地方上课,那只好暂停招生,育达会计补习学校忍痛停办一年有余。

在回忆这一阶段的情景时,为育达教育事业殚精竭虑、功绩卓著的王启宗先生说:"就如同我国大漠边疆游牧民族一般，他们没有属于自己固定的家,为了生存,只好四处迁移,寻找一块憩息之地。早期的育达会计补习学校,因为没有属于自己的校舍,而不得已地四处流浪"。他的比喻多么贴切。

"开南商工"学校收回校舍,是父亲受到的第二次挫折,当然也是对他办学决心的再次考验,看他是知难而退,还是迎难而进,父亲选择了后者。他愈挫愈勇,靠自己的两条腿,凭自己一颗赤诚心,到处奔走求人,为租借校舍,说尽好话。他的诚心再次感动了上帝,终于在

1951年年底,在台北市保安街租了延平区合作社二楼四大间房子作为教室,急忙申请复校,奉准续招半年制新生三个班,一年制高级部新生一个班,学生240名,仍于夜间上课。1952年2月,第二期学生才正式开学。

育达会计补习学校在合作社二楼的校舍

父亲最初办学,用现在的话来说,是兼职。在保安街时期,因当时学校只设夜间部,故父亲白天在审计部上班,晚上赶到学校去,处理校内事务。那时候,父亲又被调往审计部位于汐止的第三厅工作。他每天从部里下班后,就骑着一辆破旧的脚踏车,从汐止赶到学校,等学生上完课放学后,他整理好办公室,再骑车回汐止,回到汐止通常已是深夜。

父亲的努力换得育达弦歌不辍,没有夭折在摇篮之中。但残酷的事实教训了父亲,使他尝够了"寄人篱下"的痛苦滋味。当时教育圈内的一些人,根本不把我父亲办学放在眼里,甚至抱着"看笑话"的态度,在一旁蜚短流长。我父亲从来不把别人的非议放在心上,他有包容是非的胸怀。他感觉到借用校舍非长久之计,办学要立足、要发展成长,就要有自己的"窝"。因此,父亲在课余时间就和同仁们一起去四处勘察校址,由于经费困难,对于市中心的"黄金地段",可望而不可及,根本无力购买,但选择校址要考虑交通便利、生源充裕等条件,又不能过于偏远。经多日勘察,反复斟酌,最后才买得了宁安街一处45亩的现行校址,就在此地安营扎寨,兴木动土,搭盖起台北育达高职自家的"窝"来。

第四节　筚路蓝缕建起"竹篱茅舍"

父亲在宁安街买得的校地,原先是装甲部队的营地,一片荒野池沼。放眼一望,蔓草丛生,处处是水坑,根本无法就地兴建校舍。父亲就亲自带领工人清除杂草,搬走乱石,挖土填坑,平整地面,一铲一锄清理出一块可供初期建校之用的土地。

购买校地已经耗尽了学校的经费,兴建校舍所需费用又令父亲大伤脑筋。但这个问题也没有难倒他,他因陋就简,用竹片与泥土筑

父亲在台湾新建校址

墙,覆以瓦顶,建起了平房教室 6 间。施工中,没有钱雇请监工,父亲就亲自登上房顶,担任监工,即使简陋的房子,也要保证它不漏雨,能为师生遮风避寒。

1953 年 3 月 1 日,育达师生迁入新址上课,从此结束了流浪的岁月,有了自己的家。这个"家"虽然只是"竹篱茅舍",但中国人有句老话叫"金窝银窝不如自家的草窝"。对于育达,就是自己温暖的家了。1953 年 5 月 22 日,父亲专案呈报教育当局,育达改制为商业职业学校,成立董事会,公推监察院德高望重的于右任院长为名誉董事长,谷凤翔先生为董事长,我父亲任校长,并实施全日上课,还增建了房舍,续招了新生。这样,育达算是初具规模了。

这期间,父亲将所有的资金都投入了办学,生活开支能省即省,因此经常三餐不济,馒头伴白开水度日。当时,在学校附近有一位王姓友人,父亲常到他家中要开水喝,赶上饭时,王姓夫妇总是多放一副碗筷,留父亲吃饭。对此,父亲十分感激。后来,育达渐渐发展并步入正轨,当父亲得知王姓夫妇因交不起房租和房东争吵之事时,他马上在台北盖了一座房子送给他们,还担负其几个子女的全部学费。

据育达商业高职卢振纲等老师回忆,学校初办时购买了一部三轮车,但是,我父亲从来不坐,而是专门供接送老师之用,他自己却骑着一辆脚踏车上下班。"学校的师生只要听到脚踏车'嘎嘎'响的声音,就可从远处看到一位理着平头、穿着中山装的瘦瘠身影,在夕阳余晖中向学校而来,但是从他光亮坚定的眼神,又可让人体会出,那正是一种不畏时艰的精神。"

父亲深知创业维艰,物质上的缺乏,他并不以为苦,倒是精神上的折磨,常让人难以忍受。父亲当时受到的冷遇,连他自己都不愿轻易谈起。对于外人的冷嘲热讽,他抱着不理会的态度。正像佛罗伦萨大诗人但丁的一句名言:"走自己的路,让别人去说吧。"长时间的劳累,加上营养不良,更损伤了父亲的眼睛。

第五节　艰辛岁月的巨大凝聚力

父亲创办学校,有了自己的校舍,摆脱了寄人篱下的境地,但只能说是有了"雏形",谈不上完善,也谈不上规模。然而,父亲作为学校的创办人兼一校之长,他是怎样把师生员工团结起来,形成坚强的凝聚力,经得起艰苦物质条件的考验,使学校从无到有,由小变大,逐步发展起来的呢?对此,我曾向父亲请教。

父亲从伏案沉思中抬起头,略加思索,十分平静地回答我说:"靠理想,靠吃苦,也靠智慧"。父亲曾在他的《人生拾零》一书中谈到:"要把自己的理想,建造在可行的基础上,然后凭着一股锲而不舍的精神,埋头苦干。要珍视每一阶段小小的成就,在心情上获得喜悦,视为安慰鼓励;要永远保持住自己远大的目标,不断奋斗,不轻易满足而停滞不前。"这段话,父亲是教导学生的,也是谈他自己的。

我的父亲被誉为"屋顶上的巨人"

育达的老师们都谈到,当年父亲每天穿的是一身卡其布中山装,脚上穿着球鞋,常常被外人误认为是校工。曾在育达担任过训育组长、训导主任等职的易本琛老师,回忆当初父亲通知他到校面试时的情景，说："当时我依约到校见王校长，一进校门，看到一位理着小平头，身穿卡其布及布鞋的先生在整理校园。我直觉上认为他是学校的工友，便问他：'王校长办公室在哪里？'他回答说：'请问你找他有什么事？'我说：'王校长约我来面谈。'于是他就带着我到办公室去。一进办公室，我看他往办公桌后的椅子一坐，才知道原来这位让我以为是'工友'的人，竟是要拜访的人——王校长"。易先生是现在台湾中央大学的教授，他说当初实在觉得不好意思，但是我父亲亲切和蔼的谈话，平实、诚恳的作风，实在令他感动。

走街串巷张贴招生宣传

既是校长又是公务员

由于学校初创，经费异常困难，人事也非常精简，育达的教职员一个人要顶几个人用。当时，大部分课程没有教科书，讲义要教师们自己编印，父亲每学期都亲自将纸张、油墨准备好，供老师们编写讲义。他白天为学生刻钢板，印讲义，为老师们泡茶，清扫校园，整理杂物。晚上，因为当时宁安街是缺水地区，学校和附近居民共用一个水龙头，这是家家户户赖以生活的自来水源头，每天可见排长龙的人群等着提水。父亲为了师生的方便，让大家有水可以洗脸洗手，就拎着两只水桶，到共用的水龙头旁排队挑水，接满后，挑回倒进学校的水池，再去排第二次队，这样，常常要忙到深夜才能休息。有时，他清晨三四点钟就起来排队接水，等师生八点钟前来到学校上课时，都觉得奇怪，别处没水，学校水池里却是满满的。他们当然不知道，这是父亲每天夜里一担一担挑来的。

当时，父亲的"寝室"就是办公室，这办公室小得可怜，安不下床铺，他每天晚上疲倦时，就将铺盖展开往办公桌上一铺，权当床铺，第二天早晨起来，再将被褥收拾好，寄放到工友的房间里，日复一日，父亲就这样度过。他既是校长，也是职员，又是工友，"一身而数任焉"。

"艰难困苦，玉汝于成"，这句话用于父亲是恰如其分的。育达商职，完全是父亲凭着"教育兴国"的理念，一点一滴，一步一步营建起来的。

台北育达高职原校址

第三章 父亲67年办学盘点

67 年来,父亲在台湾从创办商业会计补习班起步,省吃俭用,筹措资金,多方求人,租借校舍,经历无数艰辛,克服重重阻力,矢志不移办学,含辛惨淡经营,民办教育取得了辉煌业绩。开始创办了台北私立育达高级商业家事职业学校,后又创办桃园育达高中、育达商业科技大学。改革开放以来,父亲又在大陆创办了郑州升达经贸管理学院、内蒙古经贸外语学院、北京育达高级职业学校和郑州商学院(原郑州财经成功学院)等。其办学概况是:

1949 年,在台北创办会计补习学校。

1954 年,创办台北育达高级商业家事职业学校。

1955 年,创办桃园育达高级中学。

1974 年,创办台北点点幼稚园。

1989 年,创办台湾广兴文教基金会

1993 年,创办内蒙古经贸外语学院。

1993 年,创办泰国清迈慧明中小学。

1993 年,创办郑州升达经贸管理学院。

1999 年,创办台湾苗栗育达商业科技大学

1999 年,创办北京育达高级职业学校。

2001 年,投资创办郑州贝斯特教育机构。

2004 年,创办郑州商学院。

2013 年,创办升达小学,升达幼儿园。

时至今日,父亲已在海峡两岸和东南亚创办学校 10 所,每所学校都呈现一派兴旺景象,累计培育学子近 40 万之众。

父亲曾说:"我所办的每一所学校,除了倾注我个人所有的积蓄,更投入了我所有的青春和生命。"他不愧为一代学坛楷模,教育巨擘。

第一节 台北育达高级商业家事职业学校

我父亲创办的第一所学校——台北育达高级商业家事职业学校成立于 1949 年,初名为育达会计补习学校。1953 年,改制为台北育达商业职业学校。1985 年,调整校名为台北育达高级商业家事职业学校,简称北育。学校占地面积为 15985 平方米,位于台北市松山区宁安街 12 号。学校在校学生最多时逾 2 万名,为世界人数最多的中等职业学校,是台湾历史最久的男女合校私立高职。建校 71 年来,育

台北育达高级商业家事职业学校原大门

达高职历届毕业校友已近 50 万人。2018 年资料显示，学校有教职员工 400 余名，有学生近 7 千人。

台北育达高级商业家事职业学校校园

学校的"校训"是"勤俭朴实，自力更生"。学校"校徽"图案的意涵是"顶天立地、继往开来、四育均衡、品能第一"。学校的校歌是：育达职校，灿烂光明，勤俭朴实，蔚成校风；互助合作，亲爱精诚，并肩齐步，实践力行。育达职校，灿烂光明，勤俭朴实，蔚成校风；刻苦砥砺，学习知能，促进社会繁荣，要为时代先锋。服务社会，为国尽忠；为我校争光荣！争光荣！

父亲为学校制定的远大教育理念是"伦理、创新、品质、绩效"。伦理——讲求校园伦理、品德教育；创新——校务规划时时创新；品质——重视优良师资、环境、设备、教学、行政品质；绩效——建立规章制度，透过管理机制，以提升办学绩效。1999 年，本校通过 ISO 9002 国际品质保证认证，为台湾第一所通过本项认证之高级中等学校。2012 年，接受台北市高职"校务评鉴"及"专业类科评鉴"，本校以优异的成绩，获台湾教育部门认证为"优质学校"。

学校的校舍不断扩增与整建，目前主要建筑有：五层的综合大楼、三层的勤俭楼、四层的朴实楼、四层的自力楼、五层的思源大楼、七层的教学大楼，还有 2009 年落成的地下二层、地上十层的家声纪念大楼。

本校创校迄今，因应社会变迁，职场人力需求变化，随时适度调整类科，目前本校设有普通高中部、高职部，有商业经营科、资料处理科、多媒体设计科、广告设计科、幼儿保育科、应用外语科英文组、应用外语科日文组、餐饮管理科、观光事业科、时尚模特儿科、时尚造型科、表演艺术科。各科专业均具特色,其中,普通高中部的特色为:采菁英升学班,强化外语能力,奠定学生学术研究基础,以进入理想大学为目标。

面对台湾少子女化的趋势冲击,以及新世纪资讯化、科技化、国际化的生活潮流,该校与时俱进,秉持父亲王广亚博士揭示"伦理、创新、品质、绩效"的办学理念,拟具前瞻、宏观、全面、整合、具体、可行的愿景计划,全体教职员工率同育达学生、家长、校友结合同心、凝聚共识、群策群力、达成使命,以求育达高职的永续经营与卓越发展。

第二节　桃园县私立育达高级中学

我父亲在台湾创办的第二所学校是"台湾桃园县私立育达高级中学",创办时间为1955年,迄今已有63年历史。该校原为"台北市私立育达高级商业职业学校中坜分部"。1976年5月该校从育达高级商业职业家事学校分设出来。校名当时为"台湾省桃园县私立育达高级商业职业学校",2002年改制为"桃园县育达高级中学",学校地

桃园育达高级中学

址现在设在桃园县平镇市育达路 160 号。

最初,我父亲被全体董事推选为中坜分部董事长,我叔父王万兴担任中坜分部主任。后来,父亲聘我叔父王万兴为董事长。1984 年 2 月,我叔父王万兴逝世,由婶母苏星辉女士出任董事长。

学校投巨资改善校园环境,建有先进校园设施,以陶冶学生优秀品格。目前,学校有大型运动场,铺设最新的 PU 跑道,在花木扶疏的校园中有广兴楼、育英楼、群英楼、庄敬楼、自强楼、更生楼、教学大楼、万兴纪念馆,以及普通科教大楼。全校共有普通教室及特种教室二三百间,中英文打字机等教学器材器具,一应俱全。

2002 年,桃园育达改制为育达高中后,其办学理念以"全面升学"为办学方针,透过"教学精致化,辅导人性化,设备现代化,环境全人化,多元优质化"五个理念,建构全县最优质的高中学府,培养品德与技能兼修、科技和人文并重的现代青年。

学校的校歌是:育达商校,灿烂光明,勤俭朴实,蔚成校风。互助合作,亲爱精诚,并肩齐步,实践力行。育达商校,灿烂光明,勤俭朴实,蔚成校风。刻苦砥砺学习知能,促进社会繁荣,要为时代先锋。服务社会,为国尽忠,为我校争光荣!争光荣!

学校的教学学科。高职部设有综合商业科(会计事务科、国际贸易科、商业经营科)、资料处理科、广告设计科、餐饮管理科、资讯科、多媒体动画科、幼儿保育科、美容科、应用外语科。高中部设普通科。学校学生社团有:管乐队、合唱团、竞技啦啦队、仁爱服务社、亲善大使、花灯社等。

由于我父亲与叔父王万兴先生苦心擘划,之后,桃园高中历届领导、师生戮力同心,历尽艰辛,67 年来秉持勤俭朴实、自力更生的创校精神,如今已为社会培育英才数十万人,受到社会各界的肯定,成为桃园县最具规模的职业学校。

第三节　台北育达点点幼稚园

1976 年，我父亲为了提升台北育达高职教职员工的福利，解决同仁照顾稚龄子女问题，解除员工的后顾之忧，并为学校附近的职业妇女服务，经台北市教育局核准立案，建立育达附设幼儿园。1998 年，幼稚园更名为育达附设点点幼儿园，即"台北育达点点幼稚园"，又叫"台北育达点点双语幼儿学校"。

该园的宗旨是秉承我父亲的办学理念：大手与小手、一步一脚印，点点滴滴呵护成长；建立安全、温馨、快乐、健康有活力的成长园地；爱与榜样，教育无他。

该园的愿景是多元创新，感恩惜福，家园同心；教育幼儿自信主动、健康活泼、尊重关怀鼓励家长相互成长、欢喜参与、亲师互助；要求教师团队合作、爱心耐心、专业成长。

该园的经营理念是：维护幼儿为本位的教育方针；提升教师专业成长、追求教学精进；尊重团队和协、合作的领导；推展家园同心、亲师共同成长的目标。

本园的经营特色是：以幼儿为本位，培养幼儿自信、主动的教育理念；以优质环境，提供幼儿有健康活力的体适能环境；以爱与榜样，促进幼儿健全人格的发展；家园同心，共创幼儿优质的成长园地。

后来，"附设幼稚园"从台北育达高职分设出来，地址在台北

点点幼稚园

市南京东路 4 段 120 巷。有人说,我父亲兴教办学,从幼儿园、中学、职业学校、大学专科,到大学本科,各个层次都有,真是一个全面的教育家。

第四节　泰国清迈惠明中小学

很多资料显示,我的父亲王广亚博士于 1993 年资助创建了位于泰国北部华人村落的一所华文学校——泰国清迈慧明中小学,并担任该校董事长。

1986 年 6 月 19 日,我父亲在台北育达高职主持召开了有三十余人参加的台湾私教协会第六届第七次理监事会,听取了救灾总会石炳明科长、泰北慧明中学王基勋校长的汇报,以及与会各校校长的发言,本着血浓于水的同胞关爱之情,会议决定发起台湾各级私立学校师生慷慨解囊,捐资相助"手牵手送爱心到泰北活动"。

之后,此项活动相继在台湾各级私立学校热烈展开,从小学生到大学生,大家都是热情地伸出双臂,奉献爱心,支持这项活动。而且,私教协会的这个呼吁,经过台湾大众传播媒体的报道,社会上的一些善心人士、公立学校的同学也相继解囊,赞助这项活动,协会邮拨账户所收到的款项即达 100 万余元。这些行动,具体地表现了社会的温暖,也显示了私教协会的这项行动获得社会各界的重视与肯定。

父亲与泰国清迈惠明小学学生在一起

1987 年 3 月，经私教协会理监事会议的决议，由我父亲及台湾方曙商工方雨庵董事长带队，由教学、文化、体育各界人士组成的慰问团一行，带着台湾私立学校师生及各界人士的爱心，携带 100 万元慰问金及介绍台湾社会进步的录影带、书刊与大批糖果、饼干抵达泰国清迈，受到当地政府及各难民村代表、各中小学校长与师生们的热烈欢迎。

在泰国清迈，父亲了解到当地位于泰国北部，是一个华人地区，经济十分落后，村民生活困难，普遍存在的问题：师资不足、校舍简陋、设备缺乏、教材贫瘠，最主要的问题就是经费问题，不仅老师待遇微薄，甚至领不到薪水，而且学生家境贫困，根本无力交学费，无法顺利求学。

泰北之行之后，泰北清迈、难民同胞、校舍简陋、师资不足、设备缺乏、求学困难……这些情景、这些词汇一直在父亲脑海萦绕，他下决心于 1993 年捐资兴建了泰国清迈惠明中小学校。后来，父亲飞抵泰国，来到学校给小学生颁发奖学金，还与获奖学生合影留念。

第五节　内蒙古经贸外语职业学院

1993 年，我父亲投资创建了内蒙古经贸外语职业学院。学院设立董事会，我父亲生前为名誉董事长。学院是经内蒙古自治区人民政府批准、国家教育部备案，是具有颁发国家承认学历资格的全日制普通高等院校。

学院座落于依山傍水、绿树成荫的内蒙古自治区首府呼和浩特市北边大青山脚下呼哈路 6 公里处，占地面积 875 亩，建筑面积 8 万多平方米，有良好的教学设施，图书馆藏书 6 万余册，长年聘请多名外籍专职教师授课。学院设置有会计金融系、外语系、经济系、艺术系和继续教育系，开设 23 个专业。

学院的建校精神是"勤俭朴实、自力更生"；校训是"博学、修身、自强、进取"；办学理念是"以人为本、服务学生"。学院以人才培养为核心，确立了"专家治校、质量立校、特色强校、就业兴校"的战略发展之路，拥有一支年龄结构、学历结构、职称结构合理、一流的师资队伍，其中副高以上职称占 35%，研究生以上学历占 70%，双师型教师达 30% 以上。学院有一支政治强、业务精、纪律严、作风正的辅导员队伍，引导学生学习、生活、成长和就业。学院积极拓宽办学渠道，先后与华东师范大学、四川农业大学、台湾育达科技大学、韩国安东科学大学等十几所高校，签订了合作办学协议，教学质量始终位居全区同类院校前列，其教学团队、特色专业、精品课程、校本教材建设、人才培养模式、教学改革等六项在自治区高等职业院校人才培养工作评估中得到专家组高度评价，列为同类院校之首。毕业生就业率均达 96% 以上，引领全区同类院校，连续获得自治区教育厅的表彰。学院被中国民办教育协会评为"全国民办院校先进单位""全国民办学校'守诚信、重教学质量'双保障示范单位"，被自治区教育厅、民办教育管理委员会评为自治区民办教育"示范学校"。目前，学院已成为自治区同类院校中规模最大、专业设置合理、办学水平与教学质量领先、综合实力较强、办学特色鲜明、区内外有一定影响力的高职院校。

1996 年 12 月

父亲在内蒙古经贸外语学校与学生合影

我的父亲曾到学院巡视考察,他有一种回家的感觉。他说,自 1993 年创办了内蒙古经贸外语学院以后,我对"百年树人"的教育工作也有了更深的体会。学院虽然地处偏远,但年轻人上进求学的精神却不落人后,延续了"勤俭朴实,自力更生"的办校精神,奋力向前。考察时,教育界的朋友不断发出赞叹,但我父亲实在不敢居功,他说,这株树苗从栽植到长成,是需要多少细心的呵护与灌溉啊!而我不过是个掘土播种的人罢了。

第六节　郑州升达经贸管理学院

在我父亲创办的所有学校中,1993 年创建的郑州升达经贸管理学院是他的代表作。这所学校前身是由父亲为董事长的台北广兴文教基金会与郑州大学合作兴办的郑州大学升达经贸管理学院。2011 年 4 月,经教育部批准,正式转设为独立设置的民办普通本科高校,更名为郑州升达经贸管理学院。

学校有龙湖校本部和登封新校区两个校区,总占地面积 2000 余亩。学校老校区位于郑州新郑市龙湖镇的郑州南大学城,即郑州南龙湖宜居教育园区,在郑州市南 10 公里处,占地面积约 1300 多亩,建筑面积 50 万多平方米。

目前,学校全日制在校生 27990 人,教职员工 1453 人。学校设有金贸、会计、管理、商学、信工、外语、文法、艺术、建工、体育、马克思主义、创新创业教育、交通13个学院和基础部,共41个本科专业,14个专科专业,涵盖管理学、经济学、文学、法学、工学、艺术学、教育学等7个学科门类,形成了以经贸、管理类为主,多学科协调发展的学科专业体系。现有省重点学科5个,省专业综合改革试点5个,省品牌专业9个,省特色专业3个,具有双学士学位教育招生资格的专业4个。建有教育部"科学工作能力实训示范基地"1个,省级实验教学示范中心2个,市级重点实验室1个,市级示范性实训中心3个,市级技术技能名师工作室1个,市级优秀教学团队1个。微积分、市场营销学、计量经济学、管理学等省级和市级、校级精品在线课程40多门。

学校坚持以人为本、

郑州升达大学大门

1993年,升达奠基

2011年,升达独立转设揭牌仪式

依法治校、特色办学、科学发展的基本思路,将父亲 67 年的办学经验与校情相结合,形成了内涵丰富的大学文化特色。其基本内容为:"伦理、创新、品质、绩效"的办学理念,"勤俭朴实、自力更生"的校训,"爱国爱校、宁静好学、礼让整洁"的升达精神以及"三三三制"办学要点:第一个三为"三心",即"爱心、关心、耐心";第二个三为"三严",即"严教、严管、严考";第三个三为"三特色",即"两证多照"的教学特色,"守时、守信、守法"的品德特色,良好风度仪态的形象特色。

学校落实立德树人根本任务,不断深化"三大教育"(爱国教育、劳动教育、感恩教育),持续实施"三大竞赛"(秩序礼仪、文明宿舍、学生整洁),着力强化"三方育人"(环境育人、教书育人、服务育人)。有追求、爱劳动、懂感恩、知礼仪已成为学生的明显特征,形成了教育、管理、服务的鲜明特色。

近年来,学校被授予全国"全民阅读活动先进单位"、教育部"科学工作能力提升计划(百千万工程)"首批试点院校。学校荣获全国全民阅读示范基地、河南省注册会计师行业后备人才培养基地、河南省优秀民办普通高等学校、全国最具社会知名度民办大学、河南省考生心目中最理想的高校、河南发展(成长)最快的院校、河南省园林单位、河南省学校行风建设先进单位、河南省数字化校园示范工程高校、河南最具就业竞争力示范院校、河南省普通高校毕业生就业工作优秀单位、河南省书香校园建设先进集体、河南省品牌实力民办高校、河南省大学生创新创业实践示范基地、改革开放 40 周年具有国内影响力民办高校等荣誉称号。学校的办学水平、办学条件受到社会各界普遍赞誉。

在新阶段,升达学院将继续坚持培养高级应用型人才的办学定位,朝着规模适度、结构合理、特色鲜明的建设目标,满怀创建全国一流民办大学的希望而努力奋斗。

第七节　郑州商学院

郑州商学院(原郑州成功财经学院)是我的父亲为贡献家乡教育事业,于2004年在巩义市捐资创建的一所全日制普通本科高校。学校前身是与河南财经政法大学合作建设的独立学院;2012年3月,经教育部批准转设为独立设置的普通本科高校;2018年11月,学校更名为郑州商学院。

经过多年的发展积淀,学校明确了省内一流、国内知名的高质量应用型本科高校的办学定位。董事长王育华女士继承了创办人的办学理念、教育思想和优秀品质。学校深入学习贯彻党的教育方针政策,提出了"以学生为中心,以教师为主体,以服务为导向,以制度为保障"的发展理念。

学校现有工商管理学院、会计学院、国际经济与贸易学院、外国语学院、信息与机电工程学院、艺术学院、文学与新闻传播学院、建筑工程学院、通识教育中心、马克思主义学院、体育部等11个教学单位、58个本专科专业。其中,工商管理专业为河南省高等学校特色专业建设点;计算机科学与技术、财务管理、会计学等3个专业为河南省高等学校综合改革试点专业;工商管理、会计学 (注册会计师方

郑州商学院大门

向）、财务管理、计算机科学与技术、动画、国际经济与贸易、汉语言文学、商务英语等 8 个专业为河南省民办高校品牌专业建设点；国际经济与贸易、会计学、计算机科学与技术等 3 个专业为双学士学位专业。

学校建有会计大楼、外语大楼、资讯大楼、艺术大楼、建工大楼、实验大楼、图书馆、体育馆、学生事务中心、健身房等。图书馆拥有纸质图书近 200 万册，中外文报刊千余种；建有多功能电子阅览室、E 化区和校园网络系统；建设了省级众创空间。学校建有三维动态捕捉实验室、同声传译实验室、3D 旅游仿真实验室等各类专业实验室 121 个；建有经济管理实验、商务外语实验、商业艺术实验、教育与新媒体实验、机电信息工程实验、建筑工程实验等六大实验中心。

建校以来，学校每年有多名学子考取注册会计师证、经济师证等中、高级资格证书，大学英语四级通过率 60% 以上，英语专业八级通过率 30% 以上，计算机二级通过率 65% 以上。历届毕业生中有 10% 左右考取硕士研究生。另外，有多名学子在全国大学生 ERP 创业模拟经营大赛、会计信息化技能大赛、大学生创业综合模拟大赛、高校商业精英挑战赛、大学生英语竞赛、河南省注册会计师协会"会长奖学金"竞赛等多项省级、国家级大学生竞赛中取得优异成绩。

近年来，学校曾获得中国最具办学特色本科高校、全国教育改革创新示范院校、中国高等教育十佳特色学校、河南省最具社会影响力高校、河南省最具综合实力高校、河南省学校行风建设先进单位、河南省高等教育教学工作先进集体、河南省普通高等学校毕业生就业工作优秀单位、河南省大学生创业教育示范学校、河南高等教育就业质量十佳示范院校等多项省级以上荣誉，并于 2012 年、2014 年、2016 年、2017 年、2018 年 5 次被省教育厅评为"河南省优秀民办学校"。

第八节 北京育达高级职业学校

北京育达高级职业学校,是 1999 年由以我父亲王广亚博士为董事长的台湾广兴文教基金会与北京外事服务职业高中合作创办的一所职业学校。

1998 年 3 月,时任教育部部长陈至立对我父亲的办学成果和促进两岸交流的精神给予了肯定。陈部长在北京接见我父亲时建议我父亲在北京与一家有能力的学校开展合作办学,将育达模式引进北京作为一个示范,以吸收台湾和国际上先进的职教经验,深入职教改革。而陈至立部长所提出的建议,立即得到我父亲的重视和同意。于是,父亲就展开各项筹设工作。这一项目由教育部职成司直接操作,在教育部职教司黄司长的奔走协调下,最后选定国家重点职业高中——北京外事服务职业高中为合作对象,由北京外事服务职业高中提供位于北京前门西大街 137 号优美的法国式新古典主义建筑的校舍,广兴基金会先期投入人民币 150 万元进行基建改造,作为北京育达高级职业学校的校址。双方于 1999 年 5 月 1 日在深圳签订了合作协议书,同年 9 月 1 日举行第一届新生开学典礼。在开学典礼上,应邀前来学校参加庆典活动的北京市常务副市长孟学良对这所海峡两岸共同

北京育达高级职业学校

创建的学校赞誉有加，并立即宣布北京育达高级职业学校为北京市的重点学校。

北京育达高级职业学校的办学宗旨是：全面贯彻国家教育方针，全面提高办学质量，有计划、有步骤地将北京育达高级职业学校办成一流水平的学校。建校后，学校在合作双方积累多年成功办学经验的基础上，同时注重吸收台湾和国际上的先进经验，先后进行了一系列教育教学和管理等方面的探索和改革。

该校占地约 9000 平方米，目前有教室 30 间，电脑教室、多媒体教室、形体教室等设施一应俱全，是一所小而美的高档学校。设有国际贸易、外事英语、企业管理、公关导游专业，2001 年教委规范专业名称后设立国际商务、商务英语专业。

建校以来，国家教育部、北京市、西城区教委等各级领导对北京育达的工作均给予了高度的重视。期间，我父亲到北京去，受到北京市西城区主管教育领导的接见。学校的办学成果也得到了各方面的肯定，两岸双方还数次派遣人员互访交流。2001 年 12 月，北京育达高等职业学校通过 ISO9002 国际质量体系认证。12 月 24 日，我受父亲委托去北京参加该校庆祝会，并代表父亲向学校通过"国际认证"表示热烈祝贺。我在讲话中指出"这是全校师生艰辛努力的结果，是创办人办学理念的又一硕果。这充分说明，只要我们坚持国际办学标准，外国人能办到的，我们也一定能办到。希望全校师生贯彻创办人的办学理念，发扬优良传统，不断创出更大成绩"。

2002 年 6 月，北京育达在人民大会堂举行了首届学生毕业典礼。这让所有"育达人""升达人"都为之感到骄傲和自豪。

学校成立 21 年来，本着"制度与人文结合的管理思想，凭着美丽的校园环境和优秀的师资力量，已成为北京西城区评价好的学校之一。

第九节　台湾苗栗育达科技大学

台湾苗栗育达科技大学,是我父亲及夫人王蔡秀鸾女士,在台湾独立创办的一所大学。学校始建于 1999 年,最早名称是台湾苗栗育达商业技术学院。2009 年,该校获得台湾教育部门核定批准,改制大学成功,更名为"台湾苗栗育达商业科技大学"。2013 年,又改名为台湾苗栗育达科技大学。按时间顺序计算,这是我父亲创办的第 8 所学校。

在台湾办大学,父亲在还没有来大陆办学之前就有这个想法。1991 年,他先后到台北、新竹、宜兰等地四处考察,寻觅校址,为配合台湾当地政府"缩短城乡差距、分散高教资源"之政策,最后选定高教资源缺乏的台湾中部地区苗栗县造桥乡一片土地,并计划在此设址建校。同年 9 月,父亲向台湾教育部门提出建校筹设计划书,后于 1995 年获台湾教育部门同意准予核备,直到 1997 年 9 月才取得开发许可证,之后,便开始了大学的各项开发建设工作。

2018 年 2 月台湾苗栗育达科技大学官网资料显示:全校学生人数 8000 人,学校设有经营管理、休闲创意、财经及人文社会等四大学院。其教学系的设置情况是:1999 年有四技企业管理系、信息管理系、财务金融系、会计系、应用英语系等五系;2000 年增设营销与流通管理、应用经济、国际企业、应用日

台湾苗栗育达科技大学校景(1)

语等四系；2002 年增设财经法律、幼儿保育、休闲事业管理、应用中文（改名为华文传播与创意系）四系；2006 年新设休闲运动管理系及多

台湾苗栗育达科技大学校景(2)

媒体与游戏发展科学系二系；2011 年新设餐旅经营系、时尚造型设计系及健康照顾社会工作等 3 系。现全校整合共有 16 个系。

学校设有 4 个研究所：资讯管理研究所、企业管理研究所、营销与流通管理研究所、信息管理研究所。2010 年设立休闲事业管理系硕士班。

学校校训：勤俭朴实，自力更生。勤俭，全力以赴，节约人力物力；朴实，脚踏实地，不弄虚作假；自力，自己的问题自己解决；更生，痛定思痛，为成功想办法。

学校的吉祥物：小绵羊——咩达。可爱的小羊，亲切和善又讨人喜欢，身上的装饰品都代表着不同的意义：头上的小绿芽代表着"智能、知识"；脖子上的星星代表着育达的学生都是"未来的新星"；胸前以及背后都有育达的校徽，看见咩达就能想到"育达科大"。

育达精神：爱国爱校、宁静好学、礼让整洁。

校歌，即《育达校歌》：育达育达，光耀华夏；育达育达，雄视东亚。陶铸英才，溥惠天下，山青碧水环境好，钟灵毓秀气自华。勤俭朴实自力更生，敦仁尚义，器识慎宏，兴业殖产。有志竟成，携手共进世界大同，吾爱吾校，四海名扬。吾爱吾校，百世隆昌。

第十节　升达小学与幼儿园

为了解决升达学院教职工子女的入学问题，缓解龙湖镇学龄儿童的入学压力，提高儿童的受教育水平，按

作者巡视幼儿园

照我父亲的指示，在升达学院的鼎力支持下，在我与教职员工的共同努力下，升达附属幼儿园于 2013 年 3 月 1 日成立，同年 9 月 1 日升达附属小学开学。

幼儿园以提高孩子的整体素质为目标，采用双语教学和传统教学相结合的教学模式，用一流的设施，一流的师资，一流的环境，一流的理念服务孩子。其办园理念：爱心对幼儿、热心对家长、耐心对工作、诚信对事业；其教育方法：玩中学、学中玩、激兴趣、乐学知；其教育内容：开设国学教育课，诵读中华经典诗词，使学生"知礼明理"；以培养孩子的养成习惯为重点，采用主题活动与学习兴趣相结合，情景式教学，寓教于乐。幼儿园设有玩教具，美工室等功能房，以锻炼孩子的平衡感。学校购置专业书籍，并对教师进行专业理论指导，针对孩子们年龄段的特点，并和家长沟通，了解孩子们的近况，不时进行教学改革，让孩子们在温馨的环境中，健康快乐成长。学校深受社会与家长好评。目前，幼儿园已开设大、中、小共 11 个班，有 319 名儿童。

升达附属小学的品牌特色是：以开发潜能、启发智慧，尊重伦理、

营造文化,再创科技与文明,促进沟通与协作为理念,以勤俭朴实、自力更生为校训,以五好发展、品学兼优为教育愿景,以轻松学习、快乐成长为培养目标,采用小班化教学,关注每个孩子的成长;采用养成、科学、人文并重的知识教育,重视学生全面发展。学校拥有美化、净化、绿化、安全、和谐的校园环境;正逐步走上精品化的办学之路,引领区域教育发展方向。学校教师都能得到充分的发展,学生的学习兴趣与求知欲都能得到悉心呵护。现在,学校建有机器创课实验室和陶艺室,开设"疯狂英语""说写作文""体育技能""写字课"等教育教学课程,开展"书法""阅读量"竞赛、"十星标兵"评选活动,培育学生的创新能力,拓宽学生知识面,使学生养成良好的习惯,不断发展个性潜质。

为了确保学校品质,近几年,升达小学的招生录取比例,已从过去的 3:1,5:1,变成了现在的 6:1。学校从一年级开始逐年招生,不招插班生。现在,有六个年级共 596 名学生,他们在老师的培养教育下茁壮成长。未来几年,学校将向更先进、更前沿、更科学、更全面、更系统的教育方向发展,并借鉴升达大学的优势和资源,面向社会,实行开放办学。

升达小学、幼稚园

第四章　父亲的教育理念与办学理念

　　我认为,我父亲的教育理念,体现在他热爱祖国,坚定继承和努力发扬祖国的优秀传统文化上;体现在他立德树人、关心学子、教育学子成人成才的意志中;体现在他对教育事业的无限忠诚、无限热爱和高度负责任的精神中。升达的办学理念:伦理、创新、品质、绩效;升达的精神:爱国、爱校、宁静、好学、礼让、整洁;升达的校训:勤俭朴实、自力更生。这是他教育理念的结晶,无不闪烁着中华民族文化的光辉。尤其是"伦理、创新、品质、绩效"这八个字,是我父亲一生办学理念的高度凝练。

升达大学治家格言

第一节 传承中华民族优秀文化

我的父亲出生在中华文华发祥地的核心区的一个耕读传家的农民家庭，自幼接受优秀的民族文化熏陶，中国儒家文化对他影响最深。他曾曰：本人与孔子的心是相通的。

中华民族传统文化在他的血液里涌动着。自古至今，学校都是传承文明、培育人才的主要场所。1992 年，他回馈家乡，用无改的乡音深情地说："我是黄河母亲的儿子，我兴教办学，要为传承和弘扬中华优秀文化贡献力量！绝不辜负生我养我的这片土地。"又说："我所创办的文化教育事业，除了抿注我个人所有的积蓄，更投入了我所有的青春和生命。只要能为传承和弘扬中华文化做贡献，我不但无怨无悔，而且乐在其中。"于是，在大陆创办了一所又一所学校。

我的父亲传承中华民族优秀文化，还体现在"用中华传统文化治理学校"，更体现在他对中华传统文化的深刻感悟和深入践行。他说："要让我的每一位学子都烙上'中华文化'的印记，让崇礼、重孝、爱国、节俭等中华民族的优秀传统文化，都深深地根植在学子们的脑海之中。"办学工作之中，父亲更是时时以圣贤为楷模，服膺先师教诲，对中华传统文化一边实践一边总结，一边研究一边提炼，力求把抽

升达学子今日启航

象的传统文化细化到教育的全过程。在吸取和弘扬中华传统文化的基础上,他提出了"勤俭朴实、自力更生"的升达校训,"爱国爱校、宁静好学、礼让整洁"的升达精神,"伦理、创新、品质、绩效"的办学理念及其核心"三三三制"以及"清早起、扫庭院,惜晨光、勤读书……"的治校格言,并结合校情凝练成了内涵丰富、独具特色的精神文化,成为全院师生的共同理念和价值取向。

第二节　教育是百年树人的大计

　　教育是父亲毕生从事的事业,从英姿勃发的青春年华直到今天的耄耋之年,我父亲的全部心血都倾注在教育上。虽然韶光易逝,人生易老,但我父亲为教育而"不知老之将至",生前依然到处奔忙劳碌。

　　父亲在他的著作和讲话中,不断阐发他的教育理念,发表了许多精辟的见解。首先,他把教育摆在非常重要的地位,认为教育是立国的根本,是为国家百年树人的大计,为民族立千秋万世的事业。父亲说:"我们之所以被誉为文化古国,就是由于我们民族文化有良好的教育哲学,以作为支柱。教育对国家生存发展的重要,是任何人皆能认知的事实,世界各国莫不重视教育。"

　　一个民族,一个国家,如果没有教育,那是不可想象的。愚弱的国民,难以站立在当今世界民族之林,所以教育是国民摆脱愚昧、走向文明进步的途径。国民受教育的水准,标志着国家文明进步的程度。西方的欧美无须说了,就以东方的日本来说,在第二次世界大战炮火连天的岁月里,日本政府在付出巨额军费的同时,紧缩了其他许多项的开支,使得国民生活极端贫困,然而就在当时,却没有削减对教育的投资。日本在二战后能很快恢复元气应与日本历届政府重视教育投资分不开的。

　　我父认为，教育的成败足以影响一个国家的兴衰，有安定的学校，才有安定的社会；国家未来发展的前途，可以从年轻一代所表现的气质中看出来。因为青年人是国家的希望和未来，误了一代青年，就是误了国家的明天，那损失是不可估量的。

　　父亲还认为，教育事业对人类的文化负有承先启后的责任，对人类的福祉负有开拓保障的责任。而文化是国家民族的命脉，同是建设国家的根本，民族生存的凭藉。就是说，教育将人类创造积累的文明成果和智慧结晶，一代一代传下去，这是国家民族生存的命脉所系，这是为人类谋得幸福的凭藉。

　　教育着眼于未来，功在当今，泽及子孙。教育事业的兴旺发达，必然带来经济建设的繁荣昌盛。教育开采了人矿，开启了人类智慧，这是比黄金贵重百倍的富矿，办教育的人应该有远见的卓识。

第三节　教育是良心事业

　　我父亲多次谈过：教育和其他行业不同，教育是良心事业，教育是奉献心力。从事教育工作的人，必须燃烧自己，发出光和热，才能照亮别人，温暖别人。

父亲推崇儒家"有教无类"教学理念

教育工作是伟大的，也是十分平凡的。三尺讲坛消磨着教师的青春年华，粉笔黑板和上下课清脆的铃声伴随着教师生涯。教育工作者只知默默地耕耘，一点一滴地付出心血，却不思得到回报。正如父亲所说："从事教育事业的每位工作同仁，一方面承袭了中国固有的教育理念，一方面体认自己对于社会国家乃至世界人类所担当的时代使命，大家兢兢业业，竭尽智慧能力，为教育事业做毫无保留的奉献与牺牲。"

教育工作的对象是学生，教好学生是教师同仁的道德良心所系，做教师的，总是不肯也不忍心误人子弟。虽然有时候心情不快，有各种抑郁不平萦绕心头，但当教师一站到讲堂上，面对纯真可爱、专心求知的学生，便把个人的一切烦恼都忘掉了，一心要把知识毫无保留地教给学生。他们像园丁一样每日辛勤于花园苗圃，看着满园春色，芳菲鲜艳，心里感到格外兴奋、安慰与满足。人们喜欢用"桃李满天下"来赞誉教师的成就，说实在的，每一株桃李都是教师用心血长期浇灌而成。他们甘愿"心以作竹实，血以当醴泉"，用心血教育凤雏。他们有超凡的爱心、诲人不倦的耐心、锲而不舍的恒心，"得天下英才而教之"是教师最大的乐趣。

办教育的人不是为钱，把学生当作赚钱工具的人一定办不成教育，且有失师道尊严。我父亲早已明确指出："须知以金钱为报酬，将使私校蒙上'学店'之羞，以造就国家人才为报酬，才是我们远大的目标。"我父从来不把升达当成他自己私人的财产。升达成立后，他说，我办教育不是开店，不是为了从学生身上捞钱，请相信广亚绝不是说空话。学费中的一部分以各种奖学金名义返还给学生，一部分用于学校的建设发展以及日常开支和员工的工资福利。他还说，全校的财产，都属于社会所有，我不会往台湾带走一分钱，学校的经费收支，是"取之于学生，用之于学校"。父亲说，作为校长，你不能把钱都装进自己的口袋里，你应该比别人多吃苦，多关心教师，并以慈父般的爱心去关怀学生，这样才能办好学校。

创办学校是一件造育人才的大工程，需要集合全体员工的力量。人人增强事业心和责任感，把教育之爱发挥到最高的程度，不间断地耕耘播种，才会收到预期的效果。父亲就是这样，他对教育奉献了一颗爱心，既不为名，也不为利，言传身教，为同仁和青年学子作表率，当"新竹高于旧竹枝"了，一代学子成为国家有用之材，就是教师心灵的慰藉。

在学生管理方面，我们应把"管理"两字用"辅导"代替。我们必须以爱心、耐心，站在朋友的立场与同学相处，把教育看成是良心事业，人人掏出爱心对待学生，学生们也同样以纯真的敬爱之心回报老师，回馈社会。

第四节　教育的目的在于改变学生的气质

人非生而知之者，知识和技能都是从后天学习中得到的。一个人生下来会啼哭，会吸吮乳汁，这是与生俱来的本领，然后从半岁一岁牙牙学语开始，到进入学校大门，由无知到有知，由知之甚少到知

父亲与毕业生亲切交谈

之甚多，由不懂礼貌到举止端庄文雅，总之由启蒙到成才，这漫长的过程，都是教育之功。人靠教育陶冶，玉要琢磨成器，教育能改变人的气质。

父亲很早就指出："教育工作重在改变学生的气质，肯定其自我人格，协调其人己关系。"他的《每周座右铭》(中集)一书里，有连续三

篇"谈气质"的文章，父亲认为，"百年树人"的教育工作，目的在于变化整个国民的气质；至于知识和技能的传授，不过是训练学生有一套谋生的方法而已。如果一个人单单依赖自己的知识和技能，置身当今复杂的人际社会中，固然可求得温饱，但却不容易成就辉煌的事业。我们中国人习惯于把一个人置身社会后处理各种人际关系的学问，称为"酬世"之学或"应世"之学，这种"酬""应"实际上就是人气质修养的功夫，也是人建功立业的重要条件。

从历史到现实，常有一些满腹才学的人，或由于当权者不重人才，压抑贤能；或由于本人性格孤傲，落落寡合，如离群孤雁，与周围环境相抵牾，与同事或上司关系不和谐，而有"怀才不遇"之叹，一生坎坷，事与愿违。当今时势，研究和培养人优良的气质就显得特别重要了。

父亲说：气质本是一个抽象的东西，不能用度量衡去订定一个标准。它是一种经由后天的培养涵濡，表现在个人言谈举止间的表象。根据平常的接触观察，我们说某人有"书卷气"，某人满身"市侩气"，某人一副"江湖气"，或说某人"土里土气""流里流气"都是从他个人言谈举止中得出的印象，但这种"印象"却

父亲与升达学通社记者在一起

往往能左右人心理的好恶。因此,在今天纷繁的人际社会里,一个人气质的好坏,常常影响到他的谋职和升迁。

父亲以育达同学外出谋职为例,说明气质对人"第一印象"的作用。育达历年来不下数万人谋职就业,有的同学记账、珠算、打字等技能相当不错,但常常不易谋得一份好的职业,而一些技能平平的同学,谋职却能称心如意。其原因就在于谋职时给人的第一印象使然。气质好的同学,和雇主一打照面,就赢得好感,打了胜仗;而气质差的同学,纵然自己身怀绝技,但雇主一见,"不惬我心",不予录用,求职者只得怏怏而退。

父亲认为,气质并不在于先天的秉赋,先天秉赋的高低,不容易改变,而一个人气质的好坏,却可以借助教育的功能去变化。当然变化气质不是一朝一夕之功,要靠日积月累,在潜移默化中陶冶、熔炼。在校求学期间是学生人格修培的奠基阶段,青年人可塑性强,性格尚未定型,自我抉择的能力薄弱,教师和家长对学生人格的健全发展负有不可推卸的责任。

第五节　推崇教师荣誉

尊师重道,在新的形势下更应大力倡导。父亲身为台湾私教协会的常任理事长,为弘扬师道,树立楷模,激励教育人员热枕服务,于1978 年,举办选拔服务 35 年、25 年、15 年以上的资深绩优教师活动,分别赠与大仁、大智、大勇三种奖章,作为精神鼓励,而且定为私教协会年度重要活动之一。

为了使从事私教事业的同仁获得更多的肯定与尊敬,私教协会又特于 1987 年起,增设"弘道奖",用以致赠从事私校工作有突出表现的教师,为优秀教师又增添了一项荣誉。父亲在多次颁奖大会讲话中,对教师"教不倦,学不厌",在平凡岗位上默默奉献的精神,推崇备至,又特别请《现代青年》月刊,辟出荣誉教师群像专栏,刊布获奖的优秀教师,以表

父亲宴请优秀教师

达私教协会对荣誉教师的崇敬。

在育达,前已述及父亲早经订定教职员工考核办法,并经过多次修订,每学期发给数目可观的考核奖金。但父亲认为还不足以表达他对教师的敬意,也未能显示特殊优秀教师的荣誉,所以,在1982年2月24日,育达制定出"荣誉教师荣衔赠予办法"。这是育达一项最高荣誉,要求标准高,选拔资格严,当选荣誉教师,可获得甚多优厚的礼遇。

父亲说:"教师的工作是清苦的,但其精神和贡献则是伟大的。百年树人的教育成果,归于劳苦功高的教师。荣誉教师的荣衔,也应毫不吝啬地颁给每一位特殊优良的教师。"荣誉教师制度的建立,使育达才能卓越,贡献特殊的教师能够脱颖而出,受到应有的人格尊崇,终身享受应得的荣誉。这项制度,在台湾中等教育史上,是空前的创举。

父亲认为:"良师兴国",社会需要有一群默默耕耘的优良老师,不计薪酬,不计名利,为了培养更优秀的下一代而竭尽全力。优秀的教师不仅能散播"教育爱"的热诚,更能带动整个国家社会的繁荣进步,这是其他行业所难以比拟的。

父亲非常重视"教育爱"的发挥,因为为人师表者,"必须有为教

育奉献牺牲,两袖清风,满头白发,却能怡然自得,不知老之将至的精神"。

父亲宴请外籍教师

需要追记一笔的是,台湾私教协会于 1978 年订定的资深优良教师表扬办法,至 1992 年已有 2728 位教师及校长分别获颁大仁、大智、大勇奖章。此外,私教协会理监事会议决定,对服务 40 年以上的资深教师,赠送显示最高荣誉的"至善"奖章及奖牌。

推崇教师荣誉,是我父亲教育理念的重要组成部分,也是他几十年来不懈追求的愿望。

第六节 四育均衡 品能第一

父亲对青年学子是满腔关爱之情,对学生的培养,他提出了"顶天立地,继往开来,四育均衡,品能第一"的目标。

所谓"四育",指的是德、智、体、群,一般在提法上还加上美育,共是"五育",但重要的还是德、智、体、群四个方面。父亲说:"其最终目的，乃是培养每一个国民的健全人格。在使学生成为自主自治的人物，并且其能够成为优秀的人才，以符合教育目标。"

品行道德是做人的根本，父亲特别重视培养学生良好的德行，升达章则所规定的各种行为规范，他平时对学生语重心长的谆谆教诲，无一不是为了陶冶学生的道德情操。他要求学生切实履行"秩序、安静、礼貌"三大要求，以养成"礼让而不纷乱、文雅而不浮躁、谦和而不骄慢"的习性；他教导青年人要谨慎谦虚，说最好的学生是勤学力行，最美的学生是庄重文雅，他告诫青年："青年人呀！不要太骄矜自负。要知道雪莱曾经说过，'岁月并不能造就伟人，它只能制造老人罢了'！"他的话情真意切，言出肺腑，苦口婆心，句句撼动青年学子的心灵。譬如，他劝导青年人珍惜时光，说："时间如流水，一去不回头。所以古人说'书坐当惜荫，夜坐当惜灯'。人嘛，该努力惜取少年时哟"！"十七八岁的年轻人，不要以为时间很多，就浑然忘了自己的年龄。要知道，20岁一过，30岁、40岁就开始向你猛扑而来，青春原是一个短暂的梦，等你一醒，垂垂老矣！"这些警策性的话语，多么亲切感人，发人深省，像是一个忠厚的长者在劝勉晚辈，完全没有板起面孔训人的意味。

智是一个人立身处世的本领。在智的要求方面，我父亲多次强调，"学生应以学习为第一要务"。因为教育就是开发人的智力矿藏的，父亲主张学生从多方面充实知识，除搞好课业外，对课外的相关知识能愈求充实愈好。他提倡学生多利用学校图书馆藏书，增加学识修养，以免日后有"书到用时方恨少"的悔恨。他说："饱览群书，也可借此培养生活的情趣，享受丰富的人生。"这是父亲对青年学生的期望，也是他自己的经验之谈，他就是一个勤学苦读、手不释卷的人。

群育，重在培养学生团体观念，爱护群体荣誉，培养敬业乐群精神。父亲教育青年学子："个人是团体中的一分子，团体的利益，就是个人的利益；团体的荣誉，就是个人的荣誉。""人人认清自己是社会的一分子，必须努力去维护它，这样，团队精神才能充分表现出来。"父亲认为，人类难免有一种好

校徽图解

逸恶劳的懒惰习性，这种不良的习性，也唯有透过团体的活动，逐渐加以克服。所以父亲特别重视教育和培养育达学子团队意识，珍爱校誉的团体荣耀感。

正是德、智、体、群四育并重，均衡发展，才塑造了青年学子的健全人格，使人人具有良好的气质，成为顶天立地、继往开来的新一代。

我父亲创办的郑州升达经贸管理学院，成立27年来，发展迅速，成绩显著，校誉日隆，取得了诸多荣誉。不少领导和朋友经常问我，升达学院为什么能够取得如此优异的成绩，我实实在在地告诉他们，其主要原因是，我父亲创办的升达学院全面贯彻党和国家的教育方针，

升达校徽

始终坚持社会主义办学方向，并将父亲67年的办学经验与学校校情相结合，形成了本校鲜明的办学特色，主要有以"爱国教育""劳动教育"等为内容的教育特色；养成以"关心、爱心、耐心"为基础的管理和服务特色；以"严管、严教、严考"为机制的教学和人才培养特色；以"两证多照"为基

本要求的技能培养特色；以"守时、守信、守法"为核心的品德培养特色；以培养学生良好风度仪态为核心的形象培养特色。

2018 年 9 月 10 日，习近平总书记在全国教育大会上，明确提出构建德智体美劳全面培养的教育体系，将党的教育方针中有关全面发展的内涵从原来的"德、智、体、美"四个领域扩展为"德、智、体、美、劳"五个领域，赋予党的教育方针以时代的新内容、新要求。习近平总书记的重要讲话明确提出了新时代我国社会主义教育事业的总方向和根本方针，为办好新时代中国特色社会主义教育指明了方向、提供了根本遵循。升达建校至今，始终坚持党的领导，全面贯彻落实党的教育方针，在继承中进行发展，于 2020 年 4 月将校徽含义修订为"顶天立地，继往开来，五育并举，德才兼备"。

第七节　伦理 创新 品质 绩效

升达的办学理念，是我的父亲长期办学积累的一套科学的、行之有效的办学理念。这个理念，就是大学文化对学生成长和人才培养进行潜移默化的影响。这个理念在吸收中华民族优秀传统文化的基础上，结合校情凝练形成了内涵丰富、独具特色的精神文化，反映了师生共同的理念、追求和价值取向。这个理念，具体表现在"伦理、创新、品质、绩效"及其核心"三三三制"之上。

下面，我单以父亲"伦理、

办学理念

校务推动经营理念

创新、品质、绩效"的办学理念谈谈理解并进行阐述。

"伦理"是中华民族优秀的道德传统,主要是教育学生如何做人,其内容不仅包含着人与人、人与社会和人与自然之间关系处理中的行为规范,而且也蕴涵着依照一定原则来规范行为的深刻道理。伦理道德在我国历史上哺育了无数仁人志士和英雄豪杰,为民族和国家的发展做出了巨大的贡献,而在当代我国社会中,依然在弘扬,被崇尚,具有强大的生命力,党中央提出的"立德树人"就是例证。父亲认为,要注重学生人格尊严,肯定人的价值。圣贤孔夫子曾有"天地之行人为贵"的言辞,意思就是说在天地之间人的生命是最为宝贵的,人是最有价值的。这就是一方面强调要学会自爱自尊自重,完善个人的道德修养,从而开发人的价值,赢得做人的尊严;另一方面也要做到关心人、理解人、尊重人,也就是要尊重别人的人格尊严。这是我们中华民族道德传统的一个十分重要的基点,也是升达办学理念的一个基本特色。

"创新"是一个民族进步的灵魂,是一个国家兴旺发达的不竭动力,也是一所大学永葆

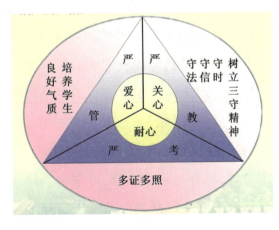

"三三三制"示意图

生机的源泉。为什么要创新?因为不创新,就只有灭亡,创新是升达生存的根本,是发展的动力,是成功的保障,也是升达持续壮大的唯一出路。我的父亲自创办升达大学以来,学校管理、制度处处体现着创新的智慧。在建校第一年的招生宣传中,为了能争取到好的生源,他毅然决定设置四种奖学金制度,即新生入学奖学金制度、优秀毕业生出国奖学金制度、学业进步奖学金制度、成绩优秀奖学金制度。这种极富吸引力、鼓舞力的创新型奖学金制度大大激励了考生的报考热情和信心。在为升达学子就业谋出路方面,我的父亲更是创新地设立了就业辅导处,通过专业的就业辅导课程,转变了学生的就业观念,摆正了升达学子刚刚进入社会的思想位置,让学生调整为积极而乐观的就业心态,同时广泛联络全国的台资企业,积极推介升达学子,打开了通往全国的就业渠道。

"品质"是学校教育发展的根本。在新的时代要求下,学校教育品质的提升,已成为众所瞩目的焦点,更是全民的愿望。我父亲提出"品质"的办学理念,就是提高教育和教学质量。他一直主张升达要有一流的师资、一流的设备、一流的管理,努力塑造成为全国一流民办大学,清晰描绘学校经营的远景,从而激发了升达同仁奋发拼搏的激情。学校 2011 年成为"全国最具社会知名度民办大学""河南考生心目中最理想的大学"。学校的教育质量也取得丰硕成果。

"绩效"是教学优胜劣汰的根本要求。升达在学校管理中引入"绩效"管理,对全体教职工实行的是全员聘用、制度管理、量化考核。例如,每一学期开始,每位教职工的基准分都是七十五分,然后根据各人的实际工作表现,有功的适当加分,有过错的适当减分,每学期期末考评,总分达到 100 分,可拿一个月全工资额奖金;一年考评两次,都达到 100 分可拿两个月全工资额奖金。考评成绩在 90-99 分者,只拿一半奖金;80-89 分者,只能拿五分之一奖金;考评成绩在 79 分以下的没有奖金,考评成绩在 60 分以下,表明该员工没有达到升达最低要求,应予解聘。根据十几年来的考评结果统计,升达教职工有 60%~70%的人都能拿到 100 分,有效的"绩效"管理制度,保障了升达教育事业的不断发展和壮大。对教师教学成果的绩效考核,升达采用"学生评教、领导听课、部门检查"的三位一体的课堂教学考核机制:一是期末全体学生对所任课教师进行综合测评;二是领导作为教学行家对课堂给予一定的指导和评价;三是学校教学管理部门期中抽查教学进度、作业批改情况。期末重点检查出卷、评分等内容。对不能保证课堂教学质量且不敬业的教师予以解聘。同时对升达学子也进行绩效考核管理,设置四种奖学金以及各种奖励制度,大大激发了升达学子的学习热情,也形成了良好的学风。

这一办学理念的核心是"三三三制"。第一个三为"三心",即关心、爱心、耐心。第二个三为"三严",即严管、严教、严考。第三个三为"三特色",第一个特色是教学特色——"两证多照",即升达本科层次的学生毕业时不仅要取得毕业证书和学位证书,还要取得英语、计算机等级证书和专业方面的资格证书;第二个特色是品德特色——"三守",即师生都要"守时、守信、守法";第三个特色是形象特色,即师生要有良好的风度仪态。"三心"是基础,"三严"是手段,"三特色"是目标。

第八节　校训

勤俭朴实、自力更生,是我的父亲为他创建的所有学校制定的校训。这八个字不但是他的治校方略,而且是他一生立身行事的准则。我对这八个字的理解:

勤俭:即勤劳节俭。全面地理解"勤",应为干活做事不偷懒、不懈怠、不推诿、不要滑、不讲条件、不打折扣,而且肯下功夫、肯卖力气、精神饱满、雷厉风行、全力以赴把工作干好,把事情办好,并争取取得良好成效。全面地理解"俭",应为不铺张、不挥霍、不浪费、量入为出、物尽其用;一粥一饭当思来之不易,半丝半缕恒念物力维艰;节省一滴水、一度电、一粒米、一张纸,花钱要节制;对需要买的物品尽量少买甚至不买,对不需要买的物品坚决不买,节省每一个"铜板",甚至一分钱掰成两半花。

父亲教导我们:"勤俭是弥补缺陷的防治药,是强化优点的促进剂。"勤能补拙,勤必有成;俭可致富,俭可医贫。人世间一切伟大的事业若不勤劳,无成果可言;若能勤劳,谁也阻止不了你的成就。勤劳就是一种真功夫,不论是成功还是失败的人,其奋斗经历中,都必有勤和俭的经验。

朴实,即纯朴实在。全面地理解"朴实",应为朴素自然、实实在在、不浮华、不欺骗、不弄虚作假、不趋炎附势、不添枝加叶,有一是一,有二是二,脚踏实地地干好本职工作。

自力更生,即自己动手、自食其力、自劳其得、自主创业、自我奋斗、自图发展、自强自立,取得新生、取得成功。对待生活、对待工作、对待事业不求天、不拜地、不等靠、不观望、不畏缩、不气馁。我们可以请外援外力,但不能一味地乞求外援、不能完完全全地依赖外力,主

升达校训

要应凭借着自己的本事、凭借自己的力量,与时俱进,开拓创新,解决问题,战胜困难,努力开创事业;一步一个脚印地取得成果,一点一滴地积累经验,积累财富。

概括而言,勤俭朴实、自力更生,是中华民族的传统美德,它不仅是升达的校训校风,也是家风民风。更重要的是,我们还应当把它当作或理解为一种"骨气",一种"自信"精神。古今往来,有多少人凭借这种骨气、这种自信取得事业成功。我的父亲开办教育事业便是一则典型例子。他一生始终信奉"勤俭朴实,自力更生"这条人生法则,在教育事业上取得辉煌成就。让我们牢记:"勤是摇钱树、俭是聚宝盆","勤能补拙、俭以养德","节俭朴素、人之美德;奢侈浮华、人之大恶","力览前贤国与家、成由勤俭败由奢","治家惟勤、用度惟俭"这些名言、古训,并把"勤俭朴实,自力更生"这八个字牢记在心、熟烂于胸,走好人生路,书写人生辉煌。

第九节 升达精神

爱国爱校、宁静好学、礼让整洁,这是我父亲提出的升达精神,这也是他的教育理念和时代的声音,是升达人应具备、应发扬、应传承的理念和精神风貌。

我的父亲把升达精神看得很重,他阐述道,关于爱国,就是热爱祖国,维护国家的尊严,为建设祖国,保卫祖国贡献自己的智慧才华。"人生自古谁无死,留取丹心照

升达精神

汗青"，"名将以身殉国家，愿拼热血卫吾华"，因此，每个人都必须把自己植根于祖国的土壤里。他教诲我们：爱国，是对每一位公民的要求，是国民的本分，是我们难以割舍的感情。我国幅员辽阔，山河壮丽，有五千年的历史文明，有灿烂的中华文化。我们没有理由不热爱国家。我们要努力使我们的祖国富强起来！我们每一个公民都有责任、都有义务把祖国建设得更好，如果祖国遭到外族侵扰，我们应该义不容辞地起来捍卫她。

关于爱校，就是热爱学校，维护母校的荣誉，爱护母校的一草一木、一砖一石，做出成绩为母校增光。这不仅是青年学子的思想情感，更是学子们高尚品德的体现。父亲教导我们，母校是学生成才的摇篮。母校接纳了你，培育了你，使你由懵懂变为聪明，从无知成为有知，从稚嫩的幼苗成长为参天大树，成长为社会和国家的有用之才。母校的老师为你付出了太多太多的心血。你对母校岂能没有深厚的感情呢？我们不能忘记师长的谆谆教导，不能忘记同学之间的绵绵深情。毕业后，无论走到哪里，都要记住：你是升达培养出来的，你做出了优异成绩，就是对母校的最好回馈，这也是母校的荣耀。

关于宁静，就是要安宁安静，平心静气，不浮躁，不冲动，不急于事功，修心养性，沉稳冷静。我的父亲这样阐述"宁静"二字：一是指环境静，二是指心境静。学校是读书做学问的地方，环境和心境都需要安宁，熙熙攘攘、喧哗纷扰的环境，是不能安心治学的。同样，人在情绪波动、气燥不安的心情下，心猿意马、忐忑不安也不能专心致志地读书向学。他又解释说，现代社会竞争激烈，人们的生存环境越来越不安静，每天都在影响人们的心情，我把升达校址选在新郑龙湖这片土地，就是看中了这里远离闹市区，空气水源清洁、环境安静、景致幽美，给升达学子们一颗安静的心，专心致力于学业。

关于好学，就是好好学习，刻苦自励，孜孜不倦，细心领会，深入钻研,勇于攀登科学高峰,不半途折返。这是我的父亲对升达学子的基本要求。好学的"好"字,在这里是动词,为喜爱、偏爱之意,可以引申为专心、专一、专致、执着。好学是高尚的品德,是一种良好的思想境界,不是说每个人都能做到好学的,因为好学是一件苦差事,它需要时间,需要毅力,需要动脑子,需要下功夫。在好学方面,我国有许多耳熟能详、朗朗上口的名言诗句:"玉不琢,不成器""三更灯火五更鸡,正是男儿读书时"等等。学习近乎智,学习使人进步,学习可以改变人的气质。我的父亲祝愿每一个升达学子都学业有成,前程似锦。

礼让是社会规范和道德规范,是精神文明和社会和谐的重要组成部分。从字面讲,礼让就是礼貌谦让。从更深层次的理解礼让,就是讲文明、懂礼貌,注重礼仪、礼节,谈吐文雅得体。为人处事,谦让和谐;待人接物谦逊和蔼,以礼相待。在家庭尊敬父母,在学校尊敬老师,在社会尊老爱幼,具有较高文化素养。我国是"文明古国",素有"礼仪之邦"美称。孔子在《论语·礼仁》篇中说:"能以礼让为国乎,何有?"意思是:能够用礼让的精神来治理国家,那还有什么困难呢?可见,两千年前,孔子就把礼让提高到治国方略的高度。我的父亲把礼让作为升达精神的内容之一,就是要把升达建成一个文明和谐的学校,使我们的师生都具有较高的文化素养与社会道德。

关于整洁,就是生活环境干净整齐,个人衣着清洁朴素,养成良好的卫生习惯。这是属于生活教育的内容。我的父亲也把它列为升达精神。这包括个人清洁和教室整洁、宿舍整洁和校园整洁等诸多方面。父亲说,古代的老子就主张"美其食、洁其服、乐其俗"。我的父亲是一个非常讲究整洁的人,他本人不仅穿戴整洁,一生都养成有打扫室内外卫生的习惯。他教导我们,人在生活中首先要使自己周围的环境保持干净整洁,在这样的环境中学习、工作、生活会感到精神愉快,又不容易生病。因此,我的父亲希望我们的校园是优美的、整洁的,升达的老师和同学，都能养成整洁的习惯，都具备整洁卫生的良好品质。

第十节　办学"五好"原则

要有好的师资、要有好的设备、要有好的制度、要有好的管理、要有好的福利，这是我父亲的办学"五好"原则。众所周知，办好一所学校，取决于诸多因素，其中，最重要的则是师资、设备、制度、管理和福利。从事教育事业 67 年来，我的父亲办学之所以取得成功，其经验就是坚持五好原则。

师资是办学的关键因素。百年大计，教育为本。教育大计，教师为本。办好一所学校，不管是大学、中学，甚至小学，都必须有一批优秀教师，有一批德高望重、资历深、热情高、有丰富教学经验的师资队伍。有了好的教师，才能有好的教育；有好的教育，才能有好的成果；

办学原则

有好的成果,才能培育出类拔萃的人才。这是相辅相成的递进关系。老师是文化知识的传播者,是施教的主体。常言说"学贵重师""名师出高徒""重师者兴",就是这个道理。父亲在办学过程中,最注重最讲究名师效应,他常说,一所大学尽管楼盖得很高,校园面积很大,环境也很漂亮,但如果没有优良的师资,就会难孚众望。若有名师名教,办学质量有了提高,学校就会声望提高、信誉日隆,学生就会从四面八方慕名而来。

设备是办学的硬件,是学生学习掌握知识的工具、跨入知识殿堂的桥梁、攀登知识山峰的阶梯,也体现着学校办学实力的高低。尤其在现代社会进入信息时代,网络普及,世界变成了地球村,没有先进的设备就不能施行现代化的教学手段,就会远远落后于时代。我的父亲在建设升达时,非常注重设施建设,为了配合教学,金贸学院建有全国一流的金控中心,会计学院建有会计电算化实验室,商学院建有物流实验室,信工学院建有电路实验实验室,尤其是学校还建有先进的、庞大的、现代化的图书馆,建有学生活动中心、艺文广场、体育馆、思源会馆、生活馆等良好的设施,为办好教育,为老师教学、学生学习提供了良好的条件。

要有好的制度。制度是办学的规范因素,是规范人们思想和言行的操守,是一个单位一个部门干好工作、实行良好管理的基础。古语云:"无规矩不成方圆。"国有国法,校有校纪,家有家规,历来如此。有了工作,考勤、聘用、奖惩等良好的规章制度,不仅能够保证教学计划的落实,促使教学质量的提高,还能够激发老师的教学热情,调动学生的积极性。同时,还可以纠正人们的不良习惯,可以约束人们的错误行为,可以引导学生做一个有理想、有道德、有文化、守纪律,具有较高素质的好学生,可以鼓励老师做一个志存高远、严谨笃学、热心教学、为人师表的优秀教师。

　　要有好的管理。管理是办学的重要因素、重要手段。学校有了优秀的教师、先进的设备、良好的制度之后，必须还要有科学化、制度化、规范化的严格管理。不能使制度束之高阁、纸上谈兵，要认认真真地、扎扎实实地落实执行。不能随心所欲、我行我素，不能对制度大打折扣。严格管理，要注重严宽结合、严而有度、严而不苛、宽而不纵。父亲经常教导我们，不要让师生产生逆反心理和对抗情绪，在管理过程中要对师生在工作上、生活上或思想上、学习给予体贴入微的关心，想师生之所想、急师生之所急、解师生之所难、需师生之所需。管理要实行"严管慈教"，要体现人文关怀，即便指责亦要带有规劝，严厉亦要带有温情。

　　要有好的福利。福利是办学的感情因素。众所周知，企业的成功与发展，"人才"是最宝贵的。有了人才，企业才能创新，才能发展。对人才的延揽靠什么？可以靠事业、靠职位、靠环境、靠福利，其中，人们往往最为看中的是福利。可以说，福利是企业招揽人才、留住人才的重要条件。父亲经常讲：教好学生是老师的责任，照顾好同仁的生活是创办人的责任。因此，他非常注重教职工的福利待遇。

升达学院秀美景色

第五章　父亲的办学杰作——升达

我父亲所创办升达学院,起初为何取名升达？父亲告诉我,原因有三:一是与他在台北的学校"育达"之名相连续;二是取"飞升腾达"之意;三是我的爷爷名叫"王家升",生前也是热心教育的人,取"升达"为名,也有纪念祖父、光大先人遗志之意义。

我认为,升达是我父亲办学的杰作,是我父亲创业的最高成就,是他在人生晚年创造的辉煌。升达代表了父亲人生事业的最高峰,他的教育理念和办学理念在升达得到了淋漓尽致地体现和贯彻。

第一节　优越的办学条件

良好的办学条件是办好学校的基础。我父亲办学成功的经验之一就是不惜金钱,不惜代价,创造良好的办学条件。他在《我与升达》一书中讲道:"办好一所大学,我的主张是必须有一流的师资,一流的设备,还要有一流的管理,三者缺一不可。"他还制定了"升达办学五好原则",即要有好的师资、要有好的设备、要有好的制度、要有好的管理、要有好的福利。

在父亲的"要有好的设备"办学理念指导下,目前,学校占地面积近2000亩,校园规划为教学、行政、运动、生活、休闲5个功能区。校舍功能齐全,结构合理,建筑面积50多万平方米,90多栋中西合璧的建筑错落有致,朴实典雅,清澈美丽的"无名湖"水面达100多亩,是学子读书求学的理想境地。学校建有宽敞明亮的教学楼、信息化的图书馆、现代化的体育场、整洁舒适的学生宿舍、标准化的学生餐厅、全方位覆盖的校园网络、干净卫生的直饮水设备、方便快捷的一卡通系统、购物便捷的商业街等。学校自有教学仪器设备总值11688万元，拥有电脑教室、多媒体教室、专业实验室等各类多功能教学场所500多间；图书馆纸质藏书267万册。学校建设有"经管实验中心"和"信息工程实验中心"两个省级实验教学示范中心，新建了会计实训中心、跨境电子商务实训中心、现代物流实训中心等16个实训中心。并与圆通科技股份有限公司合作，建立了"科学工作能力实训示范基地"和"圆通科学工作院"。同时，打造了近400个校外就业基地，与"新郑市人民政府""河南省千稼集农业旅游观光有限公司""阿里巴巴""河南人民出版社"等100多家单位开展实习实训和产学研合作。这些硬件条件的建设，为学校教学、科研、管理和生活服务都提供了有力支持。

在生活设施方面，整洁舒适的学生宿舍楼是学生的温馨之家，学校配有暖气、空调、直拨电话和宽带接口等设施。学院共有32栋学生宿舍楼，其中15栋是省教育厅命名的河南省高等学校标准化学生公寓，3栋是省教育厅命名的全省高校示范性学生公寓，为此，学院2011年获得了省教育厅奖励的15台42英寸和3台46英寸液晶彩电。学院率先在校园内建成了干净卫生的直饮水系统，校园主干道两侧、主要学生活动场所都有直饮水设

升达学院实训大楼

备,打开水管就可直接饮用。学校还建有现代化体育场、体育馆以及多样化、标准化学生餐厅;全方位覆盖的校园网络等富有人文关怀的教学科研及生活服务设施,方便快捷的一卡通消费系统,等等,都为师生愉快工作、刻苦学习、快乐生活提供了极其方便、优越的条件。

第二节 出色的教学成果

在学校,我的父亲十分重视教学工作,他认为,教学工作始终是第一位的、始终是重中之重。建校27年来,在我父亲的教育理念与办学理念指导下,学校不断加大投入,优化办学条件,强化教学建设,深化教学改革,细化教学管理,注重文化育人,在教育教学方面取得了骄人成果。

学校现有金融贸易、会计、管理、商学、信息工程、外国语、文法、艺术、建筑工程、体育、马克思主义、创新创业教育、交通13个学院和基础部,开办本科专业41个,其中四个专业经批准开展第二学位教育,形成了以经济学、管理学为主,工学、文学、艺术学、教育学、法学多学科专业协调发展的基本格局。

学校拥有金融学、市场营销、会计学、工商管理、国际经济与贸易等五个河南省专业综合改革试点;有会计学、金融学、市场营销、音乐表演、工商管理、计算机科学与技术、英语、国际经济与贸易、财务管理等9个河南省品牌专业建设点;有会计学、市场营销、国际经济与贸易等3个河南省特色专业;学校还有两个河南省实验教学示范中心——经济管理实验教学示范中心和信息工程实验教学示范中心。省级教学工程项目数量居全省同类高校前列。另外,学校具有双学士学位教育招生资格的专业四个,建有教育部"科学工作能力实训示范基地"1个,市级重点实验室1个,市级示范性实训中心3个,市级技术

技能名师工作室1个，市级优秀教学团队1个。

学校建设精品课程和网络课程52门，获教学成果奖17项，是全国首批民办高校中唯一入选教育部科学工作能力提升计划（百千万工程)的试点院校。建校27年来，我校教师在各级各类教学竞赛中屡获大奖，培养出何伟、张欣等15位河南省学术技术带头人，崔瑾英、光辉等15位河南省青年骨干教师，王铮、杨卫波等一批河南省优秀教师，姬昂、时文俊、石景艳、艾丹丹、陈洁冰、梅华、赵丹、范丽颖等10多位老师在河南省教师教学技能大赛中获奖，其中姬昂、石景艳、艾丹丹等老师获得一等奖，并被授予"河南省教学标兵"荣誉称号。

学校积极实施技术应用型本科教育，一贯注重对学生的外语、会计、计算机三大应用技能培养，鼓励学生参加各类专业资格证书考试和比赛，近几年，在各类学科竞赛和技能竞赛中取得了丰硕的成果，仅2017年至2019年3月份，获得全国性各类奖项54项，获得省级各类奖项31项。据了解，学校学生曾多次获得河南省英语演讲比赛第一名、第二名的好成绩,曾数次代表河南省参加全国比赛,成绩斐然。其中,陶聪颖同学曾作为河南省全部英语专业学生仅有的三名代表之一,参加了全国CCTV杯英语演讲比赛获得"优胜奖"。在首届河南省"外研社杯"全国英语演讲大赛中,本院选手获得一等奖。在河南省首届大学生日语演讲比赛中,本校选手获得专业组第一名、非专业组第二名。2018年学校文法学院学生"武林小将"霍小飞获国家汉语国际推广少林武术基地和河南省教育厅汉语国际推广办公室联合颁发的荣誉证书;外国语学院闫汉同学获全国商务英语本科组笔译三等奖。本校学生在校期间编写的《计算机网络安全》等近十部专著已由清华大学出版社、机械工业出版社出版发行。

另外,学校取得出色的教学成果还体现在学生的考研考证方面,在河南省的同类院校中,升达名列前茅。有关考研考证情况,本章第五节专门叙述。

第三节　丰硕的科研成果

我的父亲深知科学研究之重要,他认为,科研对教学的反哺、科研对青年教师的培养、科研对办学实力提升等,都起着至关重要的作用。因此,在升达建校之初父亲就在学校设科研教材科,2005年专门设置科研处,在民办高校中是最早独立设置科研处的。

根据学校建设应用民办大学的目标,父亲确立了升达"科研兴教、科研强校"的发展战略,提出了"三基于"应用型科研发展思路:一是基于服务应用型人才培养;二是基于服务校本研究;三是基于服务于地方发展;不断优化科研激励机制,鼓励教师在教学之外投身科研,增加科研经费投入,产出了较高水平的科研成果,培养了一批中青年学术骨干教师,提升了学校的学术声誉和学术地位。

近年来,学校完成国家级项目两项,省部级项目120多项,教育厅项目200多项,其他各级各类项目800多项;获得省级社科类成果奖4项,厅级科研成果奖励300多项;教师发表论文2000多篇,出版教材专著80多部;获得授权专利20多项;举办高水平境内外学术交流活动10多次,举办"广亚大讲堂"学术报告1000余场。特别是学校获批国家社科基金项目两项(2013年李本松教授的《欧债危机的政治经济学分析研究》,2018年蔡国梁教授的《基于蝴蝶效应的非线性复杂金融系统模型及稳定性分析》),教育部人文社会科学研究项目两项(孟俊鸟副教授的《健康中国背景下"体医融合"人才培养模式研究》,沈定军处长的《中国特色社会主义的民族特色研究》),实现了国家和教育部项目的零突破。

学科建设取得新进展。现有省级重点学科5个(金融学、会计学、区域经济学、企业管理学、计算机应用技术),校级重点学科8个(英语语言文学、通信与信息系统、马克思主义中国化研究、中国古代文学、旅游管理、国际贸易、软件工程、土木工程)。

升达学院科研大会

　　我的父亲还非常重视学报建设，为教师和科研人员提供了一个展示教学和科研能力的平台。《学报》2005年创刊，季刊，逢季末20日出版，主要发表我校各学科专业的应用研究、教学探讨及综合述评方面的学术论文。同时，设置新时代新思想专栏，专门编发习近平新时代中国特色社会主义思想的研究文章，并加大对党的创新理论研究成果的刊载，树立《学报》的鲜明政治导向。目前《学报》已出版59期，发表各类学术论文1000余篇。《学报》严格办刊规范，荣获全国民办高校学报"优秀学报二等奖"荣誉称号。

　　学校多次被河南省、郑州市等政府部门评为先进单位，如"全省高等学校实施哲学社会科学繁荣计划先进单位""河南省社科普及先进单位""郑州市社会科学工作先进单位"，连续八年获"河南省社科联优秀调研单位"。在武书连2018中国民办大学教师科研创新能力排行榜上，我校取得全省第二、全国第十的好成绩。

第四节　独有的学生赴台研习

　　在我父亲的关心和指导下，升达学院充分发挥台胞捐资办学的优势，努力推动两岸教育文化交流，多次组织两岸教学学

赴台师生汇报交流会留影

术交流，组织大学生学习交流，首开省内高校整建制学生赴台研修之先河，促进了海峡两岸的教育文化交流，增进民族感情和文化认同，成效显著，得到了海协会会长陈云林、海基会时任董事长江丙坤等海峡两岸人士的肯定和好评，被誉为"豫台交流的典范"。

赴台学生研习团留影

父亲在台湾创办了一所大学，即"台湾苗栗科技大学"。在大陆创办了升达学院与郑州商学院两所大学。生前，他一直主张这三所大学加强教学交流，加强学生交流，尤其是海峡两岸的学校进行交流，以取长补短，提高教学质量，实现共赢。他不仅安排布置这项工作，还召开会议，听取汇报，指导督办。

为推动两岸教育文化交流合作，积极尝试探索新的教育教学模式，升达学院充分发挥台胞捐资办学的优势，积极准备，努力工作，精心操作，在国务院台湾事务办公室、河南省台湾事务办公室、河南省教育厅等部门的大力支持下，实施了遴选整建制师生赴台研习计划，开河南省"3.5+0.5"人才培养教育模式之先河。2010年年底，学校与台湾苗栗育达商业科技大学就促进双方文化与教育事业发展，推进民办高校教育交流合作，以及教师交流、学生交流、学生交换等事项签订了合作交流协议。本着为学生创造更多更好学习机会的原则，其主要内容包括升达学生在育达插班学习，两校互认学分、不增加学生负担、精心为学生设计课程，努力安排社会活动等。这是河南省高校与台湾高校交流的一个有益尝试。

至2019年，升达学院先后组织了17批300多名学生赴台湾苗栗育达科技大学等高校研习。近两年升达学生还分赴美国、马来西亚、韩国等境外学习。其间，他们在台湾进行了为期一个学期的学业研习与教学交流，除正常学习外，学生还能在台湾当地企业进行实习，集体和个人还到台湾各名胜景区参观游览，既开阔了眼界，又增长了知识。

第三批学生在台期间，在老师的带领下，先后到台湾三义木雕博物馆、苑里蔺草文化馆、湾丽砖瓦博物馆和苗栗嘉盛社区等处参访学习。他们深入了解台湾传统工业，领略台湾特色文化，感受到了浓厚的民俗文化气息。尤其是在苗栗市嘉盛社区，同学们参观了武文昌庙，了解了嘉盛社区的发展、历史、文化等，体验了极具特色的客家民俗文化。通过此次参访活动，同学们既增长了见识，开阔了视野，又对台湾工业文化成功转型有了更加深刻的认识，同时增强了对中华民族五千年文化技艺的崇敬和热爱之情，受益颇多。

第五节　较高的考研考证比率

在近些年的兴教办学中，我的父亲特别重视学生的考研考证工作，他把研究生考取率、大学英语四级考试通过率、计算机等级考试二级通过率、中级高级专业证照考取率和就业率等，作为对升达提出的教学五项指标。2012年4月，父亲在百忙之中，莅临会计学院视察，看望师生，并就考研考证等工作作了重要指示，充分体现了我父亲对教学工作的高度重视，进一步增强了我校做好毕业生考研考证工作的信心。

首先，学校把毕业生考取研究生工作情况作为衡量教学水平

原校长崔慕岳教授向考研学生颁奖

的重要标志。尽力为考研的同学创造有利条件,鼓励同学考研,如办辅导班、提供专门的学习环境、制定奖励措施等。学校学子在父亲的办学理念激励下,刻苦学习,志向高远,积极地投入考研大潮中,考研人数比例在同类院校中较大,并取得了骄人成绩。近几年学校毕业生考研情况统计:2009年341人,2010年295人,2011年283人,2012年266人,2013年286人,2014年125人,2015年167人,2016年153人,2017年134人,2018年140人,2019年156人, 考研率在同类院校中均名列前茅,升达考研成功的学子们分别被北京大学、清华大学、浙江大学、中国人民大学 、复旦大学、上海交通大学、南京大学、武汉大学、南开大学等名牌高校录取。截至2019年6月,学校本科毕业生考取硕士研究生超过3271人。

学校毕业生在出国留学深造方面也取得非凡成就。英国剑桥大学、牛津大学、伦敦帝国理工大学、华威大学、美国哈佛大学、耶鲁大学、麻省理工学院、美国纽约大学、美国阿拉巴马伯明翰大学、日本东京大学、日本大阪工业大学、名古屋大学、德国马哥德堡大学、澳大利亚墨尔本大学、国立澳洲大学等世界著名学府也都有孜孜不倦、发奋图强的升达学子在攻读硕士或博士学位。

学校在高级职称资格与证照考试方面成绩更为显著:在2010年软件资格水平考试中, 我校信工学院共有139名在校生通过中高级级职称考试, 获得工程师资格,5人取得高级工程师资格, 在校生通过

父亲向考研学生颁奖

率在同类院校中名列前茅;2011年,信工学院的王昌利、何佳佳、仵进、吉洪昆、胡拥兵5名同学分别考取系统架构师、网络规划设计师、信息系统项目管理师,同比较上年多出4人。

根据国家规定,从2008年起文法学院应届毕业生可参加国家统一司法资格考试。2009年,法学本科学生中有19人一次性通过,通过率高达31.7%;2010年,法学本科学生中有21人一次性通过,通过率高达33.3%;2011年,毕业生有梁晓林、安克让等37人通过全国统一司法资格考试,同比多出12人;2012年,有37名学生通过全国统一司法资格考试;2013年,有30多名同学通过全国统一司法资格考试。

在2010年度的全国注册会计师考试中,2011届毕业生的2007会本3班巩聚朝和2007涉会本2班马颖超两位同学通过了注册会计师考试5门;2011年,会计系胡岩、彭西方、巩聚朝、马颖超同学通过注册会计师全科考试,获得注册会计师证书,同比多出4人,每人都获得创办人特别奖学金10000元。近年来,我校每年都有学生在校期间一次性通过注会5门考试,毕业学生取得注册会计师资格的已有上百人,在省内高校中遥遥领先。会计系学生参加会计从业资格考试,每次通过率均达80%以上,比全省通过率高出1倍多。2010年我校金贸学院共有137名同学参加全国国际商务单证员考试,其中有96人通过,获得全国国际商务单证员证书,通过率达到70.1%,创我校单证员考试通过率的历史新高。金贸学院2008国际经济与贸易专科1班的刘蕾同学,通过自身努力以及辅导老师的悉心教导从全国61964名考生中脱颖而出,荣获了2010年度全国国际商务单证员考试优秀学员称号。全国仅有38名学员获此殊荣,而刘蕾同学是近几年来河南省内仅有的1名。2012年,金贸学院首次组织参加中国寿险理财/员工福利规划师高级资格考试,有9人考取资格……这是我们认真贯彻"两证多照"教学特色的重要成果,也是我校教学质量卓越的重要标志。2000年以来,本校学生在校期间考取各类专业资格证照,达12000多人次。

第六节　多层次的就业指导

　　"办一所大学,不仅要把学生培养好,还要能把学生送出校门之后,使学生能够找到就业门路。现代的社会是生存竞争的社会,优胜劣汰在职业竞争中表现得尤为残酷。你培养的学生是否能为社会所接纳,所欢迎,是检验你教育成败的尺度。"我的父亲在创办升达伊始,就借鉴在台湾创办育达商职的经验,把为学子就业谋出路当做重要的大事安排。这是我的父亲在他生前编著的《升达与我》一书中的一段记述。

　　在父亲的这一理念指导下,升达学院对毕业生就业工作极为重视,本着"毕业即就业,上班即上手"的理念开展工作,培育学生。

　　早在1996年,升达学院创办之初,我的父亲就在学院设置就业辅导处,这是国内高校中最早专门设立就业辅导机构的。因此,当年4月

毕业生招聘会现场

9日《人民日报》和4月11日的《人民日报·海外版》都先后报道了升达学院成立就业辅导处的新闻。父亲重视学生就业工作还表现在,只要他从台湾来校,总要询问毕业生的就业情况,指导毕业生就业工作。遇到毕业生就业活动开展,他都积极参加。2010年12月31日,他作为一位年近90岁的老人,冒着零下七八摄氏度的严寒,在校园室外参加"大学生创业实践中心揭牌仪式",令人十分感动。

学校就业指导贯穿人才培养全过程,从入学教育、生涯规划到实习就业,实现喷洒式团体辅导与滴灌式个体辅导相结合,指导工作具体表现在:一是成立职业生涯规划和就业指导教研室,按照教育部和教育厅规定开设38学时的职业生涯规划和就业指导课程,保证就业课程全覆盖;二是积极开拓就业服务第二课堂,根据学生实际需要提供大型专家讲座,专项免费培训(公务员、考研、考证)、实地见习培训等内容;三是开通就业"个性化"指导咨询室——冯老师就业工作坊,组建专业导师团队,随时为学生提供面对面专业个体咨询及辅导推荐,满足学生个性化就业辅导需求。

2018年,学校聚焦精准指导,优化和提升工作实效。在全面培训方面,以毕业生就业能力提升月系列活动为载体,招生就业处与省人社厅、教育厅、绿地集团、河南中公教育等单位合作开展《职场新人求职计》就业能力提升讲座、未来公仆训练营、海外就业专场、人力资源师公益培训班等模块化培训活动,累计专项培训毕业生近6000人次,各学院结合专业特色开展系列讲座和培训,基本实现了就业培训指导工作全覆盖。在个性化辅导方面,结合毕业生实际需求,开展毕业生个性化就业咨询、简历制作训练营、面试特训营、名企训练营等专项精准就业指导10场,累计团体辅导毕业生200余人、个体辅导毕业生54人。

学校还充分利用往届毕业生资源,成立了华南、华北、江苏、浙江、上海、武汉、郑州、南阳等校友会,以郑州为中心的华中校友会以及升达校友总会。以校友会为平台,通过校友间的交流互助,为毕业生提供最直接最前沿的就业指导和就业培训。

27年来,学校稳步推进就业实习基地建设,在校内,成立了"大学生创业实践中心";在校外,不断开辟学生就业实习基地并取得显著成效,截止2019年4月,校级院级就业实习基地已累计突破398家。就业实习基地质量也不断提升,就业实习基地不乏名企,其中包括绿地集团、丹尼斯百货、好想你枣业股份有限公司、百胜集团、建业集团等世界五百强或河南省知名企业。

学校强化就业市场建设,积极组织开展招聘工作,坚持线上、线下同步就业市场建设的理念,开展了校级大型招聘会1场,院级招聘会10场;邀请省内外知名企业1094家到校招聘,提供就业岗位35000余个,人均岗位比高达1比5.6;线上通过立体化就业信息矩阵(就业信息网、就业微信公众号、就业服务微信)推送招聘企业信息1322家,提供就业工作岗位近万个。

27年来,学校已为国家和社会培养了80000毕业生,分布在世界30多个国家。在国内,升达校友除河南外,毕业生还广泛分布在北京、上海、广州、江苏、浙江等地的政府机关、司法、金融、财经、教育、部队和各大中企业工作,也有自主创业并取得显著成绩的。值得骄傲的是,校友李新艳在联合国任高级协调官,校友李芳在北京大学任教,校友闫肃在国务院工作。学校毕业生受到了用人单位的普遍好评。据近年抽样调查结果显示,用人单位对我校毕业生整体评价满意率达98%。

升达学院毕业生就业工作成效显著,曾获"河南省大中专毕业生就业工作优秀奖""河南省大中专毕业生信息化建设工作优秀奖"和"就业创业指导课程开设优秀单位"。

第七节　设置多项奖助学金

我父亲的办学经验之一,就是在学校设置多项奖助学金,这不仅可以资助家庭经济困难的学生,激励学生刻苦学习,取得优异成绩,而且,还能提高学校的社会美誉度,此举真是两全其美的好事。

1994年,升达创办之初,父亲就在学校设置了四种富有吸引力的奖学金:一是新生入学奖学金,即凡达到全国重点院校录取分数线报考升达的学生,被本校录取后可获得6000元奖金,比如,金贸学院学生刘炳高考分数713分、李兴鹏697分、袁博665分、周豫生658分,商学院学生张高峰687分、信工学院学生叶燔749分、孟慧锋687分、冯启伟686分、张凯679分,这九名同学1994年入学后都获得6000元的奖金;二是优秀毕业生出国奖学金,即学校每年从毕业生中选送3名优秀者出国留学深造,每年可获得奖学金21000美元;三是学业进步奖学金,即凡在校生每学期学业成绩较上学期提升5分以上,即可获得此项奖学金,名额不限;四是成绩优秀奖学金,即在校生每学期总成绩达到优秀者,可获得此项奖学金,名额不限。这四种奖学金在当时的背景下,对考生有很大的吸引力,学校不仅生源好,学生入校后也刻苦学习,在激励学生方面取得良好效果。

学校还设有创办人特别奖金、入学奖学金、成绩优秀奖学金、学业进步奖学金、全勤奖、考取研究生奖、考取注册会计师奖和特困生助学金等各类奖学金,鼓励学生积极上进,营造好学、重学的氛围,形成了优良的校风、学风。

为帮扶困难学生完成学业,学校开通绿色通道,学生可以申请国家助学贷款和国家奖助学金等;同时,学校设有社会个人捐资助学的"纯芳助学金""淑芳援困就业基金""时金基金助学金""新加坡心光励志助学金""校友捐款专项助学金"等;学校还为学生提供勤工助学岗位,使家庭经济困难学生能够无忧无虑入学和安心学习并顺利完成学业。

2018年度,我校学业奖学金经初、复评审,共有3732人次获得各种奖学金,奖金总额为1335600元。全校有1910人次符合"成绩优秀奖学金"申请条件,占可申请人数5.83%,奖学金总额220900元。全校有1649人次符合"学业进步奖学金"申请条件,占可申请人数7.85%,奖学金总额达105250元。当年,学校顺利完成2018年度各种奖助学金的发放工作。其中,发放国家奖学金24000元,国家励志奖学金2470000元,秋季国家助学金5946000元,奖励资助学生4474名,奖励资助比例为在校生总人数的16.78%。

2018年度,建筑工程学院2015级土木1班凡孟飞等二人获"纯芳助学金"4000元,外国

父亲为获得出国留学奖的学生颁奖

父亲为考取网络规划设计师的学生颁奖

父亲与获得首届"外研社杯"全国英语演讲大赛河南赛区复赛一等奖的学生合影

父亲为获得注册会计师奖的学生颁奖

语学院2015级英语笔译班李幸涵等两人获"时金基金助学金"5600元，金贸学院2017级国本3班柴李娅等八人获新疆库车大方实业有限公司助学金50000元等，

父亲为优秀学子颁发入学奖学金

2018年共为236名贫困生发放各类社会资助款521080元。在奖学金评定发放，激发同学们的学习热情的同时，我的父亲还要求学校对学生进行感恩教育，教育学生管好、用好国家奖助学金。

升达学院仅2018年度，通过国家奖助学金、国家助学贷款、学院各项奖助减免资助及社会资助累计资助贫困生37733人次，资助总金额达3150万元。学校多次被河南省教育厅和国家开发银行河南省分行授予"国家助学贷款管理工作优秀单位"等荣誉称号。

第八节　独特的养成教育

良好的习惯是学生一生取之不尽、用之不竭的资本。升达学院秉承我父亲将优秀的传统文化与先进的时代精神相结合的育人理念，在校园深入开展朴实无华、润物无声的养成教育，培养学生成为"爱学习、爱劳动、爱祖国"，德、智、体、美全面发展的优秀人才，赢得社会各界广泛赞誉，并成为该校特色办学的一大亮点，被评为2014年度河南省高等学校思想政治工作先进单位。

中国古代伟大的哲学家、教育家、思想家孔子曰:"少成若天性,习惯成自然。"著名作家叶圣陶曾说:"教育是什么,往简单方面说,只需一

内务整理表演

句话,就是要养成良好习惯。"19世纪俄国著名教育家乌申斯基说:"在教育中,一切都应以教育者的人格为基础,因为只有人格才能影响人格,只有人格才能形成性格。"由此可见,在对学生进行教育的过程中,养成教育极为重要。我的父亲对养成教育的解释更为明确,养成教育就是关于如何做人的问题,我们要培养学生成为有理想、有道德,有知识、有文化,有创新、有作为,德、智、体、美、劳全面发展的社会栋梁之材。

升达学院的养成教育以培养学生优良品德行为、提升学生自身综合素质为目的,坚持把学生的思想素质、文化素质教育融入专业教育和生活教育

升国旗仪式

作者与同学们一起劳动

之中,贯穿于人才培养的全过程;学校尤其注重弘扬中华民族的优秀传统文化,把对学生的综合素质培养细化到日常管理服务之中,通过养成教育培养学生做事,做人。每天清晨,学校举行隆重的升国旗仪式,培养学生爱国、爱校的崇高思想。平时,学校深入开展卫生劳动教育和养成教育,使各项活动、各项管理制度落实到学生的一言一行之中,落实到学风之中。学校对学生的管理,坚持制度管理、量化考核、严管慈教,把每天开展的以秩序礼仪、文明宿舍、学生整洁为主要内容的"三大竞赛"制度化,培养学生良好的基本素质,努力打造学生立足社会的核心竞争力。学校注重学风建设,坚持在学生中开展文明礼貌教育、感恩友爱教育、诚信守纪教育、自立自强教育,坚持每年开展"文明礼貌月""好学月""尊师敬老"等活动,培育学生的良好素质,逐渐形成优良的升达校风,并鼓励、引导同学们勤奋好学、健康成长。学校还坚持对学生晨读、课堂出勤、餐厅秩序、教室卫生、宿舍内务、外宿等进行评比,从政治思想、学习态度、品德行为、生活习惯、课外活动五个方面评定学生的操行成绩,从学业成绩和操行成绩两个方面考核学生的表现,塑造学生优良品德。

　　近年来,升达学院探索出了养成教育的育人模式,并把养成教育转化为优良的学风、校风,凝练成了学生的优秀品质,收到了显著的效果,使学校成为河南民办高校中的一颗璀璨明珠,享有较高的知名度、美誉度,成为广大考生心目中的理想高校。

第九节　优秀的领导班子

常言道,火车跑得快,全靠车头带。父亲创办的升达经贸管理学院校誉日隆,特色明显,这与优秀的领导班子和师资队伍密不可分。

高素质、高水平的领导,是办学诸多因素中的首要因素。校长是大学的灵魂人物和精神中枢,好校长才能带起一所好大学、强大学、名大学。没有出色的校长就不能集聚一流的师资队伍,就不能创立特色专业。有资料这样谈到:北大没有蔡元培不可能成为新文化的中心,清华没有梅贻琦也不可能在短时间内声名鹊起,南开没有张伯苓也很难获得长足的发展。而这些大学的声望之所以与日俱隆,关键在于拥有一个个好校长。他们有共同的追求,有前承后继的使命感,能够维护并发扬已确

一、创办人代表、创办人特别助理		
创办人代表	届数	历任时间
李昊暄	第一届	1993年4月至1994年4月
刘育仁	第二届	1994年4月至1994年12月
李裕宽	第三届	1995年2月至1996年4月
王育文	第四届	2006年8月至2011年8月
创办人特别助理陈钟恩		1996年5月至2006年7月
二、董事会成员		
升达大学(筹)董事会组成人员:	王广亚、王淑芳、陈玉琅、杨章武、范遒镭、盖浙生、简瑞璋、靳鹏行、车得基、王怡平、王长强	
郑州升达经贸管理学院第一届董事会成员:	王淑芳(董事长)、王新奇(驻校董事)、郭爱先、崔慕岳、张洁、张金安、李学桥	
郑州升达经贸管理学院第二届董事会成员:	王淑芳(董事长)、王新奇(执行董事)、郭爱先、张德伟、崔慕岳、吴益民、李学桥、张欣	
三、学校行政领导		
历任校长	在职时间	
易国桢	1994年9月至1995年7月	
郑小鹰	1995年8月至1995年11月	
侯恒	1995年12月至2006年6月	
崔慕岳	2006年6月至2016年3月	
郭爱先	2016年3月至今	
历任副校长	在职时间	
杨辉	1996年3月至1997年1月	
张强武	1996年10月至1997年1月、1997年1月至2006年6月(常务副校长)	
张平之	2005年8月至2006年6月、2007年2月至2008年7月	
崔慕岳	2006年3月至6月、2016年3月至2020年1月(常务副校长)	
赵亚宏	2006年8月至2007年2月	
张洁	2007年至2018年7月	
张金安	2007年至今	
段丰乐	2013年8月至2017年5月	
张欣	2015年8月至2017年5月	
吴益民	2017年3月至今	
张其武	2020年1月至今	
四、学校党委领导		
历任党委领导	在职时间	在职岗位
孙俊	1996年9月至1999年8月	任郑州大学升达经贸管理学院党总支书记
戎庭银	1999年8月至2016年11月、2016年11月至今	任郑州大学升达经贸管理学院党委副书记 任郑州升达经贸管理学院党委书记
陈一峰	2006年7月至2008年7月	兼任郑州大学升达经贸管理学院党委书记
吴金良	2008年7月至2012年7月	任郑州大学升达经贸管理学院党委书记
张德伟	2015年12月至今	任郑州升达经贸管理学院党委书记

升达学院历任领导一览表

立的大学精神,能够与时俱进地办教育。

升达学院历经27载,父亲聘用的几任校长,都为升达的建设发展发挥了巨大的作用。第一任校长易国桢,是享誉中原的知名经济学家,早年毕业于上海复旦大学国际贸易系,后又拿到中国人民大学商业经济专业研究生学位,他才识出众,治学严谨,在升达起步建设中发挥了重要作用。

之后,父亲聘用国内有名的经济学专家侯恒为校长,他是中国人民大学贸易经济系研究生,曾担任河南财经学院副院长职务多年,其主攻经济学研究,学识渊博,在经济学和市场学方面多有建树,享受国务院特殊津贴,还有学者风范和行政领导经验。在他任职期间的1995年12月至2006年6月,为升达的后续发展做出了一定贡献。

2006年,父亲聘请著名素质教育专家、硕士研究生导师、郑州大学副校长崔慕岳教授任校长。崔院长北京人士,1967年毕业于武汉大学,先后任河南省图书馆副馆长、郑州大学图书馆学系(现信息管理系)主任和郑州大学副校长。崔慕岳教授还兼任全国高等教育研究会理事,教育部高等学校图书情报工作指导委员会副主任,中国图书馆学会理事,河南省素质教育研究会会长,河南省第二届高校设置评议委员会委员,河南省高校设置评议委员会副主任,河南省高等学校图书情报工作委员会主任,河南省图书馆学会副理事长。他长期从事图书馆学教学与研究、大学生素质教育与高等教育管理工作,先后出版著作4部,发表学术论文30余篇,主持和参与国家级、省部级社科规划项目多项,获河南省社科奖等多种奖励,曾先后获得河南省优秀教学成果一等奖和特等奖。

崔慕岳校长

崔慕岳在升达,坚持国家的教育方针,遵循父亲的办学理念,首先,他以多年的教育工作经验,狠抓教学质量,狠抓教学管理、科研与教学改革,取得丰硕成果。同时,崔校长狠抓师资队伍建设,使升达聚集了一批高水平的专家学者和优秀的青年教师,使教师队伍的职称、学历、学缘、年龄结构不断改善,整体素质日渐提高。另外,作为一位资深教育工作者,崔校长具有较高的理论水平与较强的领导能力,具有学识魅力和人格魅力,严于律己,平易近人,亲和力强。总之,崔校长主持升达工作10年间,在父亲和董事会的领导下,升达的办学水平和教育质量不仅有了较大提高,社会影响力也越来越大,美誉度也越来越高。

2015年12月1日,我校在第二会议室召开会议,传达中共河南省委关于张德伟同志担任升达学院党委书记的决定。河南省委高校工委专职委员陈垠亭、河南省委高校工委组干处副处长宋辉出席会议。校全体校领导、各单位主管和各系党总支书记参加会议。会议由校长崔慕岳教授主持,宋辉宣读了中共河南省委关于张德伟同志任职我校党委书记的决定。

陈垠亭作重要讲话。他指出,省委高度重视民办院校党委书记的配备工作,张德伟同志符合省委确定的升达学院党委书记配备原则和条件,希望张德伟同志尽快进入角色,推动升达学院各项事业再上新台阶。

张德伟书记作任职讲话。他表示不辜负组织的期望,努力向省委省政府,向广大师生交一份满意的答卷。

自2015年12月,张德伟同志担任校党委书记以来,聚焦主业,尽职尽责,坚持把党的政治建设摆在首位,全面贯彻党的教育方针,加强学校党的建设,推进全面从严治党,为加快推进学校各项事业实现高质量、内涵式发展提供了坚强的政治保证。组织召开第一次党代

张德伟书记

会，选举产生了第一届党委和纪委领导班子。成立了党委组织部、党委宣传部、党委统战部和机关党总支，进一步健全完善了学校党的组织机构设置。指导完成教师党支部和学生党支部调整，实现了学校党组织的有形有效全覆盖。选配了党委宣传部部长和校团委书记，为基层单位配备了专兼职组织员，进一步增强了党务工作力量。制定了基层党建指标考核体系，推动落实基层党建责任。指导创建了一批有影响力党建工作品牌，推进基层党建创新。坚持党建带团建，发挥了工会、团委联系师生的桥梁纽带作用。开展社会主义核心价值观教育，全面落实立德树人根本任务，引领广大教师争当"四有"好老师，培养"四有"好学生。教育引导党员在学校本科教学工作合格评估和学校高质量发展中充分发挥了先锋模范作用。

张德伟同志政治立场坚定，政策理论水平高，领导经验丰富，抓班子带队伍能力强，为人谦和，关心群众，在干部群众中有较高威信。他善于团结同志和调动班子成员的工作积极性，与董事会、校行政同心同德，带领升达做出了实实在在的成绩，充分发挥了党员领导干部的带头示范作用，为升达学院的建设发展做了积极的贡献！

2012年8月28日父亲在升达学院第一届董事会第二次会议期间指定的升达学院董事长的接班人为王新奇。在这次会议上，经父亲提议，增补王新奇为郑州升达经贸管理学院董事会执行董事。

王新奇没有辜负父亲和我的期望，他心系学校，敢当敢为、对工作认真负责、一丝不苟。为了升达学院的创新与建设发展，他全力以赴地实现父亲"把升达学院办大办强"的愿望。近几年，他协助我主持学校董事会的工作，在学校的顶层设计、人才培养、立德树人教育、学科建设、学校管理、设施建设等方面全心投入，竭尽全力。尤其是，他想方设法为学校争取招生计划指标，年年都是七八千人，使学校的办学规模不断扩大，在校生人数迅速攀升至30000人。他不怕麻烦，努力公关，很好完成了登封校区前期筹备工作，为学校的扩大发展，排除

执行董事王新奇

了困难，奠定了基础。他充分发挥社会职务的优势，联络主办了学校内涵发展研讨会、中华文化论坛等活动，推动了学校的教育教学工作，也扩大了学校的社会影响力。在教育部对学校进行本科教学工作合格评估期间，他加强组织领导，不辞劳苦，积极协调各方关系，着力优化校内外环境，不断改善办学条件，学校的总体工作受到教育部专家组的高度评价。目前，学校的办学条件发生了巨大变化，受到社会的广泛称赞。他还利用赴台赴欧参访的机会，宣传父亲和学校，与10余所境外高校达成了合作意向，增强了学校的社会影响力。2015年以来，学校先后被授予"就业质量十佳示范院校""最具品牌影响的十佳典范高校""河南省民办教育优质特色学校""河南十大领军民办高校""品牌实力民办高校""河南省大学生创新创业实践示范基地""河南省民办教育先进单位""河南省平安校园"等称号。父亲去世后，王新奇化悲痛为力量，继承父亲的遗志，在董事会的领导下，与校党委校行政密切配合，精诚团结，与全校师生同舟共济，齐心协力，坚定不移地坚持社会主义办学方向，全面贯彻党和国家的教育方针，积极践行父亲的办学理念，全力做好迎评促建，扎实推进转型发展，为升达学院建设发做出了突出贡献。

2016年3月29日，升达学院第一届董事会工作会议在行政楼第二

会议室召开。会议根据《中华人民共和国民办教育促进法》规定的校长任职条件，表决通过了聘任原新乡学院副校长郭爱先教授担任郑州升达经贸管理学院校长职务的决定，并决定增补郭爱先为学院董事会董事。

郭爱先教授，新乡学院原副校长，兼任河南师范大学外语学院英语教育专业硕士导师，任全国高等师范院校外语协作组副组长，河南省高校外语教学委员会副主任，河南省高校外语教学委员会专科英语专业分会会长，河南省院校设置委员会委员（两届），中国经济规律研究会常务理事，中国教育发展战略学会理事和中华出版促进会理事。曾分管教学、科研、成教、招生、图书、学报、外事、实验室、升本办等工作，退休后在嵩山少林武术职业学院主持工作近两年。被国家人事部和教育部评为全国模范教师暨教育系统劳动模范；荣获曾宪梓高校教师基金奖；并被评为新乡市优秀教师、新乡市三八红旗手、河南省教育系统巾帼建功标兵等。 曾在北京大学英语系和美国弗吉尼亚州东门诺大学作访问学者；到英国东伦敦大学和德国的职业技术学院考察学习；作为中国英语教师代表团成员之一（共7人）分别参加了在英国和马来西亚举行的国际英语外语教师学术年会。作为主持人，完成教育部教学改革工程重点项目两项、省级教学改革重点项目3项，发表专业学术论文18篇，主编出版专业著作3部。

我与郭校长相识已有10余年，是故交好友，更宛如姐妹。她善良温和，待人诚恳，常带微笑，言谈举止总是让人如沐春风。她工作中总是能够以情感人，以诚待人，以理服人，善于将工作的思路方法与个人的学识魅力、人格魅力有机地结合起

郭爱先校长

来,呈现出高超的教育艺术。

郭校长主持升达工作至今,始终坚持贯彻党的教育方针,始终坚持立德树人根本任务,始终遵循我父亲王广亚博士的教育理念,抱着对父亲的敬仰、对董事会信任的感恩、对教育事业与升达员工的责任,凭借她多年高校教育和管理工作的经验,提出并大力推进"教学质量提升""教师素质提升""教学保障建设""校企合作发展"和"文化育人"五大工程,狠抓教育教学质量建设和学校内涵式发展,统筹领导本科教学工作合格评估,深化教学管理改革,取得了丰硕成果。一是父亲教育理念系统化:成立了王广亚研究中心,出版了《王广亚文集》,建设了创办人纪念馆,设立广亚大讲堂,组织名师大家莅校开设讲座,《广亚智慧》作为校本课程进入了人才培养方案。二是顶层设计科学化:制定了学校"十三五"规划,明确了办学定位、发展愿景、目标任务、发展战略和实现路径,提出了"一二三四五"的工作思路,为学校的内涵发展、创新发展、科学发展提供了行动指南。"三是三风"建设常态化:她始终坚持质量立校的原则,严抓教风学风校风建设,一方面强化师德师风建设,倡议设立"淑芳师德基金奖"(我从工资结余中捐款设立),重奖师德优秀教师,严处师德失范者,夯实了教风基础,建设了风清气正的校园环境;另一方面加强教学质量监控建设,组织论证专业人才培养方案,完善教学制度和内部教学质量监控与保障体系,狠抓课堂教学秩序和教学改革,确保了教学秩序井然和教学质量的稳步提升。四是科研注重应用化:她重视教学科研同步协调发展,提出了科研要基于应用型人才培养、基于应用学科建设、基于服务地方发展的"三基于"理念,符合升达的实际,促进了升达应用科研水平的提升。近3年应用科研成果丰硕,国家社科基金再获立项,教育部人文社科项目实现突破两项。五是服务师生制度化:她始终坚持以人为本的原则,特别注重服务学生的成长成才和教师的专业发展,善于团结班子成员和中层干部,充分调动每位教职员工的积极性。通过设立教师发展中心,搭建教师素质提升与专业发展平台,鼓励支持教师外出培训和挂职锻炼,促进了师资队伍建设良性发展;重视干部队伍建设和青年干部成长,举办中层干部素质提升培训班,通过公开竞聘,不拘一格选拔干部,为升达未来健康发展储蓄人才;成立学生发展中心,系统地做好学生成长成才的教育服务工作,并提出设立"交流时间"回应学生需求与关切,及时解决学生问题;成立创新创业教育学院,将双创教育进入专业人才培养方案,贯穿人才培养全过程,稳步推进学生创新创业教育;重视校企合作,产教融合,通过筑巢引凤,引企入校,打破文科高校转型发展难、校企合作难的瓶颈,为学生搭建真操实做平台,提高学生实践能力和职业素养;重视信息化建设,积极推进智慧校园等基础设施建设,不断完善办学条件;重视新媒体时代学校形象的打造,多次主持谋划学校宣传,极大地提升了学校的社会影响力。

郭校长的工作风格是一如既往的雷厉风行、尽心尽力、恪尽职守,既善于探索,也勇于创新,抓学校教学、管理等各项工作一直都很专业,有章法,充满激情,身体力行,让人信服。她主持升达工作之初,正值升达迎评促建的关键紧迫之时。她科学谋划迎评各阶段的工作与活动,多次通过语重心长地引导全校员工认识评估对学校长远发展和个人命运的重要意义,激发大家的主人翁精神和奉献精神,增强使命感和责任感,凝聚大家参与评估的积极性和主动性。全校员工迎评的热情与高昂的工作状态受到教育部莅校考察评估专家组的一致好评。令我最难忘最感动的是,在迎评促建的那几年时间里,她殚精竭虑,废寝忘食,顾不上家庭,多次带病工作。为了打好迎评促建的攻坚战,为了升达能够顺利通过教育部的合格评估,她付出了自己的全部心血,她精益求精的细致和臻于至善的责任感成了全体升达人的榜样。

升达在教育事业发展历程中，能够遇见郭校长这样德才双馨、事业心强、责任感强、领导能力强、又有着深厚教育情结，积极致力于升达事业跨越式发展的校领导，真是弥足珍贵。

总的来说，在董事会的正确领导下，郭校长主持的升达呈现出欣欣向荣的发展景象，人才培养质量和办学水平不断提高，社会影响力也越来越大，美誉度也越来越高，这都为实现升达的新时代高质量发展奠定了坚实基础。

在看到升达取得这么多成绩的时候，我也由衷地感谢郑州大学党委对升达的支持和帮助，为升达建设发展提供了坚强的政治保证和组织保证。升达有今天繁荣的局面，除了感谢易院长、侯院长、崔院长、郭校长以外，还应感谢郑大派驻升达的党委常务副书记戎庭银同志。

戎书记原在郑州大学担任校党委委员，曾被确定为校级后备干部，曾担任工会副主席等职务，有着良好的个人素养和理论水平，具有较强的组织领导能力，曾在《中国教工》等报刊发表10余篇关于高教管理、思想工作论文。1999年10月，受命先后担任升达党总支书记、党委常务副书记。在升达工作的近20年的时间里，他从事党建和思想政治工作，不断完善党建和思想政治工作机制，开拓创新，努力工作，发扬良好的工作作风，不但保证了党和国家的教育方针、政策在升达的贯彻落实，而且参与讨论和决定升达在教学、科研、管理中的重要事项。戎书记平易近人、作风朴实、工作深入、兢兢业业、勤勤恳恳，在同仁中享有很高的威望。在他的带领与指导下，升达的党建工

戎庭银副书记

作、思想政治工作、宣传工作、安全稳定工作,都取得了斐然成绩,他为升达的和谐稳定发展贡献了极大的力量,多次受到省委、省教育厅的表扬和嘉许。

一直以来,戎书记在郑大和升达之间奔波,每天都很繁忙。在他来升达工作的这么多年,郑大和升达的关系一直很融洽。在升达师生赴台交流、校刊印刷发行、台版图书上架等事项中,他发挥着重要的协调作用。

在升达的十几年间,戎书记以升达为家,每周一来学校直到周末放假才回家,每天在校园巡视,发现问题及时处理解决,坚持深入课堂,深入学生宿舍、自修室,与老师学生谈话谈心,帮助师生解决实际困难,为升达的发展付出了心血和汗水。戎书记为升达的发展贡献的力量,值得每一位升达同仁学习。

第十节 高素质的师资队伍

师资质量是办学的基础和关键,"要有好的师资"是我父亲提出的办学原则之一。创办升达之初,父亲在海内外四处求贤,1995年5月父亲到北京大学邀请经济研究中心主任林毅夫博士来升达做学术报告,并愿提供硕士生奖学金,请研究中心为升达培养研究生,林博士欣然允诺。1995年七八月份,父亲又飞往美国,与美国朋友接洽,在大洋彼岸招聘了10多名外教来到升达任教。1996年11月,父亲飞抵上海,先后到复旦大学、上海财经大学、华东师范大学等院校拜访院校领导,恳求支援人才,最后同复旦大学签订了复旦向升达派遣博士生实习任教有关协议。1997年3月,父亲再次飞往北京,到中国人民大学研究生院,与该院院长周新圳先生协商,委派在校博士班学生若干名于1997年下半年来升达任教。

在升达，父亲很注重聘名师上课，侯恒院长来院工作后，经过侯院长，又聘省外语学会会长申立教授任商英系(现外国语学院)系主任，聘华东理工大学计算机系系主任、全国计算机辅助教育学会副理事长屈大壮教授任信工系(现信息工程学院)系主任，聘武汉大学经济系主任隋启炎教授任金融贸易系(现金融贸易学院)系主任，聘河南大学管理学院院长沙献玉教授任管理学系（现管理学院）主任等等，这些资深教授为"升达"作出了突出贡献，使"升达"学校声誉与日俱增。

学校坚持人才强校战略，坚持我的父亲在建校之初提出的"五好"办学原则，有好的师资、好的设备、好的管理、好的制度、好的福利，把好的师资放在办学原则的第一位。建校27年以来，升达不断加强师资队伍建设，现有专任教师1200余人，其中自有专任教师近800人，占专任教师总数的61.2%。自有专任教师中，高级职称教师占39.33%，具有硕士、博士学位的教师占74.66%，双师型教师占31.46%，师资队伍结构日趋合理，打造了一支"规模适度、专兼结合、相对稳定、发展态势良好"的高素质教师队伍。

优秀教师赴香港考察

多年来,升达在师资队伍建设中坚持引培并重,不断充实自有教师数量,优化教师队伍结构,重视高层次人才引进及青年骨干教师的培养,其中刘道兴老师被评为河南省优秀专家,及文平老师获得国家级优秀教师称号,张欣、王铮等7位老师获得省级优秀教师称号,何伟、陈怡等17名教师获得河南省教育厅学术技术带头人称号,姬昂、光辉等15名教师被批准为河南省高等学校青年骨干教师资助计划资助对象。

第十一节 优美的校园环境

升达学院位于郑州市南郊20公里处的龙湖镇,占地1300余亩,是一座水木清华、环境秀美、景色宜人、品味别致的高等学府,被誉为郑州市和河南省的"花园式单位"。

学校校园分为教学、行政、运动、生活、休闲5个功能区,因地制宜,依势而建,规划科学,布局合理,建筑古朴典雅,错落有致,体现了中华民族传统建筑风格与现代设计理念的有机结合。

学校的美体现在"三气"之中。这"三气"就是灵气、生气、人气。常言说,大学校园必须有水、有树、有学生;有水才有灵气,有树才有生气,有学生才有人气,三气相通,不可或缺。

升达的人气旺盛。因注重教学质量,注重人才培养,学校办得越来越红火,名声越来越大,在河南省及全国都小有名气。因此,学生越来越多。2016年招生7776人,2017年招生7856人,2018年招生8800人,2019年招生9300人,在校生达28000多人。

升达的灵气来自"龙湖"。有一个 "几"字形湖塘盘桓校园的中南部,天然的湖面有100余亩,湖水清澈,波光粼粼。古语说:"山不在高,有仙则名,水不在深,有龙则灵",这个以"龙"冠名的湖水,给学校带

书馆映辉

达门晚照

柳浪闻啼

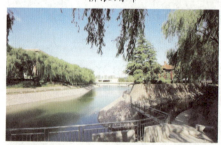

无名翠岛

拱桥飞虹

来了无限生机。除水域面积外,学校的楼前屋后,马路旁,空旷地,到处都是花草树木。当初,学校选址的时候,这里是沟壑纵横,一片荒野。我父亲俯视广远,一开工建校,就边施工边规划种树。现在,走进升达,仿佛走进一个绿色的童话世界,马路旁高大浓密的梧桐,湖水畔随风飘动的垂柳,后山的松柏林、杨树林,还有女贞、银杏、桂花、雪松、合欢等名贵树木广布其中,校园绿意盎然,郁郁葱葱。学校还有一个占地百十亩的"后山",这是学校的"大氧吧",一片又一片的树林与草坪,给学生带来幽静,带来休闲,带来空间,带来无限遐想……

除了上述"三气"外,校园的设计体现了4个字——文、雅、序、活。文,就是有文化品位,学校是育人单位,建筑有文化气息;升达的建筑体现了中华民族传统的建筑风格,是优秀民族文化在建筑上的传承,这在全省高校是独一无二的。雅,是指高雅,既无媚态,又不俗气。学校不是宾馆,不是娱乐场所,是教学单位,要雅致。升达把洗手间称为绅士盥洗间、淑女盥洗间,从这点上就可以看出升达的雅致。序,就是有秩序,循序渐进,由浅入深,不杂乱无章,教学区、生活区、行政区等井井有条、井然有序,寓意学生做人做事要讲规矩。活,就是要有灵活的地方,就像国画一样讲究"留白",既严密严谨,又有思维空间。所以,升达留有一片片空地,一片片草坪,一片片树林,让学生在这里去融入自然,拥抱自然,挥洒激情,尽情想象。

升达学院是读书求学的理想境地。商学院狄金萍同学说,看今日之升达园,绿树成林,青草如茵;湖水荡漾,莺莺鸟鸣;典雅楼宇,巍巍壮观;红砖绿瓦,交相辉映。好一座高等学府!啊,这般景致,这般气韵,谁不留连爱慕!谁不激情迸发!

阴翳梧桐

邂后水楼

亚公金像

樱花报春

旖旎湖光

第十二节　升达顺利通过教育部
本科教学工作合格评估

2019年12月17日，河南省教育厅办公室转发了国务院教育督导委员会办公室《关于公布2018年普通高校本科教学工作合格评估结果的通知》(国教督办函〔2019〕50号)，公布了通过教育部本科教学工作合格评估的高校名单，升达榜上有名，标志着升达顺利通过教育部本科教学工作合格评估。一直以来，升达全面贯彻党的教育方针，坚持社会主义办学方向，落实立德树人根本任务，培养德、智、体、美劳全面发展的社会主义建设者和接班人。同时，按照省委、省政府、省教育厅的决策部署，认真开展教育教学工作。这一喜讯令全体师生欢欣鼓舞，奔走相告，尽情抒发心中的喜悦，激动的心情久久不能平静。看到广大师生共同努力取得的优异成绩，我特别感动和欣慰。

父亲积累了67年的办学经验，将中华优秀传统文化和现代先进教育管理理念相融合，形成了独特鲜明、系统完整、行之有效的教育理念和办学理念，使得升达在全国民办高校中独树一帜。"伦理、创新、品质、绩效"的办学理念是父亲一生办学的真实写照，它蕴涵了学校的历史传统和广大师生共同愿景，并且在实践中逐渐丰富，与时俱进，历久弥新，至今仍然焕发蓬勃生机。父亲的教育理念和办学理念指引着升达一路前行，是学校屡创佳绩、广受好评的有力支持和坚强后盾。

学校2015年启动本科教学工作合格评估，在"以评促建、以评促改、以评促管、评建结合、重在建设"评估方针指引下，全校上下凝心聚力、攻坚克难，扎实推进评建以及整改工作，历经"学习动员、全面建设、质量提升、评估整改"四个阶段的淬炼，教育观念进一步更新，应用型人才培养思路更加明确,办学条件更加完善,师资队伍不断增强,管理水平日益提升,教风学风更加优良,实践教学和教学质量保障体系日臻健全,专业建设和课程建设成绩斐然,学校整体办学水平和人才培养能力得到极大提升,各项事业蒸蒸日上。

精心筹备,等待检阅。2018年5月13日至17日,以铜陵学院校长倪国爱教授为组长的教育部本科教学工作合格评估专家组一行11人入校,对学校本科教学工作进行了实地考察。教育部专家组认为,学校坚持党的领导、社会主义办学方向始终不动摇,坚持公益性、非营利性办学宗旨始终不动摇,坚持服务地方经济社会发展、应用型办学定位始终不动摇;积极推进现代大学制度建设,形成了"董事会领导、校长负责、党委保障、民主管理、依法办学"的治理结构与工作模式,实现了学校的健康快速发展;办学思路清晰,办学定位符合实际,定位准确,并在办学实践中得到较好的落实;秉承学校校训及办学理念,坚持"好的师资、好的设备、好的管理、好的制度、好的福利"的五好办学原则,践行了人才培养理念,以立德树人为根本,着力培养全面发展的高素质应用型人才。同时,专家组对学校教学工作中心地位的保障、专业建设取得的成绩、教学条件的改善、思想政治教育和校园文化特色、教学管理和师生精神面貌五个方面,进行了特别肯定与表扬,赞誉学校是一所有文化、有灵魂、有特色、令人尊敬,并且不可复制的民办高等学校。专家组在现场实地走访考察基础上得出的结论,是对学校办学水平的全面肯定,是对父亲办学实践的全面肯定,为学校向更高层次发展提振了信心。

从1993年建校,1994年开始招生,到2011年独立转设,升达一步一个脚印,取得了多项骄人成绩。如今,顺利通过本科教学工作合格评估,标志着学校发展迈向了新台阶、开启了新征程,是学校发展史上具有里程碑意义的重大事件。这个成绩的取得,离不开各级党委、政府和上级主管部门的关怀帮助，离不开学校董事会和党政领导的大力支持，离不开全校广大师生员工的团结奉献与辛勤付出，更离不开父亲留下的宝贵的教育理念和丰富的教育实践。这是对父亲教育事业的继承和发展，也是对父亲的告慰。

初心不改，继往开来。顺利通过评估既是对学校办学成绩的充分肯定，又是对全体师生员工的鞭策。我们要以顺利通过本科教学工作合格评估为契机，继续高举习近平新时代中国特色社会主义思想伟大旗帜，深入学习贯彻党的十九大、十九届四中全会精神，全面贯彻落实全国全省教育大会精神，不忘教育报国初心，牢记立德树人使命，秉承父亲的教育理念，坚持特色发展、高质量发展，为把升达建成特色鲜明、国内知名的高水平应用型民办本科大学而努力奋斗，为中原更加出彩做出新的贡献！

国务院教育督导委员会办公室

国教督办函〔2019〕50号

关于公布2018年普通高等学校本科教学工作
合格评估结果的通知

有关省、自治区、直辖市教育厅（教委）：

按照《教育部关于普通高等学校本科教学评估的意见》（教高〔2011〕9号）和《教育部办公厅关于开展普通高等学校本科教学工作合格评估的通知》（教高厅〔2011〕2号）精神，教育部于2018年完成了对河北民族师范学院等普通高等学校的本科教学工作合格评估工作。根据专家组进校考察情况，教育部普通高等学校本科教育教学评估专家委员会对相关高等学校评估结论进行了审议。经研究，现将评估结论为"通过"的高等学校名单予以公布。

请各有关省级教育行政部门会同相关部门按规定加强对本地区所属高校在评估过程中发现问题整改工作的指导和检查，督促高校认真研究专家组的评估意见，逐条提出整改措施，抓实完成整改工作并形成整改报告；同时，全面检查高校整改落实情况，巩固整改工作成果，全面提高人才培养质量。

请各有关省级教育行政部门于2020年3月30日前，将

河南省教育厅办公室文件

教办高〔2019〕479号

河南省教育厅办公室
转发国务院教育督导委员会办公室关于公布
2018年普通高校本科教学工作合格
评估结果的通知

河南警察学院、郑州师范学院、郑州升达经贸管理学院：

现将国务院教育督导委员会办公室《关于公布2018年普通高校本科教学工作合格评估结果的通知》（国教督办函〔2019〕50号）转给你们，请按照专家组评估意见，逐条落实整改，全面提高人才培养质量。请将整改情况形成整改报告于2020年3月10日前报送我厅高教处，邮箱：15040415468@qq.com。

2019年12月17日

— 1 —

第十三节 省委省政府授予升达 "河南省文明校园"称号

2020年4月29日,学校收到了中共河南省委、河南省人民政府下发的《关于表彰2017—2019年度河南省文明城市文明村镇文明单位的决定》(豫文〔2020〕43号)文件,省委、省政府授予升达"河南省文明校园"称号。这是继2018年10月被评为"郑州市文明单位"后,升达在文明创建工作上的又一次突破,是我校精神文明建设成果的一次集中展示,更是全体升达人凝心聚力、奋发有为、锐意进取、乐于奉献精神状态的一次生动彰显。升达能够获得这项全省最高的综合性荣誉,是对父亲一生办学成就的肯定。我对此特别欣慰,指示学校对这项成果要大力宣传,让全社会看到,升达虽然是民办教育机构,通过真抓实干,同样也能取得优秀的成绩。

1990年,父亲返回阔别已久的故乡,看到河南人口多,但是高等院校太少,学生上大学的机会少,这些都直接影响到河南人才培养和经济发展,于是便萌生了在

河南建设一所全国一流大学的想法。1991年至1993年,父亲多次回到河南考察,为创办升达不辞辛劳,也遇到了重重困难,有朋友甚至劝说父亲放弃在河南办学。父亲认为,我们的祖国需要知识和文化,我的家乡需要知识和文化,可以通过办学为祖国和家乡做出努力。不

管别人怎么劝阻,都没有改变父亲造福桑梓的初衷。经过多年努力,父亲于1993年在郑州创办了升达学院,又于2004年在老家巩义市创办了郑州商学院(原成功学院),实现了为祖国和家乡培养人才的梦想。父亲常说:"升达不是我个人的财产,我创办升达学院完全为报效国家,培养人才,回馈社会,不图个人一分一厘的回报。升达是属于国家的,属于社会的。"作为教育工作者,唯有充分发挥自身优势,育天下英才,将自身能力融入社会建设的需求中,才能为祖国作出贡献,父亲一生践行着自己的办学初衷,实现了他的承诺,为我们做出了榜样。

多年来,学校董事会、校党政始终高度重视校园精神文明建设,大力培育和践行社会主义核心价值观,强化思想引领,科学统筹谋划,动员全校师生广泛参与、积极行动,按照《河南省高校文明校园(标兵)测评体系》不断完善、健全创建机制,狠抓思想道德建设、领导班子建设、教师队伍建设、校园文化建设、校园环境建设和活动阵地建设等方面工作,对标45个测评指标、130条测评内容,以群众性精神文明创建活动为载体,把文明校园创建与学校全面发展紧密结合,在全校形成了"做文明人、办文明事""争做文明有礼升达人"的良好道德风尚,广大师生文明素质和校园文明程度显著提高,为学校各项事业高质量发展提供强大精神动力和丰厚文化支撑。

被评为"河南省文明校园",是省委、省政府和社会各界对升达的肯定和支持,是对升达办学实力、办学水平的充分认可。升达也将以此为新起点,始终以习近平新时代中国特色社会主义思想为指导,落实立德树人根本任务,紧紧围绕学校既定发展目标,珍惜荣誉,总结经验,巩固成果,再接再厉,把精神文明建设贯穿学校事业发展全过程,不断深化文明校园创建工作,为培养担当民族复兴大任的时代新人做出新贡献。

第十四节　升达荣获省市两级"平安校园"荣誉称号

　　平安、和谐、稳定是学校发展的基石,是学校各项事业发展的保障。建校伊始,父亲就十分重视平安校园建设工作。他要求,要坚持"以人为本"的理念,按照"预防为主、标本兼治、规范管理"的原则,建立完善的规章制度,打造一支业务精、形象佳的安全保卫队伍,加强门禁管理,落实校园每日巡视制度,整顿校内交通秩序,规范各项安全管理措施,配合做好"双防"工作,配合属地管理,预防和降低各类案件和事件的发生,深入推进平安校园建设。这些强有力的措施,有效降低了校园发案率,有效维护了广大师生生命财产安全和学校正常教育教学秩序。

　　近年来,升达学院的平安校园工作得到了上级政府的认可,获得了多项荣誉。2016年9月,河南省教育厅、河南省社会治安综合治理委员会办公室、河南省公安厅联合下发了《关于命名省级"平安校园"的通知》(教办〔2016〕763号),升达学院在全省深入开展省级"平安校园"创建工作中,取得了优异成绩,被评为省级"平安校园"。2020年1月,升达学院被郑州市教育局授予"2019年度教育系统平安校园建设先进单位"。省市两级"平安校园"荣誉的取得,是升达学院长期以来高度重视、坚持做好平安建设工作所取得的良好成效,更是全体升达人爱国爱校、奋发有为、锐意进取的精神状态的生动彰显。我对升达学院的平安校园建设工作非常满意。

　　开展"平安校园"创建活动是深入推进平安河南建设的重要举措,是建设"平安河南"的基础性工程。我校董事会、党委和行政高度重视"平安校园"创建工作,认真落实"平安校园"创建的各项制度和措施,完善校园人防、物防和技防体系,以营建平安和谐校园为目标,着力学校安全工作的网络化、规范化、精细化管理,广泛开展安全知识培训和宣传教育,建立维护校园安全稳定的长效机制,确保升达校园平安和谐。

疫情防控期间,为做好学生复学工作,学校上下高度重视,压实疫情防控主体责任,明确分工,制定和不断完善复学方案与工作指南,全面联防联控,强化督查排查。2020年3月份以来,执行董事王新奇带领校领导校长郭爱先、党委书记张德伟、党委副书记兼纪委书记戎庭银、副校长兼工会主席张金安、副校长张其武和学校疫情防控指挥部值班人员及学务处、总务处部分同仁先后利用20余天时间,对行政楼、道镕楼、时金楼、资讯楼、商管楼、经管实验中心、综合楼、教学1—4号楼、学校部分宿舍楼及体育场、学生食堂等处,根据疫情防控要求,对设施配备、水电安全、环境卫生、维修整改等进行了"拉网式""地毯式"的全面检查,对存在的问题列出了整改清单,向各个部门及负责人提出了整改要求、整改标准和整改期限,责成相关部门负责人高质量高标准完成整改工作,进一步夯实学校安全稳定工作的基础。

这些荣誉的获得,既是上级对我校"平安校园"建设工作的肯定,又是对我校安全保卫工作的鞭策。"平安校园"建设是全校教育教学工作顺利开展的基础,升达学院将以省市两级表彰为契机,警钟长鸣,常抓不懈,继续从保安全、保稳定、促发展的角度出发,巩固深化前期工作成果,全面深入地推进"平安校园"建设,进一步强化安全管理,认真排查事故隐患,狠抓各项安全防范措施落实,不断提高学校安全稳定工作水平,全力以赴打赢疫情防控阻击战,顺利通过教育部本科教学工作审核评估,创建高水平应用型民办大学,创造平安和谐的校园环境。

第六章　父亲对升达爱得深沉

　　2011年5月,在升达学院为创办人——我的父亲举行九十嵩寿庆贺活动时,校刊社为父亲整理出版了一本书籍《寄语升达》。父亲为这本书写了自序,序言字里行间流露出他对升达的深厚感情。他说升达在他心中占有很重的分量。升达创建初期,为了使学院加快建设,走上正轨,他拖着年逾古稀的身躯,风尘仆仆,不辞辛苦奔波于台湾和郑州之间。有时,一个月内乘坐飞机达四五次。那时,台北至郑州没有直航,须绕道香港。其间,所增加的难度和旅途劳顿便可想而知。一次,连续几天的奔波劳累,让我的父亲身染风寒,感冒加剧,他就抱病参加升达和育达两校的新生开学典礼活动。身边的人劝他回家或住院休息,父亲执意不肯。他说:"看不到学生,我的心病比身病更重。"父亲真是爱生如子,胜过慈父慈母啊!

　　除此之外,在我看来,父亲还是升达建设的总设计师。他把图书馆比喻成自己的心脏;他把会计学院当做自己的掌上明珠;他注重艺术学院的建设发展;他重视实验室建设与实践教学;他为升达创

父亲在思源会馆前留影

新教育模式;他关心招生与学生就业工作;他看好舆论宣传,关心校报发展;他关心升达体育教学发展;他在升达实现了校园公园化的理想……升达的一砖一瓦,一草一木,一山一水,每一条马路,每一栋建筑都饱含着父亲的心血。

第一节　升达在父亲心中占有很重的分量

我的父亲经常说:"升达,在我心中占有很重的分量。"

生前,他与朋友交谈,经常赞美升达,夸奖升达。他说,不是我特意称赞升达、夸奖升达,的的确确,在我所创办的10所学校与教育机构中,我比较看重、比较看好、比较欣赏的是升达学院。

我认为,父亲看好升达,是因为升达让他实现了多年的心愿、多年的梦想。叶落归根,夙夜梦回,斯言不谬。早年居台之后,他与胞弟王万兴多少个日日夜夜遥望大陆,流下无数的思乡清泪。兄弟俩曾誓言,有朝一日回到故里,一定在家乡的土地上办一所高等学府。后来,如愿以偿,美梦成真,叫他怎不念升达,怎不赞升达!

我认为,父亲看好升达,是因为他为升达付出的太多太多。不仅是他为创建升达倾尽私囊,耗资数亿元人民币,更重要的是,他为升达费尽了心血:为寻找这片土地,他冒着盛夏酷暑四处奔波,查看、丈量土地,拖着年逾古稀的身躯,跨沟壑,越荒野,披荆斩棘,各种苦楚一言难尽,他深有感触地说:"我真是拼着老命创建的升达"。因此,叫他怎不珍爱,怎不珍惜!

我认为,父亲看好升达,是因为他对升达挚爱有加。他很欣赏"不鸣则已,一鸣惊人"这句话,他的理论是"不干不说,干就干好,干漂亮,干出色"。因此,他对升达一向是从好从优谋划,从好从优打造:楼宇设计,他请来了台湾最著名的设计师;购置教学设备,他舍得投入,选择最先进的世界一流产品;配置师资,他北京求贤,上海纳士,赴美国延聘外教,四处招贤。他还精心建造了现代化的图书馆,让师生们坐拥书城,畅游书海,享用知识……升达,是父亲的一部杰作!

我认为,父亲看好升达,是因为升达是一座水木丰盛、环境秀美的高等学府。清新、整洁、宽阔的校园占地1300余亩,校园有气宇轩昂、古朴典雅的楼宇;校园有婆娑扶苏、郁郁葱葱的花木;校园有清澈明亮、波光闪闪的湖水;校园有碧玉妆成、摇曳生姿的烟柳;校园有平整如茵、绿意流淌的草坪……自立桥、慈母像、无名岛、观湖亭、建校纪念碑,众多景观点缀其中,使和谐的书香校园如诗如画,如梦如幻,美不胜收,令人流连忘返。

我认为,父亲看好升达,还因为升达有许许多多的独特之处、优异之处。这些独特、优异之处,为他的教育事业增添了鲜艳夺目的光彩,赢得了真诚华美的赞誉。升达的升国旗爱国主义教育、劳动养成教育;升达的学生宿舍楼人性化房间布局、校园直饮水设备;升达设立的就业辅导处,成立的北京、上海、广州等地校友会接待站;升达校园到处镶嵌、镌刻、悬挂有格言警句,充盈着浓郁的文化氛围;还有升达师生实行校园消费一卡通……这些,有的是全国高校独创,有的在全省高校领先,不少兄弟院校前来参观学习,许多媒体予以宣传报道,各级领导、社会各界充分肯定,大加赞扬。我们都为之振奋,为之骄傲和自豪!

我认为,父亲看好升达,更是因为升达有一个强有力的领导班子,有一支尽责守职的教职工队伍,有一批又一批勤奋读书、求进向学的学子。多年来,升达的管理、建设、发展都令他十分满意,升达所取得的突出业绩更令他欣喜万分。

良好的办学条件,突出的办学特色,朴实的学风校风,和谐的校园氛围;升达,成绩卓著,校誉日隆;升达,如日中天,蒸蒸日上;升达,前景广阔,前程似锦!升达,在父亲的胸中激荡!在父亲的事业中闪光!他生前笃信,要把升达办成全省、全国乃至世界一流的民办高校。

父亲的心愿,父亲的希冀,父亲的所思、所想、所言、所梦,以及父亲的一腔心血,都倾注在《寄语升达》之中。他请师生们,请每一位"升达人"细细品读、细细领悟这本书,并为升达的建设和发展,为升达美好的明天,薪火相承,团结奋斗!

第二节　父亲是升达建设的总设计师

(一)

升达学院占地1300亩,建筑面积45万平方米,校园水木清华,风景秀丽,楼宇古朴典雅,设备齐全,布局科学规范,被誉为中原大地的一颗璀璨明珠。如果要问谁是校园建设的总设计师?我可以自豪地告诉他们,他就是我的父亲——创办人王广亚博士。

创建郑州升达经贸管理学院,父亲匠心独具,精妙设计。他是升达建设的总设计师。

那是1993年初春的一个夜晚,时钟敲过午夜一点,父亲的办公室里还是灯火通明。隔窗望去,他正立在办公桌前,若有所思。过了一会,他面带微笑轻轻地拍了一下手,顿时,喜悦的神情飞上眉梢。我敲门进去,父亲忙向我招手说:"淑芳,快来看"。我三步并作两步

父亲在行政大楼前留影

走到桌前,定睛看去,只见桌上放了一张图纸,纸上由北向南勾画着:教学区、运动区、行政区、生活区、休闲区……

那"行政大楼"四个字格外醒目,我看了又看,问行政大楼为啥要建在这里?父亲笑了笑说:"这是学校对外的脸面和窗口,是学校一切活动的神经中枢。所以,就学校管理而言,它应位于校园中心;还为了便于接待领导和客人,它又靠近学校的正大门。从这些综合考虑,行政楼要建在校园南北之中,而距大门50米的地方。"我听后拍手叫绝。父亲又说:"先别拍手,我要问你,为啥我把教学区放在校园北面,而把生活区放在南面呢?"我想了片刻说:"这容易,为了让学生活动。"父亲听后高兴地说:"不光是让学生进行活动,还有一个重要原因,就是给学生造成一个良好的条件反射,

升达创建初期,父亲勘察土地,规划校园

当学生进入教学区时,肃静的教学环境,会让学生全身心投入学习;当学生进到饭菜喷香的食堂时,会全面放松。这一张一弛,不但会提高学生的学习效率,而且也有利于学生的身心健康。""那么运动区为啥设在学校的西北角呢?"我问。父亲说:"体育也是一门重要课程,就上课而言,就应该在教学区,可它又有别于文化课,故把它建在与教学区一路之隔的校园西北角。"

我又指着那看起来像礼堂的草图问:"爸爸,这是礼堂吗?""不,这是体育馆。"父亲说。"体育馆?"我惊讶地问。"你可别小看这体育馆,他对外宣传我校重视体育运动,对内号召学生锻炼身体,是学校

实力的体现,是学校注重学生身心健康的标志。"

此时,已近深夜两点。我劝父亲早点休息。

次日,父亲带领升达筹建处的工作人员去勘察校址。准确点说,这是一片沟壑纵横、荒草丛生之地。他先带领我们到教学区,指点着四栋教学楼的位置,讲述着其雄伟而朴实的风格,幽静而别具一格的四合院造型,在场的我们个个听得入迷。当我们沉浸在教学区的美景中时,父亲又转身指着西边近200亩的一大片地方说:"那就是运动区,西边是足球场,东边是篮球场、排球场和网球场,两边是单双杠和体育馆,对了,在它东边还要建一个别致的观看台。"

刚说完,父亲健步走到行政楼位置,指着东边近百米的地方说:"图书馆就建在那里。""图书馆?"我问。"对,图书馆,它是学校的信息中心,是为教学和科研服务的机构,是学生的第二课堂,因此,不但要建好,还要建成高科技、智能化、数字化、现代化的图书馆。"

大家跟父亲由北向南走去。突然,一条宽70多米、深20余米的深沟由西向东挡住去路。我有些犯愁,心想,要多少土才能填平这条沟啊。父亲好像看出了我的疑虑,微笑地指着深沟,请工作人员各抒己见。在场的人争献良策,父亲听后说:"大家的意见都不错。我想在这由北向南填出一条12米宽的路,路西的沟洼地作汽车库,路东的沟洼地作环形阶梯艺文广场。再往东,是一个湖,湖上架桥成道,桥下湖水荡漾"。大家一致叫好。

父亲和大家一起翻过深沟来到芦苇沟边,一眼望去,好一片芦苇荡啊。芦苇随风摆动,沙沙作响,好似欢迎我们。父亲指着这又宽又深的芦苇沟说:"咱来个清淤造湖,沿湖北岸盖学生宿舍,造个升达江南,湖南岸建成森林公园,用以休闲。"

建校的第二年,扩湖清淤开始了,父亲提出湖面近百亩,湖深六米的设想,我看了看父亲勾画的湖面图,顺口问:"湖面是否大了些"?

父亲不语。后来,湖建成后,我陪父亲登高望湖,那四级梯型S状的湖面,贯穿学院中、东、西、南,似一条飞舞巨龙。湖中有岛,湖北岸校舍林立。春天,我有幸陪同父亲登高俯视湖区,那弯曲的湖面,那飘动绿柳的湖边,红砖高楼的湖岸,湖边路旁的长椅,还有湖南沿坡黄的迎春花、紫的紫荆花、红的碧桃花,一片片、一簇簇争奇斗艳,更有南山平地上纵看成行,横看成排的挺立松柏与笔直泡桐。这一切令人心情舒畅。休闲的师生你来我往,鸟儿竞相歌唱,此情此景,一下子把我和父亲吸引住了,我们仿佛进入了充满生机的世外桃源,顿时轻松了许多。此时,我不由自主地伸出大拇指:"爸爸真伟大。"父亲微笑着说:"建筑工人最伟大。"

(二)

父亲是一位创新型的教育家,是一位顺应时代潮流的教育家,在升达的校园建设上,他从来不因循守旧。一个多甲子的办学生涯,台北几所学校的建设,都是他亲历亲为。父亲认为,建筑是一门艺术,不是简简单单垒起几座房子。建筑是时代的标志,是历史的见证,又是文明进步的象征,艺术家们把建筑比喻为凝固的音乐,我们不能邯郸学步,不能跟在人家后面亦步亦趋,要搞出自己的特色。

建造升达校园楼舍,父亲亲自丈量土地,勘察地形,规划建设,把自己的思路告诉设计人员,聘请台湾和大陆著名的

郑州升达经贸管理学院平面规划图

建筑师绘制蓝图,又经几次参与审改,一步一步进行建设。父亲把整个校园规划为教学、运动、行政、生活及休闲5个板块,各区域之间都自有特色。校园建设他以美国斯坦福大学的色系为主,并保存了中国固有的传统风格,使整体建筑显得古朴典雅,庄重大气。

可以说,在升达校园的围墙、大门、道路、桥梁、楼房等项目中都有父亲的创意。比如围墙,按照大陆内地的一般做法,砖砌围墙每隔三四米,就要加一个外墙垛,以增强墙体的抗风推力。父亲则认为,加墙垛的墙体不美观,外边人易攀援越墙,不安全。他主张红砖砌墙不设垛,不粉刷,每隔4米长的距离,墙体要重叠0.37米,重叠部分起到墙垛作用,并绘出草图让建设校园的赵安珩总工程师观看。赵总开始还犹豫,但最后接受了父亲的建议,按照父亲的设计要求,垒起了3000多米的校院围墙,历经27年的风吹雨打,坚固依然,既美观,又抗风力。赵总至今谈起,仍啧啧不已。

又比如曲拱桥,升达校园内连接教学区与生活区之间有一座双曲拱桥,跨度30米。按一般要求,两岸桥基应坐在坚硬的岩石上。而此处两边都是湿陷性黄土层,不能承受双曲拱的重压。但双曲拱桥具有民族特色,看起来美观,且节省费用。父亲主张建曲拱桥。负责设计的赵安珩总工程师说这要冒风险。我父亲支持他打破常规,大胆采用双曲拱方案,采取用石头垒砌桥基,石头筑护坡保护,防止黄土湿陷的办法来稳固桥体。结果桥建成后,历经几场大暴雨和无数辆重车轧过,曲拱桥安然无恙。这样比较起建平桥,需要打深基础、灌注钢筋水泥墩柱来,节省了一半以上费用。

再如校园道路,父亲认为,道路通达如同人的血脉流通一样,要畅通无阻。为此,他要求路面要宽,他考虑到,学生开学和放假,家长送接学生会用车;随着人民生活水平提高,教师和学生中也会有一部分人有机动车辆,所以道路窄了不行。后来的事实证明父亲的设想合乎实际。近年来,每逢开学报到时日,校园内停放的各种车辆多达两三千辆,如果不是预先辟出停车场地,且路面宽敞,恐怕就会造成车辆塞堵、拥挤不堪的混乱局面。校内的人行道父亲要求宽达8米,比大城市的人行道还宽。

在升达的楼房建筑上,更体现着父亲的构思,所有的建筑都有如下几方面的特点:第一,所有建筑物外墙一律为红砖清水墙,露出红砖的本来面目,不用粉刷。在建筑上体现"勤俭朴实"的校训精神。第二,教学楼的单面走廊加宽至3米,使学生下课有较宽敞的活动空间。第三,一般院校楼梯踏步高为18厘米,宽25厘米,升达的楼梯踏步高15厘米,宽35厘米,不但青年人上下楼方便,即使年过花甲的老教授上下楼也不会感到吃力。第四,学生宿舍。一般院校学生宿舍每个房间宽3.2米,高3.5米,深6米,住6到8人。升达的男女生宿舍,均是每间宽4米,高4米,深7米,住6人,放6张铁床;学生住上层,下面放书桌、坐椅,中间空间很大,学生生活、学习互不干扰。第五,建筑物外墙。一般院校建筑物外墙厚度均是24厘米,升达各类建筑物外墙厚度均是37厘米。这样,圈梁和钢筋水泥柱体不会暴露在外边,清水墙经用白灰勾缝已红白相间,美观大方。外墙体厚,室内冬暖夏凉,既节约能源,又解决了圈梁及柱体经烈日暴晒裂缝的问题。

总之,建筑也是人文精神的体现,盖房子要体现以人为本的精神。从教学楼到宿舍,从图书馆到餐厅,一切都是以方便学生,有利教学为宗旨,从而体现出建筑物的各种功能,也透现出父亲的智慧和眼光。

(三)

如今,站在宁静的校园里,我想起1993年8月12日升达举行奠基仪式时,父亲曾说过:"当我铲起第一锹土,眼前是一片旷野,我就想着'安得广厦千万间,大庇天下寒士俱欢颜'何时眼前突兀现此景"?现在,想象早已变成了事实,在升达的千亩土地上,已经是高楼林立,广厦万间。升达,以新的姿态出现在中州大地上!

父亲生前致力于教育事业,办学经验誉满海内外,而在学校工程建设上,其科学管理与敬业精神也是为人称颂。当时,建设一期工程是15栋楼,其中包括双面采光、冬暖夏凉的教学楼;屹立于龙湖湖畔的学生宿舍楼群;肃穆壮观的行政大楼;现代化设施齐备的国际会议厅;实习楼等五大建筑群体,各具特色又浑然一体。为加强学生的体能训练,修建了40个运动场,包括标准田径场1个,篮球场17个,排球场15个,网球场4个,足球场、体育馆及武术场各1个。

第一期工程刚结束,1995年父亲为了升达师生的身心健康,给师生提供更优越的工作和生活环境,他又马不停蹄,紧锣密鼓地开展筹建二期工程。主要项目有:一栋2300平方米的专家楼,一座9130多平方米的体育馆,400平方米的小吃街。为了丰富和活跃我校教职工及广大学子的业余文化生活,又在行政楼南一片洼地修建一座露天多功能艺文广场,面积达3000平方米,可容纳6000人,具有滑旱冰、跳舞、放电影、演讲等多种功能。

1997年,一座仿郑州邙山"黄河母亲"怀抱婴儿坐姿造型的雕像坐落在了我校学生宿舍6号楼西侧,雕像高5米,重35吨,汉白玉制作,造价10万元。自此,它陪伴着日夜攻读的升达学子。1997年到1998年,父亲筹划的第三期五项工程也全部完成,包括思源会馆,一栋学生宿舍楼,教职工餐厅及第二招待所,综合大楼和自立桥。2003年,升达将图书馆扩建至11000平方米,建设资讯楼和外语两座教学大楼,同时又兴建两栋学生宿舍楼,都是高标准的现代化设施。

2010年,在我校的东北角,屹然仁立两座崭新的教学楼——道镕大楼和时金大楼,分别以在艰难时期给予父亲莫大帮助的两位好友的名字命名。在学校的南边,新建起一座27号学生宿舍楼。

2011年9月,经过一年多的紧张施工,全院师生期盼已久的"学苑会馆"(原称南生活馆、后勤服务中心)于新学期伊始投入使用。"学苑会馆"呈四方形,总建筑面积12653平方米,共4层,中西合璧建筑风格;楼体外部新颖壮观,错落有致,内部有电梯,楼体中央有透光天庭,设施先进,环境优美,备受师生喜爱。会馆一层外围为商业区,包括洗衣店、理发店、电器店、眼镜店、花店、饰品店、书店、面包店、超市,还有校园一卡通服务中心;一层内部以及二层为餐厅区,宽敞明亮,干净整洁的就餐环境,可容纳2000人同时就餐。这项工程父亲特别关心,几次从台北飞来审看图纸,监督工程,最后在总务处与建筑部门的努力下,打造成了一项精品工程。

备受父亲和广大师生关注的"广亚学馆"工程自2011年9月下旬开工之后,2012年年内顺利完工。该工程位于校大门外西北角的学校50亩地内,总投资4000多万元,建筑面积约30000平方米,为地下一层地上九层的全框架结构,是集多种培训与生活服务为一体的综合大楼。

2014至2015年,学校又在校园的东南角110亩地上建造了一座高12层,建筑面积30000多平方米的建工大楼。2020年,学校扩建的新图书馆大楼,地上地下共10层,建筑面积达30000多平方米。

在升达学院的建设过程中,可以说父亲是摩顶放踵,不辞艰辛,他一路走来,吃了很多苦,流了很多汗,付出了很多心血,不愧为升达建设的总设计师、总工程师。

第三节 图书馆——父亲的心脏

对升达,父亲生前曾这样形象地比喻:图书馆是我的心脏。可见,父亲把图书馆放在了一个多么重要的位置。

升达图书馆是学校兴建最早、最为辉煌典雅、令升达人引以为豪的标志性建筑。我之所以这样评价，一是建造图书馆父亲倾注了许多心血，二是图书馆建筑宏伟大气，馆中大厅为网架结构，玻璃面板大屋顶，美轮美奂、金碧辉煌。其藏书量之多，信息化程度之高，设备之先进，环境之优美，令龙湖大学城其他高校的学子们赞叹不已。

父亲重视图书馆建设，他曾不止一次地提到：师资力量，实验室设备和图书馆资源是衡量一所大学实力的三项支柱。早在1993年11月份，父亲和升达筹建处的同仁就在河南省委党校图书馆内租借了一间20平方米的房间，进行图书采购及分类编目工作。1994年春节时，图书馆从郑州市内搬到校内两间简易平房中，直到建筑面积8000多平方米的图书馆大楼建成交付使用后，即1995年年初，才搬进新楼。

升达图书馆大楼在当时的河南高校图书馆建筑中，率先采用模数式图书馆设计理念，柱网、层高、荷载三统一，具有较大的使用空间，满足图书馆功能变化拓展的需要。图书馆采取藏、借、阅一体化的管理模式，实行门禁式、全开架、大开放的服务方式，给师生提供自由、宽松、便捷的借阅空间，营造良好、温馨、舒适的学习环境。开馆时，已有藏书10万余册，报刊300余种。馆藏图书中，有父亲从台湾购进的大量计算机方面的台版书和从美国购进的经贸类外文原

升达大学图书馆

版图书,其中一部分是父亲的朋友捐赠的。

随着国家高等教育的快速发展,升达在校生人数的迅速增加,原有的图书馆已不能满足需求。2002年父亲投入巨资、大手笔扩建和改造图书馆,并将其明确定位为"省内一流,国内先进"的现代化大学图书馆。新旧馆扩建、改造工程分别于2002年底和2003年5月动工,2003年10月竣工。改扩建后的馆舍总建筑面积15000余平方米。新馆位于旧馆的东侧,与旧馆自然连接成口字型,融为一体。其建筑风格融传统美与现代美的有机结合,典雅辉煌,端庄大方。

父亲生前时时关心图书馆建设, 年年拨专项经费扩充图书馆的文献资源。目前,馆藏总量已达280万余册,拥有电子图书71万余册,引进和自建电子资源数据库20多个,形成了以经贸、管理、语言及计算机四大学科为主,涵盖多个学科的藏书体系。馆内一至三楼为读者设置了24台检索机,提供馆藏资源检索服务。三楼"E"化区设置有328台计算机,可提供VOD视频点播、上网、数据库资源检索下载和电子图书阅览等服务。另有3个小剧场、1个团体视听室、3人视听区、音乐欣赏区和休闲区等服务设施, 为读者提供丰富的文献信息资源和充分的文化娱乐活动空间。每逢有客人到来,父亲总喜欢陪同客人到图书馆参观。贵宾和同仁参观后夸赞"图书馆的软硬件设施,尤其是人性化的管理服务理念,在河南省高校图书馆中是先进的,即使是在全国高校图书馆中也不落伍"。

2011年, 图书馆开通了CASHL(中国高校人文社会科学文献中心)外文文献传递系统。为满足广大师生个性化信息资源的需求,2012年图书馆建成了各院部数字图书馆和教师个人数字图书馆。

2018年,图书馆启动建设了座位管理系统和自助借还系统,读者可以按需预约使用座位,既能够保证学生入馆有秩序、座位资源得到公平有效利用,又彻底解决了多年来自修室抢座占位的"老大难"问题。自助借还系统实现了图书的精准定位、多本图书同时借还、延长了借还书时间，读者轻松操作，方便快捷。与此同时，图书馆与超星集团洽谈协商，积极引进了"纸电同步数字化期刊"，为全校师生开通手机客户端，打造了河南省第一家纸电一体化期刊阅览室，成为图书馆一大特色和亮点。

更为可喜的是，2018年学校第三期扩建的图书馆新馆即将启用。其建筑面积30000余平方米，主要功能有纸质文献阅览区、电子资源服务区、学习研讨交流区、校园文化展示区、报告厅、娱乐休闲区、创客空间、信息共享空间等功能。

父亲非常重视图书馆文化氛围的营造，1997年，父亲为图书馆亲

新图书馆

笔题写"坐拥书城，掌握未来"的题词，该题词称："带动中国走过五千年的经验智慧，就记录在这儿！随着多媒体及网络时代的来临，世界经济动脉、科学之奇、寰宇之美，弹指间展现眼前。历代炎黄子孙再没有人像我们这一代这么幸运！以中国人自古以来勤耕的精神，在馆内自拥书海，网络遨游，定下心来耕耘自己未来，让华夏子民再次扭转乾坤，开创灿烂的明天"！该题词镶嵌在图书馆一楼大厅的显要位置，潜移默化地激励着升达学子勤勉读书。

建校27年来，图书馆取得了诸多骄人的成绩：连续九年被河南省图书馆学会评为"全民阅读"先进单位，多次被评为河南省高校"建设书香校园"先进单位，2014年、2015年分别被评为河南高校"管理与服务""创新服务"先进单位，2008年和2012年两次获得中国图书馆学会

授予"全国全民阅读先进单位"荣誉称号,2015年又创建了"国家级全民阅读基地"。父亲生前对图书馆的工作给予了充分的肯定,对所取得的成绩感到非常欣慰。

第四节 会计学院——父亲的掌上明珠

时隔27年,当升达学院逐步发展为如今的一派兴旺、一片繁华时,作为女儿的我,除了为父亲创办的学校取得的成就感到自豪外,也不敢忘记父亲当初创建学院的艰辛。学校从开始的几个系、千把人,到现在已发展为具有多种学科、多种专业的金融贸易、会计、管理、信息工程、建筑工程、商学、外国语、文法、艺术、体育、马克思主义、创新创业教育、交通13个学院。而且13个学院各具特色,其中,父亲对会计学院关爱有加。在我看来会计学院是父亲的掌上明珠。

对会计,父亲有着颇深的情感。当年在台湾,父亲最早在政府审计部门工作,他本身也精通会计、审计等业务,所以深知会计人才的重要性。20世纪40年代末期,台湾工商业起步发展,社会的会计人员

父亲在会计学院指导工作

相当短缺，一次偶然的机会，父亲辞去审计署公务员的职务，在台北创办了"育达会计补习学校"。这就是父亲办学事业的开端。之后，父亲又创办了职业学校、大学。其中，会计学一直是他办学最为重视的学科。升达学院建校开始，会计专业就招生，现如今，更是学校的第一大学院，在读学生人数最多时达8000人。

会计，这门学科专业性强、非常实用，再加上上述历史原因，父亲特别注重该学院的教学及对学生的培育。为了鼓励和支持学生刻苦学习，将学生培养成为国家的栋梁之才，父亲在学校设立了"创办人特别奖奖学金"，金额为10000元，专门鼓励在校期间通过国家"注册会计师"等高级职业资格考试的学子，对辅导学生考上注会的老师也给予数额不菲的奖金。在父亲的鼓励和指引下，会计学子刻苦努力，建校以来，有近30人在校期间一次性通过国家"注册会计师"考试，成为我省高校参加"注会"考试的一匹黑马。其中，仅2013年就有5名学生一次通过全科考试，获得国家注册会计师资格证书。2013年以后，国家对"注会"考试出台新规，其综合阶段考试科目"职业能力综合测试"，必须具有1年的会计工作实践才能参加。然而，升达学子不负众望，他们毕业后在会计行业工作参加"注会"考试，目前，据初步统计，在全国各地的升达学子，已有200多人获得注册会计师资格证书。其中，2011级会计电算化本科生冯小美同学，2015年通过英国ACCA（世界最知名的国际性会计师组织）考试，获"国际注册会计师"资格证书。更令人兴奋的是，2015年注册会计师考试捷报频传，升达有8名刚刚毕业的学子顺利通过全科考试，获得注册会计师资格证书。

会计学子一向有着严谨刻苦的学习作风，在校期间积极地投入考研大潮，近几年，学生在考研方面更是取得了骄人的成绩。会计学子考取中央财经大学、东北财经大学、厦门大学等国内名牌高校的不胜枚举，更有大批学生通过全国公务员考试，在全国各级财政部门工作。

会计学院高度重视会计学专业的建设和发展，遵循中原经济区建设的人才需求和学院发展定位，按照理念先进、目标明确、改革领先、强化师资、设备先进、教学优秀的要求，逐渐形成了"一专多能，两证多照，多教并举"的人才培养特色。会计学专业招生连年火爆，第一志愿上线率都在180%以上，毕业生就业率保持在95%以上。

父亲不时到会计学院指导工作，经常与该院领导与师生交谈，深切关注会计学院的教学动态和各方面发展。2012年4月23日，父亲在崔慕岳院长等校领导的陪同下，到会计学院了解期中教学检查工作开

父亲向考取注册会计师毕业生颁奖

展情况，听取汇报，查看资料。在与该院院长张欣交谈时，父亲对会计学院寄予很大的期望：希望他们在保持会计学院多年来优良传统、优良作风的基础上，不断提升，不断创新，尤其在证照考试、公务员考试和考研中再做突破，把会计学院办得更有特色，更加优秀。

2015年10月30日，父亲在升达学院参加了河南省民办高校会计学专业骨干教师培训班，并在开幕式上作《共同推进会计学专业繁荣发展》讲话。

2010年，会计学获"河南省高等学校特色专业"称号。2012年，《会计学》专业喜获"河南省民办高校品牌专业"称号，并获得100万元专

项建设经费资助。2013年，会计学院被授予"河南省注册会计师后备人才培养基地"称号。2014年，《会计学》被确定为"河南省第八批重点学科"。

第五节　注重艺术建设　致力艺术发展

在升达学院，父亲十分重视学生的全面发展。我们是经贸管理类院校，应当为国家培养经营管理人才。不过，经管人才也应该有很高的素质。中国古代教育学家孔子教学生"六艺"，就是"礼、乐、射、御、书、数"。乐就是音乐，是陶冶性灵的。

步入新世纪，党和政府加强了国家的文化建设，不少大学对艺术类专业非常看好，这不仅是社会需要这个方面的人才，而且也能提高学校的品位、层次，提高学校影响力和知名度。在这些思想驱使下，父亲高瞻远瞩，想在升达创建一个艺术学院。2005年之前，父亲进行了多方面的社会调研，又请上海的艺术专家前来郑州进行实地考察，经过精心概算，得出这样的结论：升达若创办艺术学院需要投资很多，最初还不会有经济效益。然而，父亲毅然决然在学校设立艺术学院。看准了的事情父亲总是说干就干，筹措资金，设计图纸，草拟规划，延聘专家教授，各项事情都排上议事日程。为了满足艺术学院的教学需要，父亲投资2000余万元，新建了一所艺术中心大楼，并添置了先进的教学设备，其中，一架雅马哈原装钢琴价值100万元。学校又聘请中国音乐家协会会员、中国民族声乐学会会员、河南省著名音乐教育家、河南大学艺术学院声乐教授肖生任艺术学院院长。

2005年9月，艺术学院成立了，开设声乐、器乐、舞蹈等专业，父亲甚是开心，甚感欣慰。他把艺术学院视为一个具有时代特色的新学院，又视为学校的一张名片，时时关心，处处惦记。父亲生前注重艺术学院的建设发展,注重学子的专业知识,支持鼓励学生艺术创作。平时,只要到郑州、到升达来,父亲总是要到艺术学院走一走看一看,了解情况,指导工作。他经常到艺术学院肖生院长办公室商谈专业发展与教学工作,询问院里有什么困难。当得知艺术学院的排练厅地板建造不符合标准要求,他大发脾气,狠狠批评有关人员,并责成立即返工;当了解到装潢与设计类学生可以深入社会,进行社会实践时,他马上提出把他在郑州市区城东路上的升达艺术馆的一大间办公室腾出来供艺术学院使用。

2011年,艺术学院优秀教师池浩东以优异成绩考取中国音乐学院硕士研究生,但由于家境困难,无力承担高昂的学费。我父亲重视人才、爱惜人才,得知此消息后,特地批拨6万元以资助池老师完成学业。池老师为感谢我父亲和升达的培育之恩,立志努力教学,终身为升达服务。

2012年4月,父亲及执行董事王新奇,利用丰厚的人脉资源,邀请世界知名华人艺术家刘国松先生和香港现代水墨协会会长陈成球先生到升达作画展与学术交流。该活动在河南省文化界引起轰动,省文

父亲会见获奖师生

联主席及省美协、各美术院校与团体领导、艺术家集聚升达,对升达乃至全省美术活动起到很大推动作用。

2012年9月,父亲邀请河南省著名书画家王际鑫先生在我校图书馆中厅举办《王际鑫书画作品展》,并作《历代名人书画作品赏析》的学术报告。10月,在父亲邀请下,以原河南省美协主席王威先生为团长的河南省文化界名人代表团一行7人莅临我校参观指导教学。在艺术学院画室,诸位艺术家们合作创作一幅八尺国画《春韵》赠与学校。

2013年12月3日,父亲专程到艺术学院检查音乐表演专业教学实践情况,学院抽调5个实践教学内容向父亲汇报。汇报后,父亲对艺术学院教学工作给予肯定,并勉励师生再接再厉,争取取得更优异的成绩。

2015年3月,父亲重视对传统文化的传承和弘扬,支持艺术学院和开封博物馆朱仙镇年画研究中心合作建立国家级非物质文化遗产项目、朱仙镇木版年画工作室。5月,父亲到艺术学院视察2015届环艺优秀毕业作品展览。看到60多套精选展出作品,父亲给予了很高赞誉,并与艺术学院教师亲切交谈,询问环艺专业课程设置以及学生们的毕业、就业情况。父亲无微不至的关怀鼓励师生更加坚定努力奋斗方向。

在父亲的关心与指导下,在艺术学院领导的具体领导下,近几年,艺术学院成绩显著,不仅培养了一批优秀的青年教师和毕业生,而且,提升了学校的整体艺术教育水平,亦为师生提供欣赏艺术的机会,丰富了师生的文化生活。艺术学院师生在专业技能等各个层次比赛取得了优异成绩,为学校赢得了一项又一项荣誉,为学校发展做出了贡献。尤其是在2014年第21届时报金犊奖大赛中,艺术学院2009级装潢艺术设计一班任朝阳与宋金金的"旺仔糖果盒包装设计"获CI企划类最高且唯一的奖项——金犊奖,并受邀于6月14日赴北京大学百年纪念讲堂现场领奖。父亲感到特别欣慰,鼓励师生不断提高艺术水平和自身素养。

第六节 父亲重视实验室建设与实践教学

我的父亲从事教育事业67年,有着丰富的教学经验。在升达学院建设发展的进程中,他高度重视职业化教育和高等教育有机结合。他常说,学生不能只啃书本,理论要与实践相结合。他还说,学校要加强实验室建设,真正将理论课与实践操作课联系起来,这样可以巩固学生的理论水平,提高学生实践能力。为此,学校斥巨资建设了一个又一个多功能教学场所和专业实验室。

父亲生前虽然生活节俭,但在教学上舍得花钱。1994年建校初期,为加强数字化校园建设工作,他专门从美国定购了当时世界上最先进的IBM486电脑400台,供师生教学、学习使用。之后,学校建立了金融控制中

心,是以金融专业为主兼容国贸、物流、计量等专业的综合性实非教学平台,主要用于证券投资的模拟教学,在这里可以获取最新的、即时的股票、期货和外汇金融产品信息和数据,进行高

仿真的模拟交易；建立了3D仿真实训中心，使学生可在旅游景点的三维立体模型中身临其境地进行训练，达到不必到达旅游景点就可以进行现场导游讲解、导游技能培训、导游考试考核等效果；建立了同声传译实验室，是模拟联合国会议设计而成，可以同时用英语、法语、西班牙语、汉语、俄语、阿拉伯语等8种语言

升达学院一组实验实训室

进行同传，主要用于召开国际会议和口译专业实验教学。学校艺术大楼设有琴房100余间、画室10余间、舞蹈排练厅2间，设施先进的专业音乐厅，舞台的上下、两侧、底幕及四周墙面均做了专业声学反射处理，是师生欣赏高雅艺术的殿堂。

　　根据教育部转型发展、应用型人才培养和创新创业要求，近几年，学校积极探索应用文科高校转型发展路径，实施"教学保障建设工程"和"校企合作发展工程"。秉承父亲"以最好资源服务师生"的理念，引进先进的教学仿真实训平台，打造产学研合作育人的校企项目，研发大数据智慧管理平台，创设开放、共享、现代的实验实训环境，整合建设了16个受益面大，能够承担多学科、多专业实践教学任务的实验实训中心，下设各类实验室共计41个238个分室（相比2015年增加了一倍多）。学校建立了圆通制科学工作能力实训基地为教育部示范基地。学校的经济管理实验教学中心、信息工程实验中心等2个实验教学中心为河南省实验教学示范中心。另有市级实验实训中心2个，校级中心4个。目前，我校实验室布局合理，不仅能够较好满足各类实践教学需要，还为学生提供了真操实做、产教融合的条件，让

学生在体验中实践,在实践中学习,在学习中成长。

在父亲的关心与大力支持下,在父亲的教育实践理念指导下,近几年,学校引进了圆通科技等19家企业入校,以满足实验教学需要,与许多企业签订校企合作协议,校企合作有利于广大学生进一步将专业知识和专业技能相结合,为以后就业打下坚实的基础,从而实现企业、学校和学生三方面互助最终达成共赢,达到毕业生毕业即就业,上班即上手。

第七节　父亲创新教育模式

我的父亲在他一生的办学事业中,非常注重教育创新。他在《广亚锦言拾粹》中讲述:"掌握时代脉动,体察社会需要,不断推陈出新,使校园生机无穷,动力无限,校务发展朝气蓬勃,蒸蒸日上。"他还说:"我不喜欢拾人牙慧,不喜欢跟在人家后面亦步亦趋,喜欢创出自己有别于人的东西,不怕人们说我标新立异。"

父亲曾多次提出,应该让大陆的学生到台湾去上学,这样可以充分利用台湾的教育资源,台湾的学生也可以到大陆来上学,互相交流办学经验。在我的父亲这一理念指导下,为积极尝试探索"三加一"的教育教学模式,学校充分发挥台胞捐资办学的优势,努力推动两岸教育文化交流合作。在国台办、省台办、省教育厅等部门的大力支持下,2010年年

升达赴台师生参访团汇报会留影

底，学校与台湾苗栗育达商业科技大学就促进双方文化与教育事业发展，推进民办高校教育交流合作，以及教师交流、学生交流、学生交换等事项签订了合作交流协议。主要包括升达学生在育达插班学习，两校互认学分等内容。两校本着不增加学生负担、为学生创造更多机会的原则，为学生精心设计课程，安排社会活动。赴台交流学生无需额外缴纳学费，免费使用台湾高校的生活设施，学校还提供多条旅游线路以及全程的专业教师辅导。学生除正常学习外，还能在台湾当地企业进行参观。2011年以来，在父亲的关心与关照下，学校先后组织16批近300名师生飞抵台北，在台湾苗栗育达科技大学等高校，进行了为期一个学期的学业研习与教学交流。这是河南省高校与台湾高校交流的一个有益尝试。通过短期交流，学生不仅获取了知识，拓宽了视野，增长了见识，而且也了解了台湾的教育与风土人情，提高了学生的就业竞争力。这一创新的教育模式取得了显著成效，首开河南高校整建制学生赴台研修之先河。中国青年报、中国教育报、河南日报、河南教育时报、大河报、郑州日报、东方今报以及人民网、大河网等媒体都进行了宣传报道。

在台湾学习过的学生，因了解台湾企业的运转方式，又熟悉大陆情况，毕业时被大陆台资企业争相聘用。目前，升达学院正在进一步拓宽学生赴台学习渠道，扩大与台湾高校的合作范围，争取使更多学生在校期间能有赴台学习的机会，享受台湾先进的教育资源。

第八节　父亲关心招生与学生就业工作

（一）

谈到学校的招生与就业工作，我先来讲一讲父亲生前是怎样关心招生工作的。

当下，生源数量和质量是衡量学校好坏的重要条件，是检验学校社会影响力的重要标志，是民办高校正常运转、持续健康发展的基本前提。

父亲检查指导招生工作

我的父亲在办学进程中,非常重视招生工作。他常说,生源是学校的命脉,没有生源学校发展就无从谈起。因此,办学初期父亲是亲自抓、亲自做招生工作。每到夏季,他就带上招生简章、带上糨糊桶,骑着自行车在台北市的大街小巷四处张贴海报,搞宣传,抢生源,并积累了丰富的招生经验。然而,创建升达学院的首次招生,却让父亲为了难。可谓是,开始"山重水复",而后又"柳暗花明",中间波波折折。

1994年6月,升达学院的首届招生计划批得晚,没能刊登上高校招生目录报,又由于我们是一所新学校,许多地市对我们相当陌生,这一切无疑给学校的招生工作带来了难度。父亲与负责招生的同仁,冒着盛夏酷暑,想办法,找思路,联系新闻单位宣传,跑招办与高中毕业生学校,忙得不可开交,每天晚上都不能好好休息。但是,在困难面前,父亲总是积极面对,并鼓励各位同仁不气馁,不怨天尤人,积极开展公关宣传工作。真是功夫不负有心人,在省市领导的大力支持下,在父亲的具体指导与操作下,经过我校同仁的不懈努力,升达首届招生工作取得圆满成功,省教育厅批拨的招生计划本科与专科计划900名新生全部招满。之后,父亲在郑州越秀酒家为学校参加招生工作的同仁庆功,接风洗尘。这一年,父亲已年逾古稀,他在回顾这一段工作时说："我真是在拼老命啊"！话很朴实，但言语间透露出他的刚强意志和对升达深深的热爱。

有了首届招生圆满成功的经验，升达之后的招生工作进展就相对容易多了。父亲回家乡办学，就是要给考取同样分数甚至比北京等城市高出100多分却被堵在高等院校门外的学子一个接受高等教育的机会，因此招生工作就显得相当重要。每年的招生工作父亲都要亲自过问，包括招生简章的设计和各板块设置，他那一丝不苟的工作态度值得我们每一个人学习。建校27年来，由于升达学院有着与中华民族优秀传统文化有机结合的教育理念与独特的办学理念，有着浓郁的求学氛围，有着良好的学风校风，有着雄厚的师资力量，有着先进的办学设备和优美的办学环境，每年的招生质量在河南省民办院校中，都名列前茅；每年的招生数量，都超额完成招生计划。听到这个喜讯，父亲总是难以掩饰内心的兴奋，他常常为升达的招生工作而骄傲，而自豪，生前年年都拨款奖励升达同仁。

（二）

接着讲一讲父亲如何关心学生就业工作。

经常听父亲讲鲁迅先生的一句话："什么是路？路就是从没有路的地方践踏出来的，从只有荆棘的地方开辟出来的。"我想，这也

父亲与创业学生留影

可以看作是对升达崛起的写照,也是对升达学子毕业之后选择就业、创业的寄语。

父亲很关心学子的就业问题。早在升达创建伊始,借鉴台湾高校的管理模式,他就在升达学院设立了就业辅导处,为毕业生就业提供信息,提供服务,提供帮助。当时,这一举措在大陆是非常超前的,许多高校对此举或毫无反应,或关注甚少。因此,1996年4月11日《人民日报》海外版对升达学院成立就业辅导处进行了图片新闻报道,在河南引起轰动。

在父亲的关心和支持下,学校就业辅导处积极联系各方用人单位,组织毕业生供需见面会,专场招聘会。1996年学校第一届毕业生毕业期间,校报在头版发表新闻《毕业生已有190人提前上岗》,极大地鼓舞了毕业学生的就业热情,也更坚定了父亲坚持做好学校就业辅导工作的信念。同年6月,父亲出席升达首届毕业生毕业典礼并发表讲话。他鼓励毕业生"要努力进取,勿稍怠慢;要成功感谢他人,失败反省自己"。他希望升达的毕业生要像参天大树一样,在任何艰难困苦和挫折面前都不低头,不屈服,不灰心,不气馁。

升达学院建立有省内外校友会,发挥校友作用,帮助毕业生就业,在经济发达地区设立"毕业生就业接待站",这是升达的办学特色之一,也是父亲的办学理念内容之一。升达各地区校友会、接待站的建立,更是对学校就业辅导工作的一种延伸。父亲对这项工作非常重视,非常支持,曾给接待站批拨活动经费。根据毕业生需求,结合各地就业特点,学校与各校友会密切联系,为一届又一届毕业生提供就业辅导、就业推荐等服务。这也是我校毕业生在外省就业率较高的一个主要原因和重要渠道。

学校本着"毕业即就业,上班即上手"的教育理念培育学生,积极推行"立足河南,面向全国,稳定推荐,长期合作"的指导方针,加强与企业联系,拓展校企合作,搭建校企合作平台,打造学生就业实习基地。经过27年的建设,学校就业实习基地成效显著,一方面就业实习基地数量稳步提升,截止2018年校级院级就业实习基地已累计突破380家;另一方面,就业实习基地质量不断提升,目前我校校级就业实习基地中不乏名企,其中包括绿地集团、丹尼斯百货、好想你枣业股份公司、百胜集团、建业集团等世界五百强或河南省知名企业。

27年来,学校已经为国家培养毕业生5万多人,毕业生就业率历年都在90%以上。升达的毕业生广泛分布在北京、上海、广东、浙江、江苏、河南等地的国家机关、知名企事业单位。因工作成效显著,学校曾获"河南省大中专毕业生就业工作优秀奖""河南省大中专毕业生信息化建设工作优秀奖",2016年以来,被评为"就业创业指导课程开设优秀单位""就业质量十佳示范院校"。

第九节　看好舆论宣传　关心《校报》发展

升达学院《校报》于1994年8月16日创刊,至今已24个春秋。创办《校报》是父亲的明智选择。升达开始筹建时,父亲就计划出版一份《校报》,通过这份校报,宣传学校的教育理念与办学理念,表彰先进,交流经验,宣传学校良好的形象与良好的学风、校风,宣传学校的规章制度,引导老师专心工作,

父亲接见升达、商院两校主编

教育学生刻苦学习,让师生们接受正确的思想教育,促进学校的工作顺利开展与健康发展。

我校《校报》版面是这样安排的:一版为"要闻版",刊发学校重要新闻,反映学校的中心工作;二版为"校园生活",刊发校园各种动态、各项活动;三版为"文化教育",刊发文化教育信息及老师的教学体会、教学经验;四版为副刊"文艺作品",刊发师生的文艺习作。

从《校报》创刊号第一份报纸的艰辛创办,到以后《校报》的扩版与版面的不断创新,以及期间的一年停刊,改出《升达视窗》,父亲都十分关心关注《校报》,每次从台湾回来巡视校园后,都会在他的办公室浏览《校报》,或了解校园动态,或提出改进意见。

1995年,为了使校报更好地发展,父亲提出将校报由四版扩大成八版,使各学院的教师和学生都有一个发表文章、交流成果的园地,以提高学术水平和写作能力。父亲专门为《校报》扩版撰写文章《切磋琢磨 爱不释手》,希望升达师生关心《校报》,写出有内容、有水平、有价值的文章;希望我们的报纸既有学术氛围,又有文艺色彩,生动活泼,美不胜收。据不完全统计,父亲在《校报》上刊发的论述、讲话、祝词、信函达160多篇,不难看出,父亲对《校报》是多么的关心!

校刊社自成立起,不断举行征文活动,扩大《校报》影响力。2002年举办"诚信在升达"征文活动;2003年举办"我与升达"征文;2004年有奖征稿"建设升达书香校园";2005年举办"文明

升达人"征文活动；2007年举办"和谐升达园"征文活动并举办首届教职工写作大赛；2009年举办"升达在我心中"征文大赛；2010年举办"摄影大赛"，以上各项活动，丰富了师生的文化生活，提高了师生的写作、摄影等技能。

《校报》一路走来，在学校发展中发挥了较大的作用，取得不小的成绩，父亲生前甚感欣慰。2009年3月19日，在校长崔慕岳教授、校办主任朱永恒的引荐下，我的父亲约见了《校报》王光汉主编。父亲在认真听取主编关于《校报》的编办情况汇报后，对《校报》工作给予充分肯定。然后提出了独到的指导性意见：一是报纸内容要丰富，要真实；二是刊发照片要清晰；三是版面要活泼；四是要按时出版，规避差错；五是要把小报当大报办，办出高质量、高水平的《校报》。王光汉主编向校刊社同仁及时传达父亲的关心与意见，全社同仁和通讯社学生倍受鼓舞。

2012年上半年，升达学院在全校教职员工生中开展"创办人王广亚博士教育理念与办学理念之体认与实践征文大赛"，《校报》主编王光汉撰写了一篇《在创办人教育"创新"理念指导下，编办校报出彩出新》的文章，获得了二等奖。文章热情赞美了创办人我的父亲王广亚博士的教育"创新"理念是时代精神，是升达建设发展的无尽动力。

2012年12月10日，河南省教育厅高校校报专家组来我校检查评估《校报》，对《校报》给予了高度评价：领导重视，导向正确，彩色印刷，具有个性，报纸质量高。父亲听到汇报后，甚感欣慰。

2013年9月22日，我的父亲在郑州索菲特国际饭店会见了升达学院和郑州商学院（原郑州成功财经学院）两校校报主编王光汉、程文志，与他们亲切交谈。两位主编拿出近期出版的《校报》让父亲审阅，并向父亲汇报工作。父亲指出，办《校报》一定要创新，一定要内容丰富。

第十节　父亲关心升达体育事业发展

　　体育教学是素质教育的重要组成部分,随着素质教育的发展,人们对体育教学有了更进一步的认识。升达自建校之日起,我的父亲就高瞻远瞩,十分关心升达的体育事业。换言之,升达的体育事业蓬勃发展,离不开父亲的关心和辛勤付出。

　　父亲注重学生的德智体美全面发展。父亲把体育放在十分重要的地位。建校初期规划校园时,父亲就留出大片的土地作为体育场所。在父亲的安排下,我校体育馆于1994年动工兴建,这是我省最早兴建的综合性体育馆。该馆建筑面积8000多平方米,馆内设有体育舞蹈训练厅、武术训练厅、健美操训练厅、形体训练厅以及乒乓球、羽毛球、篮球和排球综合训练大厅等。与此同时,室外体育设施建有标准四百米田径场、篮球、排球、网球、羽毛球、乒乓球等场地以及单杠、双杠等健身器材与活动场地。近几年,学校又开辟了素质拓展场地、定向越野场地、水上高尔夫球场,给学生提供了良好的活动锻炼空间。

父亲参加升达学院第十五届体育运动会

为了适应时代发展,父亲提出并报请有关部门批准,我校自1999年成立体育部,2014年设立体育系,招收社会体育管理与指导专业和音乐表演(体育舞蹈方向)专业的学生。与此同时,父亲还要求学校开展群众性的体育运动,每年春季的体育运动会,每年冬季的长跑比赛以及教师趣味运动会等活动的广泛开展,形成了升达的体育特色。工作中,父亲本着"建优质队伍、树健康意识、强综合素质、创体育环境、育合格人才"的教育理念,为推动我校体育事业健康快速的发展做出了重要贡献。

父亲始终坚持"取之于学生,用之于学生,回馈于社会"的宗旨,逐年增加学校体育教学经费和运动队训练、比赛的费用,对体育馆二楼、羽毛球厅、乒乓球厅、网球场等体育设施进行更新和改造,并始终以师生体育活动为出发点,体育场馆免费开放。

我校体育队多次参加省内外体育比赛,并获得可喜成绩。校篮球队在2015年、2016年河南省大学生"华光"体育活动篮球比赛中分获男、女甲组第二名;2018年11月获得由教育部中国大学生体育协会主办的2018至2019中国大学生3X3篮球联赛河南赛区公开组冠军。校排球队2017年在全国大众排球文化"一带一路·丝绸之路"排球比赛中获男子第三名、女子第四名。校定向越野队自2016年连续三年在河南省定向越野赛中获得多项第一名;2018年获第四届河南省城市定向赛科技体育线路冠军。校健美操队在2016至2017全国啦啦操联赛(信阳站)中获五项冠军,在第六届河南省学生健身操舞锦标赛中获两项一等奖。校田径队在河南省大学生运动会中获多项优异成绩。学校体育舞蹈专业自2014年开办以来,在中国体育舞蹈联合会和中国国标舞总会举办的国家级大赛中获得十五项第一名,在省级体育舞蹈大赛中已累计获得100余项冠军。2017年、2018年,参加河南省教育厅主办的第二第三届河南省学生体育舞蹈锦标赛,校体育舞蹈队蝉联高等院校团体第一名，奠定了我校在河南省体育舞蹈专业中的领先地位。2018年6月，校体育舞蹈表演舞《红盖头》参加文化厅、教育厅举办的河南省第八届专业舞蹈大赛，勇夺高校专业组一等奖。另外，《大河报》2016年5月教育版对我校体育舞蹈专业进行了专版报道，在省内体育舞蹈届引起很大轰动。目前，学校体育舞蹈专业已经成为升达学院的一张靓丽的名片，成为河南省体育舞蹈专业的领头羊。这些成绩的取得，与父亲关心学校体育事业是分不开的。

值得回忆的是，2015年5月12日，我校第十八届田径运动会隆重举行，父亲在百忙之中专程从台北赶到升达参加运动会开幕式。开幕式上，父亲抑制不住喜悦之情，发表了热情洋溢的讲话：向运动会的胜利开幕表示热烈祝贺，预祝运动会取得圆满成功。在学校领导的陪同下，他与参加开幕式的全体师生共同观看了盛大的文艺表演，茉莉花开、龙飞绳舞闹足球、火热拉丁风、激情啦啦操等一一亮相登场。精心的编排、绚丽的表演、优美的造型、震撼的气势，让观众为之一振，父亲对文艺表演大加赞赏，当即表示奖励体育学院10000元。

人们都说："每天锻炼1小时，健康工作50年，幸福生活一辈子。"我的父亲是一向注重体育锻炼的，这一点我会在以后的章节中详细介绍。

第十一节　父亲实现了校园公园化的理想

今天，当看到升达师生和参访来宾心情愉悦地走在绿树如茵的升达校园时，当他们对升达美丽的校园环境而赞不绝口时，我就十分高兴，也替我的父亲感到欣慰。因为父亲的心血没有白费，父亲的付出有了回报。早在升达学院筹建初期规划校区、绘制蓝图阶段，父亲就已把校园绿化、美化认真考虑，精心布局，使升达的绿化和建楼、修路同步前进。当年,即使他身在台湾,也时常心系升达绿化工作。1995年3月11日,父亲专门从台湾发来电报,安排学校招待所院内和行政大楼周围的绿化具体事项。他说,招待所种植之树木以果树为主,包括石榴、山楂、柿子、杏树、枣树、桃树、李树共计7种,其余空地则栽种草皮;行政大楼两旁东西向阳道,全部栽种广玉兰树,而高台处则栽种黑松,门前放两棵雪松。现在,校园的绿化实实在在地有了喜人的成果,怎么能不令人兴奋呢?

进入升达校门,宽阔的道路两边,两行法国梧桐如同排列整齐的仪仗队,迎接客人到来,引人注目。梧桐树外,又是两行雪松,婆娑的枝叶如同婀娜多姿的少女,身着绿色的衣裙向你招手致意。你会情不自禁地吟出古人"记得绿罗裙,处处怜芳草"的诗句。正前方,一座气势非凡的行政办公大楼掩映在苍松翠柏之中。你举目四望,在中西合璧的建筑物之间,繁茂的女贞、桂花、泡桐、国槐、银杏、龙柏、黄杨、合欢让人目不暇接。

校园绿化是和教书育人同样重要的一项大工程,国内外一些历

父亲重视校园绿化

史悠久的著名大学校园里，有许多参天的古木，层层的绿树，如茵的草坪，翠竹、荷花、小桥流水，曲径通幽，令人神往。回想升达草创时期，这里还是一片荒地，我的父亲下决心要在这片荒芜的土地上书写最新最美的文章，绘出最新最美的图画，建设一个美丽的升达园，除了建造一座座风格典雅，气宇不凡的教学楼，修建平坦的主干道之外，他还要广植树木花草，全面铺开绿色工程，以实现校园公园化。

既要树人，又要树木，树木与树人并举，树木亦是为了树人，这是高等院校建设的英明之策。自1993年冬季开始，父亲利用两个冬春时间，先后投资了30多万元，不仅购进了大批的优质树苗，还建起了20多亩的苗圃花圃。同时，为了更好地遮挡风沙，沿着校园四周的围墙，他还规划栽植了防护林——毛白杨399棵，沙兰杨1470棵。另外，还有总数为615棵的密集的沙兰杨林。宽阔平直的主干道两旁，也栽植了行道林，树种多样，有法国梧桐620棵，泡桐130棵，龙柏330棵，雪松177棵，还有5米高的大雪松。当然，在校内，父亲也恰到好处地种植了不少树木花草，为校园增添了一片片绿荫，一处处亮丽的风景，升达学子们可尽情在校园绿化中领略到环境优美的情趣。

为绿化校园，父亲又购买了水杉934棵，一部分用作了行道林，另一部分则栽植在学生宿舍南临近湖滨处，被称作"青纱帐"。绿水和绿树相互掩映，是升达学子的理想休闲之地。另在校园北部，大片的预留地东边，还有一片水杉林。在体育场北边，我的父亲责成工作人员栽种了江南槐，为运动后的学子们提供一片浓密凉爽的绿荫。此外，在教学楼前也种植了部分的江南槐，成为供人们欣赏的美景。为了实现校园园林化，父亲在实习楼东规划了"国槐园"，以10亩左右的土地栽种了190棵国槐树；在教学楼一号楼，二号楼南北两边规划了"核桃园"，栽种核桃树98棵；在学生南餐厅西边栽种核桃片林35棵。同时，学校也规划了位于招待所院落的"桃李园"，栽种了桃、李、杏树。

除了树木，父亲喜植青草，除购买大批美国草籽撒播外，还买进了大量草皮，校园绿茵茵的草坪，随处可见；父亲还在湖堤上及主要建筑物道路和花坛周围，栽植了冬青、黄杨绿篱。此外，父亲也很重视自育苗木的工作，开辟有专门的育植场地，尽量不再向校外购买。

天上展琼枝，地面铺绿毯。今天的升达校园，到处郁郁葱葱。升达校报1995年4月16日以《玉树琼枝作烟萝》，1996年6月16日以《新绿满园扑面来》等文章介绍升达校园的绿化工程和父亲为之所付出的心血。更为可喜的是，1999年升达学院获得郑州市花园式单位称号，2011年底，学院又通过了河南省住房和城乡建设厅的考核，荣获"河南省园林单位"称号。2013年，新郑市人民政府授予升达学院"造林绿化工作先进单位"称号。这些荣誉是对我们为绿化所做努力的肯定，也是对父亲"校园公园化"构想的赞赏。截至目前，升达的绿化覆盖率超过65%，绿地率45%，水面面积约100亩。升达建校27年来，父亲在绿化工程的资金投入，累计人民币400余万元。他曾说，随着升达的发展和进步，将把更多的资金投入到校园的绿化和美化之中。

第七章　父亲与升达师生工友

岁月匆匆,时光荏苒。我清晰记得建校初期,年逾古稀的父亲拖着略显消瘦的身躯,跨沟壑,越荒野,披荆斩棘,丈量土地,规划校园,历经艰难险阻。其间的种种辛酸让人难以忘怀。创办升达之时,父亲虽年近期颐,仍然乐此不疲地执着于他所创办的学校。这不仅是父亲热爱教育事业,更是父亲关心升达老师、工友与学生的体现。父亲常说,来到学校,看到与我一道为升达建设发展而奋斗的同仁,看到我的弟子——可亲可爱的学生,我的心情就特别高兴。

第一节　父亲时时处处关心升达学子

学校是学生的家园,是学生的圆梦之地。而学生是学校的主体,是学校最具活力的象征,如果没有学生,何来学校?父亲很早就说过,

父亲和升达毕业生在一起

教育是良心事业,是不能用金钱来衡量它的价值的。父亲生前念叨最多的便是学校的学子们。他一直对自己的生活条件要求甚少,但他对学子们的生活

父亲关心升达学子学习

却提出很多意见和要求,小到衣食住行,大到娱乐活动和精神情绪。

　　每年秋末冬初的时候,远在台湾的父亲总是要打电话来询问学校的过冬设施是否就位,学生们过冬是否顺利。每每听到此处我总不禁惊讶,一位耄耋老人对孩子们的关怀竟如此细腻、深入,甚至让我这做女儿的都不免有些嫉妒了。建校之后,我已数不清,他多少次给家境贫寒的学生发放棉衣、棉被。他不但关心学生的穿衣,还关心学生的吃饭。俗话说,民以食为天,学生的伙食问题一直都是父亲挂心的事。他曾说,伙食问题关系到学生的健康、学习、思想情绪及经济负担,我们决不能掉以轻心。记得为了照顾到来自不同经济收入的家庭学子,他专门投入巨资建设了小吃一条街,让学子们吃饭有更大的选择余地。现在,小吃一条街又改建成了建造别致、设备先进、具有众多风味食品的"博新会馆",令同学们十分满意。

　　我父亲对同学们的学习更是关心备至。2013年1月14日,他到图书馆巡视,走到图书馆"E化区"和书库阅览室,看到同学们正在复习功课,准备期末考试,不时亲切地询问同学们,阅览区的灯光亮度是否影响看书学习,并亲自拿起书本体验灯光亮度。他对陪同巡视的校领导和工作人员说,要关心同学们的身体健康,否则,我们将对不起同学们。

也许很多人都以为我的父亲只是在一些重大问题方面关怀学生,殊不知,学校建设过程中很多细小的环节,都是他老人家别出心裁的创意。比如,学校的宿舍楼建筑,宿舍内极富人性化的布局,校园路边随意喝到甘醇的直饮水等。另外,校园内道路两旁有很多梧桐树,每当冬季来临,梧桐树上叶子几乎落尽,那时树上的梧桐球球总是随风散落,飞得满校园到处都是,一不小心就会迷入眼中。这时候,梧桐给师生们带来了无尽的烦恼。父亲了解到这件事后,责成学校拿出一部分资金,专门找人把树上梧桐球集中摘打掉,这样即使刮风,也不会影响师生安全行走,虽然学校每年因此要多支出很多钱,但父亲说决不能因为心疼钱让学生们受罪。

建校这么多年,父亲结合他多年的办学经验,针对那些品学兼优或者是家境贫寒的学子们设置了很多奖励和资助措施。2010届会计学院毕业生冯协以身践德,为营救落水学生献出了年轻的生命,着实令人痛惜。父亲听说后,当即表示自己捐出10万元给冯协的家人以示慰藉;2008级艺术学院在校生包韧同学家境贫寒,但他本人学习十分刻苦,大四期间他在校内独立举办了个人艺术展。父亲参观过他的展览会后,被他坚韧不拔的精神和他所取得的成绩深深震撼,事后奖励包韧同学1万元并与其亲切交谈。

第二节　父亲关心升达教职工

"照顾好同仁生活是我创办人的责任。"在我的记忆中,这是父亲经常挂在嘴边的一句话。因为在父亲看来,"教好学生是老师的责任,照顾好同仁的生活是我的责任。在升达这个大家庭中,各种教职工的福利待遇,最重要的是要真真切切地体现出家的温暖"。我敬爱的父亲,他不仅这样说了,而且也是这样做了。

　　根据国家2004年出台的社会统筹政策，本着他的办学原则之一——"要有好的福利"的精神，升达学院从2004年下半年开始，陆续给教职员工办了"五险一金"中的养老保险、医疗保险、生育保险、失业保险。2011年2月，我向父亲请示，是否把教职员工的工伤保险、住房公积金全办了，作为升达独立后，父亲给升达教职员工赠与的大礼。父亲接到请示后，批示"同意"。此举令升达教职工甚感宽心，十分感谢父亲的关心与关爱。

（一）

　　2010年8月5日，是一个值得记忆的日子，这一天，升达学院首次老职工港澳游一行17人离开学校，乘坐飞机出发了。这次的港澳游之旅，对他们来说开创了多个第一次：第一次去香港澳门；第一次坐飞机轮船；第一次住四星级酒店；第一次吃地道的潮州菜……这么多的第一次，令大家喜出望外，激动不已，可谓是一次学习之旅、快乐之旅、感恩之旅。

　　在升达创建之初，来自各方的质疑与压力，使得学校各项工作进展不是那么顺利。但有那么一批人，从最初在荒沙堆上建第一批校舍起，就同父亲一起住工地，一起吃同一口大锅里煮出来的面条。他们一直坚守在最初的岗位上，兢兢业业地完成每一天的工作，并一路见证学校的发展壮大；不管条件再苦再难，都不离不

父亲与升达赴港澳考察教师合影

弃——这就是升达的资深老职工。

这些老职工的好,父亲一直记在心头,总想着寻个合适的机会表达一下对他们的感谢。因为父亲经常往来于香港澳门和祖国大陆之间,了解了特区的繁荣与发展,父亲说,每次去那里都会带给他全新的感动与震撼。于是,邀请升达老员工游港澳的想法便跃入父亲的脑海。

老员工出游时,父亲正在台湾。听到他们顺利到达的消息后,父亲很高兴,推开了繁忙的工作,匆忙地从台湾飞抵香港,并预定在华丽的香港金岛酒楼为大家接风洗尘。席间,各位老职工纷纷向父亲敬酒、表达谢意并汇报工作。一位老职工质朴的话令我至今记忆犹新,他说:"听说学校组织老职工港澳游,名单中还有我的名字,我特别高兴。我想,从建校刚开始不久,我就跟着创办人,在这荒土地上拼搏,我没多大本领,只有实实在在干活,才能感恩创办人!"大家你一言、我一语,赞颂父亲的丰功伟绩,感谢父亲的关心照顾,气氛异常热烈融洽,父亲脸上一直流露着舒心的笑容。那一刻,我以前积存在心中的疑问解开了:为什么父亲的教育事业如此兴旺?为什么升达的发展红红火火?是父亲把升达的职工视为兄弟姐妹、视为至亲、视为骨肉啊!通过这项活动我体会到父亲常说的"责任"的含义。关心升达,关心升达的每一位职工,父亲用自己的切身行动为我做出了最好的榜样。

(二)

教师是人类灵魂的工程师,教师队伍是大学建设的三大支柱之一。父亲十分尊重教师、关心教师。2014年暑假的7月15日至20日,他特别邀请升达各学院和有关部门优秀教师一行9人赴香港、澳门参观考察,并吩咐让我和执行董事王新奇带队,关照好、服务好各位老师。

在香港,我和新奇带领大家游览了海洋公园、太平山顶、迪士尼乐园,观看了维多利亚港湾夜景,参访了香港理工大学、香港大学。在澳门,带领大家游览了渔人码头、大三巴牌坊、大炮台、妈祖阁等景点,考察了澳门理工学院。大家所见所闻颇多颇广,不仅开阔了视野,也增长了见识。更令大家感动的是,在香港参访期间,父亲一次又一次地打电话来询问对大家的安排情况,一直放心不下。于是,父亲在百忙中,不顾疲劳,顶着酷暑,冒着大雨,从台北飞到香港慰问宴请大家,与大家亲切交谈,鼓励大家勤奋工作。这些,令大家倍感温馨、难以忘怀。马克思主义学院副教授翟效颜说:"这是一次最开心的旅游、最难忘的温暖、最永恒的感恩。创办人给了我满满的信心和力量,我一定在今后的教学工作中,做出更大的成绩,为升达的美好明天而奋斗。"

另外,2014年11月5日,我父亲在郑州索菲特国际饭店会见、慰问升达各学院优秀教师代表,与大家共进午餐、亲切交谈,鼓励大家更加努力工作。2015年内,他三次会见优秀教师:3月16日,在郑州南北会馆会见宋尔康、安冉等升达13位优秀教师,与大家共进晚餐;9月16日,在郑州郑东新区太和酒店会见、慰问陈鲁民、毕鹏翻等优秀教师代表;10月31日,在郑州会见宴请近期工作突出、取得优秀成绩的会计学院优秀代表。

第三节　关心赴台研习师生　力促两岸文化交流

基于67年的办学经验,我的父亲深知两岸文化教育制度和人才培养模式有着较大区别。为了交流经验,取长补短,创新教学方法,让更多的大陆师生体验台湾先进的教育理念,学习专业知识,在父亲的关心和指导下,升达学院于2010年年底与台湾育达商业科技大学签署了"派学生赴台交流学习"的合作协议。

　　经过学生申请、报名，又经过严格的遴选与办理手续等准备工作，2011年3月，学院最终组成了由32名师生参加的赴台研习交流团。其中，学生28名，带队老师4名，于当年3月14日离校飞赴宝岛台湾，走进父亲在台湾创办的苗栗育达商业科技大学，进行为期半年的研习。这一行动，这一举措，这一"3.5+0.5"办学模式，可称之为"首开河南高校学生整建制赴台研习之先河"。

　　对于首批赴台研习师生，父亲给予了更多的关心与关照。之前，他多次交代学校领导，要高度重视这件事情，只要飞来郑州，他就听取汇报，询问此事，并和上级领导部门联系，求得他们的大力支持。首批赴台师生确定之后，父亲更是关心，责成两方学校领导认真组织，妥善安排，要到机场亲自送学生，亲自接学生。升达的欢送仪式，育达的接风洗尘，都令师生们无比兴奋、无比激动。

　　令我校首批赴台研习师生更为兴奋激动的是，在他们抵台后的第四天，我的父亲就在百忙中，亲自赶到苗栗育达科技大学看望大家。他说："见到来自家乡的升达师生，我倍感亲切，希望你们多看、多听、多学，要学习台湾学校和学生优秀的一面，要珍惜这次机会，努力

升达赴台学生研习团

学习、增强本领、增长见识,争取满载而归。"父亲的一席话,给予了赴台师生极大的鼓励。

我校师生赴台期间,恰逢由时任河南省委副书记、省长郭庚茂带领的河南经贸文化参访团访台,在参访团赴苗栗考察的活动中,父亲安排我校赴台师生负责全程接待工作,我校赴台师生的出色表现获得了赵建才副省长等与会领导嘉宾的高度赞扬。史副省长勉励升达学子要充分利用来台时间,多向台湾师生请教学习,加深两岸文化、理念等方方面面的交流学习,拓展人生的视野。

在台期间,父亲还嘱托育达方面多多照顾我校赴台师生。为此,育达为首批赴台研习师生免除了学费,同时为每名赴台研习学生一次性发放2500新台币(约合人民币500元左右)的生活补助。早在赴台师生抵台前,育达方面已经妥善安排好设置齐备的教师公寓和办公室;学生方面,在常规课程外为他们安排了两次外出旅游,使我校赴台师生尽情享受台湾苗栗的秀丽风光。由于工作繁忙,父亲原计划为赴台师生准备的接风宴搁浅,因此在他们离台前,父亲特意在台北圆山饭店举办了送行宴。宴会上,父亲向师生们每人赠送了一份台湾特产点心凤梨酥和他本人所著的三本书,师生们深受感动,纷纷请求与父亲合影留念,父亲欣然应允。

2014年3月10日,我的父亲、创办人王广亚博士在台湾育达科技大学会见了升达学院2014年春季赴台研习师生一行27人。会见时,父亲与大家亲切交谈,使大家备受感动与鼓舞。

第四节　父亲宴请学校足球队

郑州升达经贸管理学院从梦想到现实,从创建到发展,从一片荒野到楼房林立,从默默无闻到校誉日隆,她的一草一木,一砖一瓦都倾注了我父亲的心血。在升达成长的日子里,父亲不仅对升达的建设倾注心血,对升达师生也给予无微不至的关怀。

2008年3月21日,我校足球队在中原工学院(中原路校区)参加了河南省2007至2008年度全国大学生足球联赛河南赛区的比赛。足球队员顽强拼搏,荣获亚军。当校领导告诉父亲我校足球队取得突破性的成绩后,他非常激动,为升达足球队取得如此骄人的成绩而欣慰,而高兴。

校足球队不负众望,载誉归来,父亲及学校领导给予高度重视。4

父亲与升达足球队员合影

月8日,父亲冒雨前去慰问参加此次比赛并为我校争得荣誉的足球队队员。他掩饰不住欣喜之情,一下车,不顾雨水打湿衣服便走进足球队员中间与大家合影。在场的师生劝他,让他到屋里去照相,父亲轻松地挥了挥手,平静地说:"无妨,无妨,照吧,照吧。"

父亲为学校足球队员接风洗尘。宴席上,他盛赞参加比赛的师生。父亲说:"此次比赛取得如此佳绩,离不开在座老师的努力,升达的老师懂规则、重细节、有着丰富的经验;足球队员们每年参赛都保持着自己的风格,现已是河南省的传统强队。难能可贵的是你们劲往一处使,把经验、活力、技术、精神、团结注入咱们的球队。"父亲的一席话让在场的师生精神振奋,也让席间的气氛即刻活跃起来,在座师生心情放松,享受着美食,交换着看法,师生共聚一堂,气氛热烈融洽。

停了一会,父亲招了招手,崔慕岳校长示意大家静一静,只听父亲操着已经不很准的河南话说道:"同学们,你们年轻、有朝气,这真好。你们让我想到了我年轻时的办学经历。"父亲当时虽已八十八岁高龄,但思维清晰,语言响亮,他讲到了艰苦创业的时期,讲到了别人对他的恩惠,讲到了他创办升达时的艰难:"在建设这片校园时,我日夜都守在工地上,亲眼看着升达的一座座楼房盖了起来。在以后的办学过程中,我受过无数的气,但我一直坚持着,坚持着我的办学理想。我要为国家做点事。还好,我把握住了机遇,实现了自己的理想,实实在在地为国家尽了微薄之力。你们还年轻,希望你们记住我的'三吃'精神,吃苦、吃亏、吃气,这在以后的人生前进的道路中,会大有裨益的。"

第五节　父亲捐款冯协校友家人

冯协校友是郑州升达经贸管理学院2006级会计学院财务管理2班的学生,1987年出生,2010年9月任特岗教师,被分到河南省桐柏县程湾乡中心小学任教,并担任五年级班主任,然而她仅仅工作18天,便失去了年轻的生命。

到校任教后,由于冯协所教的班级学生多为留守儿童,许多学生功课较差,于是,她想利用周末家访的机会多多接触学生。2011年9月17日周五下午,她与几位学生一同回家,当他们走到一条名叫"十里河"的地方,班里的一位叫陈斌的男生到河边洗脚,一不小心跌入河中。冯协突然间听到一声救命的呼喊,看到自己的学生在河里挣扎,她没有多想,立刻跳进河里营救,陈斌被推到岸边得救了。而不怎么会水的冯协因体力不支沉入水中,孩子们大声呼喊老师,当乡亲们赶来把冯协救上岸时,她已经停止了呼吸。

冯协的英勇事迹经新华网、大河网、《大河报》等媒体宣传后,我校升达网在第一时间,即9月21日上午十时四十七分将此消息转载,全院师生读到冯协的事迹后备受感动,热切关注,并深切悼念我们身边的这位英雄。

21日上午,崔校长在第一会议室召开由校领导、学务处、会计学院等有关部门人员参加的专门会议,听取介绍冯协的感人事迹,了解冯协在校情况。与会人员认为:冯协是一位好学生,是教育战线上的一位好教师,是父母的好女儿,是一位优秀的八零后,她的英勇行为,是我校素质教育结出的硕果。

学习冯协精神
争做礼会栋梁
王广亚 崔 二〇一一年九月

21日上午接近中午,崔慕岳校长给正在台湾的父亲汇报此事,他谈了两个情况,一是冯协营救落水学生献出年轻生命的大致经过,二是冯协的家人在她出事后,试图找当地教育部门申请帮助,暂时还未得到明确的答复。父亲听后,对这位从升达学院走出来的冯协同学的行为感到骄傲和自豪,并表示对冯协的深切哀悼,表示对冯协的父母给予安抚慰问,父亲当即对崔校长说,以我个人名义向冯协家人捐款10万元。后来,父亲又亲笔为冯协题词"学习冯协精神,争做

冯协(1987-2011)生前照片

社会栋梁"。号召升达学子向冯协学习,人人争做优秀人才,为社会多做贡献。

21日下午,学校派两位同仁赴南阳前去慰问,将父亲捐献的10万元交到冯协家人手中。冯父哭诉道:"升达学院培养我女儿成才,她不幸离去,学校又给予我们厚恩与安慰,我代表女儿感谢敬爱的创办人,还有升达的师生们……"

2011年12月25日,冯协校友光荣地当选"河南十大教育新闻人物",这也是学校的荣誉,学校的骄傲。2014年9月16日,国家民政部为冯协家人颁发了"烈士证"。当年,河南省新野县人民政府在该县为冯协修建了"烈士墓"。

第六节　关怀升达贫困师生

我的父亲心地善良,他把学生当作自己的孩子,把老师当作自己的亲戚朋友,师生有了困难,他慷慨解囊;师生有了问题,他想方设法解决。

1994年8月15日上午,升达总务处职工赵树森去郑州某厂家了解产品与市场行情,购置炊具,途中不幸被一辆出租车撞倒,严重受伤,随即被送往省人民医院急救。中午时分,父亲得知这一情况后,让我陪同他老人家急忙驱车赶往医院,慰问赵树森,询问伤情,并当场送上1000元现金表示关怀,还联系请求医方精心疗伤,安排学校精心护理。赵树森及其家属被父亲的关爱深深感动。

1994年11月中旬,郑州突遭寒风袭击,气温骤然下降了十几摄氏度。我的父亲得知气温要下降的消息,了解部分家境贫寒的学生,还没有棉被、棉褥,若是受冻感冒,就会影响学习,遂从台北发来电传,要求学校尽快解决学生的御寒被褥问题。接电传后,校领导火速办理,免费向偏远地区的贫困学生发放御寒棉被,每个班级5套(10件),全校共计80套(160件)发到了学生手中。

　　1995年5月一天,父亲在校园巡视,碰到一位年近半百的老职工,他叫刘传祥,豫东人,原是建校施工队的临时工,工程结束后,他要求留下为升达学院服务,被聘为实习楼的楼管员,工作责任心很强。其父母早已过世,家境贫困,一直没有成家,孤独一人生活。交谈中,父亲了解到天热了,他的宿舍还没有蚊帐,当即从口袋里掏出一百元送给刘师傅,让他去买蚊帐和防暑物品。从此之后,父亲就一直惦记着这位老职工,有时间就到实习楼去看望他,给他送衣物、送食品,刘师傅感动得热泪盈眶。

　　升达学院创建初期,首届学生中有部分学生家居偏远农村,家庭生活困难,不但交不起学费,连日常的生活费也有困难,严重地影响了这些学生的学习情绪,有的同学甚至有退学的念头。我的父亲了解到这些情况后,心中很焦急,他不忍心让任何一位学生因家境贫困而失去求学的机会。回到台北,他就组织发动育达高职的教职工伸手相助。父亲说:"大陆和台湾不可分割,两岸人民是骨肉同胞,台北育达

父亲为贫困学生赠送棉衣

高职和郑州升达学院又是姊妹学校,血脉相连,心心相通,我们应该互相关心,互相帮助。"很快,育达高职在育达福利基金会的帮助下,自愿组织成立了"育达支持升达贫困学生认助金筹募委员会",广大师生纷纷解囊捐款,从1995年3月至1996年上半年,育达高职共资助贫寒学子人民币167252元。这些钱全部发放到升达贫困学生的手中。1998年上半年,台湾育达校友一次捐款人民币10万元整。

　　2012年冬天,天气比往年冷得多。12月11日,学校落实我父亲的指示,举行了创办人"播撒爱心　温暖学生"活动棉衣发放仪式。这次活动,我父亲出资10万元人民币,为家境贫困的164名学生捐赠优质品牌的羽绒衣。在棉衣发放仪式上,受助学生代表、文法学院2010级学生王利平万分激动地发言。她说,敬爱的创办人,感谢您在这寒冷的冬季为我们这群贫穷但求学理想坚定的孩子增添一件棉衣,给我们一份暖暖的感动。这不仅仅是一件棉衣,这是一颗滚烫的爱心。困苦的生活,因为有您,我们变得坚强;艰难的岁月,因为有您,我们变得勇敢;寒冷的冬季,因为有您,我们不再寒冷;未知的明天,因为有您,我们变得自信。谢谢您,我可亲可爱的广亚爷爷!受助同学还表示决心刻苦学习,将来报答升达,报效社会。

　　从2012年开始,升达学院每年入冬时节,都举办"创办人播撒爱心、温暖学生"活动棉衣发放仪式。

第七节　父亲与袖珍姑娘王志锋

　　提起升达学生、升达校友王志锋,大家可能不会相信,她是一个身高只有一米二的女生,人们称其为袖珍姑娘。然而,就是这样一位学生却与我的父亲结下了深厚的师生情谊。

　　作为一位教育事业家,应当有宽广的胸襟和仁者的情怀,我的父亲,正是这样。他生前经常告诫我们，要时刻谨记为国家培育有用之人才,注重教育公平,对社会弱势群体要给予关心、呵护、帮助,要为残疾青年能够接受良好的教育贡献自己的一份力量。

王志锋家住河南省禹州市古城镇古城村,1975年出生，1994年她高中毕业,报考理工专业,高考分数是574分，竟由于身高原因,没有一所院校愿意接收她。她心有不甘,又回到母校复读一年。

父亲与王志锋同学合影

1995年她高考总分达到565分的本科分数线。她的父母更害怕女儿再次受到伤害，东奔西走为女儿寻找学校。他们通过熟人专程来到龙湖,向学校介绍了王志锋的基本情况,诉说了女儿求学的渴望心情,表达了王志锋求学的热切愿望。

我的父亲在听到负责招生工作的教务长的汇报后，被这位身体发育有缺陷但聪明好学的女孩的进取精神深深打动，直接指示教务处录取这名考生。1995年9月5日,王志锋如愿接到了升达经贸管理学院的录取通知书,成为升达1995级会计学院专科学生。

新生报到的第一天,王志锋在父母的陪伴下来到了升达。她们办完入学手续之后,径直来到行政办公大楼,走进我父亲的办公室,一进门就跪下给父亲重重地磕了一个响头。父亲当时非常震惊,急忙上前扶起她,说:"孩子,你是中华人民共和国的公民,有权利读大学,要好好学习,为父母争光,为升达争光,为家乡争光,为祖国争光。"王志锋当时激动得直抹眼泪。父亲的关心和鼓励成为王志锋在升达学习的巨大动力。

王志锋在校学习期间，父亲曾在百忙中抽出时间接待王志锋和她的父母。令升达师生更为感动的是，1997年年末之后，父亲多次从台北与她有书信来往，表示对这位特殊学生的关心。

王志锋在升达大学这个温暖的大家庭里，刻苦学习，多次获得"成绩优秀奖学金"，河南以至全国二十多家报纸对她进行报道。毕业前夕，经学校就业处推荐，她被郑州丹尼斯公司和郑州红高粱快餐店争相录用，最后郑州丹尼斯捷足先登。我的父亲在台北得到这个消息，甚感兴奋，即刻给学校发来传真："获悉'袖珍姑娘'王志锋同学……的消息，真是既感动，又欢喜。王同学克服了先天的缺憾，淬励奋发，取得优异的成绩，不仅让她步向光明的坦途，也散发出人类生命尊严的万丈光辉"。1997年6月26日的毕业典礼上，父亲以创办人的名义为王志锋颁发了特别奖。

2011年5月8日，升达学院召开转设独立挂牌庆典大会，父亲特邀王志锋前来参加活动，回到母校，王志锋心情非常激动，又感到无比幸福。之后，王志锋成为丹尼斯公司的业务骨干和财务部门的主管。她说："我的成绩，我的前途都是创办人王广亚爷爷和升达给我的。"

2013年11月1日，升达学院二十周年校庆，王志锋发来贺信，祝福母校桃李芬芳，祝愿创办人健康长寿。

第八节　父亲激励艺术学院包韧同学

包韧是郑州升达经贸管理学院艺术学院2008级美术专业的学生。2011年10月10日，为庆祝升达十八周年校庆，感恩母校四年的培育之恩，包韧同学利用暑假和课余时间，经过三个多月的准备，在学校艺术楼举办了"迎校庆——包韧个人艺术作品展"。

包韧同学的个人美展开展后,学校许多师生,尤其是艺术学院的学生前去观赏,产生了较大影响,学校的《校报》也报道了这个消息。10月31日上午,父亲来学校视察工作,崔慕岳校长向父亲汇报了这个情况。随后,父亲便在崔校长等人的陪同下,来到艺术大楼包韧个人艺术作品展室。

包韧展览作品内容丰富,涉及书法、国画、速写、篆刻、立构等作品。在艺术学院领导的介绍后,父亲认真听取了包韧同学对每件艺术作品的详细讲解,对包韧的艺术作品给予了充分肯定与较高评价。当了解到包韧同学自幼学习书法、绘画,多年来克服家庭贫困等种种困难,一直坚持艺术学习和艺术创作时,父亲对包韧同学这种坚忍不拔的学习精神给予高度赞赏。他说:"我就喜欢这样的学生,只要刻苦努力,坚持下去,包韧在艺术道路上会有前途的。"然后,父亲对身边的艺术学院领导说,我要资助包韧同学10000元,作为对他的奖励。

两三天后,父亲把包韧同学请到他的办公室,与他亲切交谈后,把10000元现金亲自交到包韧同学手中。为了感谢父亲对他的关怀,包韧赠送给父亲三枚寿山石印章。当父亲看到"王广亚印""勤俭朴实、自力更生""爱国爱校、宁静好学、礼让整洁"的印品后,非常开心,非常欣慰地笑了。

当天中午,父亲请包韧与他共进午餐。吃饭的时候,餐桌上摆放的都是些地地道道的

父亲给包韧同学发奖金

家乡菜,虽然并不丰盛,但包韧却觉得意义非凡。席间,父亲多次给包韧夹菜,不停地询问他在学校学习、生活情况,学习有压力没有,什么时候毕业,以后有什么打算……

包韧同学在随后给我的父亲的感谢信中写道:"每当想起那个场景,眼眶都有些湿润,作为一名普普通通的升达学子,创办人对学生的百般关爱和照顾,是令我最感动的。"包韧同学在信中表示"我将用母校给我的品德、知识和能力,奋斗一生;我要做一颗苦难磨砺而成的珍珠,放到哪里就在那里闪光。"

第九节 "一捧花生"的佳话

父亲是一个很重情义的人,别人对他的帮助,对他的恩情,他总是一直记在心里,念念不忘。他常常教育我们,你帮助别人、对别人的好,可以忘掉,但是,朋友对你的帮助,对你的恩情,你一定要铭记于心。父亲不仅是说说而已,也是这样做的。"一把花生的故事"至今在

乔桂枝给父亲送花生时留影

升达学院仍是佳话。

1993年中秋期间,升达正值草创时期,放眼望去,圈划的校址上,一片荒野,到处是坑坑洼洼,根本不是现在的壮观模样。我的父亲常常四处巡视,勘探地形地貌,为升达的建设寻找每一个可以利用、可以修建的地段。一天,父亲和升达筹建处的两位工作人员,乘坐一辆白色面包车在校园内巡查。面包车缓缓行驶至校园南边的一块台地(一片单独而平整的土地,即现在学院的第二招待所和南浴池的地方)边时,一位三十六七岁的妇女正在地里埋头收刨花生。父亲一行下车,想考察一下这一片土地在这个方位上以后作何用场,便沿着土坡向台地方向走去。这位农妇看到父亲一行人走来,并不知道来人是谁、是干啥的,只是按照当地老百姓的习惯,非常热情地捧起一捧花生让他们尝尝:"大爷,吃花生吧,刚刨出的鲜花生,快接着,快接着!"农妇的真诚实意与热情举动,让父亲怎么推辞都不行。后来,为了不负这位善良农民的好意,他就接受了。随行的工作人员当即为父亲和这位农妇拍了张照片。

这位农妇叫乔桂枝,是龙湖镇小乔村普普通通的农民。照片洗出后,我们把这张照片送给了那位农妇,并告诉她与她合影的就是升达的创办人,乔桂枝甚是高兴。

事后,父亲对这件事念念不忘,常常提起。他说:"龙湖群众多么善良、多么好啊!我们占用了人家的土地,人家不生气,不骂我们,还请我们吃花生。"父亲还说:"虽然那位农妇的名字我不知道,但她的模样,还有这件事都已深深地印刻在我的脑海里。"

2000年春节前夕,父亲从台湾飞来郑州,宴请学校领导和学院主管,参加学校的师生春节团拜会,答谢朋友,突然又想起了乔桂枝,希望能报答她的恩情。父亲让学校同仁找出当年的照片,多方打听,又找到这位已经四十多岁的农妇乔桂枝。当工作人员说明来意,请她去参加升达学院师生的春节团拜会时，乔桂枝激动地说："一把花生值个啥，没想到创办人还记着这件事"。

团拜会上，我与乔桂枝坐在一起，我们以姐妹相称。乔桂枝夸奖我父亲多么慈祥，多么有爱心，并说，我要有这样一位父亲多好啊！她直率地、毫不掩饰地随着我称呼我的父亲。父亲也说，好，就当作是认了一个干女儿。大家在一起欢欢喜喜，喜迎新春。

从2000年起一连三四年，升达学院几乎每年都给乔桂枝发请柬，邀请她来参加我们的春节团拜会，并且安排她作为嘉宾列坐在贵宾席，由主持人向全体同仁介绍她，并在抽奖环节中由她为大家抽奖助兴。会后，我们也邀请她与大家一同聚餐，每年都给她赠送礼品。2011年5月8日，升达学院隆重举行转设为独立的民办普通本科高校庆典活动，父亲提出，专门邀请乔桂枝前来参与这一盛会。父亲与她亲切地交谈，在图书馆前合影留念，并随同我们大家一起加入到餐会中来。

第十节　父亲关心升达校友

父亲对升达校友十分关心、十分看好，他认为，校友，尤其是有成就的校友，是母校的名片、母校的旗帜，是母校的骄傲与自豪。父亲生前在大陆多座大中城市多次会见、宴请升达校友，赞扬他们事业有成，鼓励他们秉承升达精神，在事业上取得更大成就。在父亲的教育理念和办学理念的引导下，从升达学院校门走出来的学生，有的在国家机关工作，有的在国内知名企业成为骨干力量，有的在世界知名学府深造，有的自主创业取得非凡成就。这里，我将几位升达优秀校友介绍给读者。

苗国军　1994级升达会计学院优秀毕业生，历任郑州三全食品

股份有限公司副总裁、杜康控股销售有限公司总经理、好想你枣业股份有限公司总经理，获得2013年度"中国营销金鼎奖"，是中国白酒行业获得该项荣誉的两位营销大佬之一，快消品行业实战营销管理专家。现任1919品牌首席执行官和河南1919董事长。曾主导编辑了《分公司经理手册》《终端管理手册》等工作工具；主导并建立了《数据分析制度》等制度和流程，为公司的高效运营奠定了基础。

沈　立　1994级升达会计学院优秀校友，曾就职于新郑市万隆实业公司、新郑市财政局、郑州航空港区财政局、郑州航空港经济综合实验区（郑州新郑综合保税区）财政局；现任郑州航空港经济综合实验区建设投资（集团）公司党支部书记、董事长，郑州新郑综合保税区仁宏投资有限公司董事长。

李　军　1995级升达会计学院优秀校友，曾任河南省茶叶协会常务副会长兼秘书长、河南省茶叶总公司总经理、河南省豫茶实业股份有限公司董事长。现为河南省第九批援疆干部、河南省青年联合会常委。创办了河南省茶叶协会网站和《茶道中原》杂志，撰写了《电子商务与供销合作事业》等文章20多篇。先后被河南省供销社系统评为先进个人近十次；两次被河南省直工委评为年度优秀共产党员；获"安阳市荣誉市民""安阳市新长征突击手"荣誉称号。

刘永松　1995级升达金贸学院优秀校友，曾就职于丹尼斯百货，现任正弘商业公司总裁。从事零售行业20多年，全面涉足商业地产，规划定位、

市场战略、招商营运等全过程,拥有丰富的管理经验。自1997年起入职郑州丹尼斯百货,从门店基层主管做起,直至负责丹尼斯集团百货全面工作,担任总经理职务,管理丹尼斯百货13家门店,业绩突破100亿/年。2017年11月加入正弘集团,担任正弘商业公司总裁,负责正弘商业公司全面管理工作。

胡玉玮　1996级升达金贸学院优秀校友,牛津大学博士后,2006至2009年,就职总部位于巴黎的全球国际组织——经济合作和发展组织(OECD)金融司,投入和参加诸多国际重大项目。期间,作为OECD中国社保项目负责人,为中国政府在社会保障、养老金和金融改革等方面提供政策咨询。2008年10月,转入经合组织核心部门经济研究司,兼任中国社会科学院、中国政法大学等机构特邀研究员。现任中国人民大学重阳金融研究院宏观研究部副主任、研究员。

马海平　1996级升达优秀毕业生,先后任百度战略拓展总监、品

父亲会见优秀校友

牌市场总监、盛大在线商业发展总经理、CRIC中国房产信息集团副总裁、爱帮网首席运营官等职。业内知名的互联网资深高管、战略专家，互联网营销运营最早从业者，百度BD体系的奠基人之一，百度公关和市场体系"四大金刚"之一。创办一呼(北京)电子商务有限公司，致力于深耕移动医疗和健康领域，已获数千万投资。现任一呼(北京)电子商务有限公司创始人CEO。

　　张高锋　1996级商学院优秀校友，在校期间创办了多个社团组织并任会长。大四创办了管理咨询公司。毕业后，曾就职多家电力设备公司，从事销售及市场开发工作，2002年创办江苏谷峰电力科技有限公司并任董事长；2015年带领谷峰电力成功登陆新三版。产品被列为国家火炬开发计划。担任中国人民大学MBA创业辅导导师，扬州大学大学生创业辅导导师；荣获南京市"新长征突击手""创业新锐人物""江苏省青年创业风云人物"等称号。

　　李　响　1999级升达管理学院优秀校友、紫牛集团董事长、中国人民政治协商河南委员会委员、中国致公党河南省委直属十支部主

委、国家教育部高等教育司2017首批创业导师。曾就职郑州聚丰置业有限公司，历任副总经理、董事长；2003年创办河南满堂红地产经纪有限公司，2006年创办河南福临门置业有限公司，发展至今已成为集小镇运营、地产开发、代理销售、股权投资管理、物业管理、建筑施工、双创运营等多领域为一体的大型多元化集团公司。

　　李新艳　1997级外语学院优秀校友，在校期间，曾任外语系学生会主席。2004年经过外交部严格口试和国家公务员考试，被录用为国

家外交部公务员。2008至2012年在纽约的中国常任联合国代表团工作；2012至2017年回国在外交部任副处长职务；2017年12月至今任联合国秘书长办公室高级协调官。2018年4月，习近平主席在人民大会堂会见联合国秘书长安东尼奥·古特雷斯时，李新艳校友陪同联合国秘书长接受习近平主席接见。

皇甫晓涛　2000级会计学院优秀校友，复旦大学博士后，上海电影集团影视传媒有限公司总裁，皇狮创意集团董事长，资深创意人、投资人，第一财经《梦想下一站》、北京卫视《梦想合伙人》评委与资本导师，曾参与东方卫视《我型我秀》《创智赢家》《舞林大会》等知名节目策划与制作，曾参与青岛啤酒、泸州老窖、海信电器、国窖1573、天猫双十一、德意电器等知名单位的品牌策划与创意，参与投资锅事汇、大锅民、和椒、天香引、嗨皮羊、欣奕护肤等知名企业。

李贤威　2003级商学院优秀校友，深耕人力资源行业，2017中国人力资源服务行业年度十大人物之一，北京人力资源服务行业协会、上海人力资源服务行业副会长，创办的"社保通"获2017至

2018大中华区最具潜力人力资源服务机构大奖。曾就职广州仕邦人力资源有限公司销售总监；创办上海英格玛人力资源有限公司任总经理，现任社宝科技创始人兼CEO。主导并编辑了一系列人力资源外包专业方面系统书籍与课程，包括《中国人力资源外包企业的风险管理》《劳动合同法速成手册》《人力资源外包市场现状与展望》《人力资源外包销售宝典》等。

王　楠　2012级艺术学院优秀校友，现任中国人民解放军第七

十一集团军"王杰班"战士。在校期间，表现突出，成绩优异。毕业后，积极参军入伍，2017年12月13日，中共中央总书记、国家主席、中央军委主席习近平到第七十一集团军视察，接见了"王杰班"的全体战士，期间，与王楠亲切握手并合影留念，2017年12月14日的中央电视台《新闻联播》全程报道了这则新闻。

崔晨晨　2012级会计学院优秀校友，2016年毕业后，于同年9月参军入伍，2018年9月通过全国优秀大学生提干考试，授予武警中尉警衔，2018年12月，授予四级指挥员消防救援衔。现任浙江总队台州市消防救援支队温岭大队万昌中路消防救援站副站长。

入伍以来，崔晨晨校友多次参加灭火救援战斗并立功授奖：2016年11月获得优秀新兵，2017年9月获得优秀义务兵，2018年获得年度嘉奖，2019年8月获得温岭市市政府三等功一次。在2020年浙江"6·13"槽罐车爆炸救援行动中，正在调休中的崔晨晨校友，接到任务放弃调休，第一时间从杭州打车赶赴现场，6月14日凌晨到达现场后，与战友们并肩作战，展开了一场与时间赛跑的救援，于6月15日凌晨2时许，找到最后一名失联人员，共搜救20余名被困人员。

第八章　父亲回馈桑梓的懿行善举

　　"少小离家老大回,乡音无改鬓毛衰。儿童相见不相识,笑问客从何处来。"父亲幼年熟读成诵的贺知章的《回乡偶书》,想不到竟然成为他晚年回乡时的写照。大陆与台湾隔绝了近四十年,岁月在弹指间流水般逝去,父亲离家时正值青春年华,少年壮志不言愁,谁知归来时已是白发两鬓了。悠悠岁月中,父亲思亲念家,魂牵梦萦,无时不在想念家乡的亲人,想念儿时的伙伴,想念故里的山山水水,一草一木。大陆开放后,父亲终于有了回乡探亲的机会,他把几十年对家乡的爱恋之情,恨不得一下子倾诉出来……

第一节　捐资海上桥村建校办学

　　早在1985年,父亲得知家乡村里小学生读书的学堂仍是几间破庙,房顶上长满荒草,有些瓦片已经脱落,庙门破的有一个大洞,窗子上没有玻璃,有的窗子还用砖泥垒堵了半截。父亲听了,难过很久。他想:我在台湾办了几十年教育,盖了那么多美轮美奂的高楼黉舍,而自己家乡的孩子们却还是坐在破陋的房子里,就着泥台木板

父亲捐资重建海上桥小学,该村建一纪念碑

读书。他潜然泪下。为了使家乡的孩子们有一个良好的学习环境,为了使海上桥村多出人才,他捐资建立新学堂,并当即拿出3万元人民币,让我和我的弟弟王长强捎回村里,交给时任村支书王圈,做改建海上桥村小学专用。村里又发动群众集资,将旧日的破庙改建成两排双层教学楼,扩大教学面积360平方米,粉白的墙体,砖砌的围墙,校园内又栽种松柏花草,使海上桥村小学旧貌换新颜,成为一所崭新的农村教育机构。

1990年9月,秋高气爽、瓜果飘香,我的父亲在阔别43年之后,第一次回海上桥村省亲。当来到他捐资改建的村小学时,他看到原来的破庙不见了,两排明亮的校舍令他满意,令他欣慰。此时,他又发现校园内外都还是黄土地面,当即表示再捐资6万元人民币,也由我和我弟弟王长强交给村支书王圈,用作硬化、绿化地面1400平方米。钱没用完,学校又用剩余的钱开建一个操场,把学校的课桌、凳子及门窗全部油漆一新。这期间,父亲还给家乡的小学捐赠图书、广播器材、医疗器材、保温水桶、脚踏风琴等物品;给全村七岁以下的儿童捐赠600套衣服。为铭记父亲给师生创造了一个集中、优雅、舒适、安静的良好教学环境的善举,学校修建一座建校纪念碑,碑文记下了我父在家乡捐资助学的功德。

随着网络时代的到来,2001年暑假前夕,我的父亲为家乡海上桥村小学捐送20台电脑。同年12月21日,父亲又给学校送去31套价值近万元的电脑桌椅。接受物品后,该村村长王二标、校长张春芹给我的父亲送来了锦旗,上书"情系家乡教育,恩德重于泰山",以感谢我父亲对父老乡亲的厚爱以及对家乡教育事业发展的关心和支持。他们表示,一定不负父亲的厚望,为国家和社会培养出更多的优秀人才。

那期间,走进海上桥村,正中间显眼处就是这所崭新的学校。小学校以新的面目显现在人们面前,教室里传来的朗朗读书声,使人们感受到孩子们的天真活泼与幸福可爱。更令人欣慰的是,在父亲的关心与支持下,当时,海上桥村小学毕业生升学考试全镇第一。巩义重点中学二中实验班,海上桥村小学考入17名,占三分之一。二中的老师称赞道,海上桥出来的孩子,个个都是人才。父亲听了甚是兴奋。

第二节　资助海上桥村修路办厂

海上桥村以前非常贫穷,非常闭塞,走出村外全是土路,坑坑洼洼,高低不平,很少有汽车进出。父亲看到,阔别故土多年,家乡已发生了较大变化,但世世代代的村民们,走的依然是羊肠小路。

父亲迈步走过家乡狭窄不平的土路,他一方面感到熟悉,一方面又感到陌生。他幼时不知从这条路上走过多少回,然而他又怀疑,这还是三四十年前他走过的老路吗?他记得,那路上,晴天灰尘飞扬,雨天泥泞难行。如今,依然是这样弯弯的山道,依然是灰蒙蒙的黄土,依然是坑洼不平,世代山居的乡亲们,还是靠一双肩膀挑担运送东西,每到农忙季节,崎岖山道上,洒下农人们多少辛劳的汗水。我和父亲都体验过家乡山路难行的滋味,我还清楚地记得与母亲去外村送信,大雨中滑下山坡摔成泥人的往事。

人们常说,要致富,先修路;道路通,百业兴。但是,山村修路并非易事,村民们已经

海上桥村给父亲的感谢信

酝酿数年，终因无钱而作罢。父亲看出了这一点，以一颗爱乡爱民的赤子之心，把帮助乡亲们实现愿望当作自己报答家乡养育之恩的机会。他慷慨解囊，于1991年捐资40万元人民币为乡亲们修路。消息传出，全村沸腾了，许多老年

父亲出资修建通往海上桥村的公路

人的脸上挂着泪花，年轻人的脸上堆满笑容，大家奔走相告，像过年过节一样高兴。这40万元现款，也都是经我汇寄到海上桥村的。随后，经过一年多的努力，海上桥村村中的4条道路5000多米全部修成了柏油路。主路从站大公路7公里处经村学校向巩义市区方向分出3条支道，由8公里处修至村中，公路不仅贯通了全村，还与三一〇国道相连接，而且能通往高处岭头的地头。路两边还修了排水沟道，以延长公路的使用寿命。昔日山间的陡坡小道如今变成了能开汽车的大道。偏僻的小山村一下子有了城市的味道。汽车可以一直开到村民的家门前，坐上汽车可以直通山外的大千世界，就是下地劳动也可骑上自行车，沿着平整的路面直达地头，再不用愁下雨天泥泞路滑，再不用吃肩挑背扛的苦楚了。公路通了，村委会为此把一条主路命名为"思源路"，并建一尊"思源路纪念碑"，上书"功德传桑梓，风范育后人"，详细记述了我父捐资修路的事迹，感恩父亲赤子捐助情义深。

2002年父亲又捐资10万元人民币，在原来的土路基础上，将海上桥村向西走出山沟通往铁匠炉4000米的道路，修成了6米宽平平整整的柏油路。

20世纪90年代，海上桥村干部们多次与我父亲联系，希望我父

能为家乡办厂投资,我父亲在台湾多次召集育达杰出校友,先后有数十人之多,数次赴郑州考察。有一次,他亲自带领校友们到海上桥村,经过详细考察,父亲要求校友们为我们家乡人解脱贫困出谋献策,考虑合适的项目投资开办企业。其中有位名叫林清森的,夫妇二人都是育达校友,他根据海上桥的人力和地理条件,说他的实业在这里投资比较合适。后来经过我和弟弟王长强多次奔走,沟通协调,终于谈妥签约,建立了"郑州海上桥台圳木业有限公司",外方投资80万元,占40%;海上桥村出资120万元,占60%,共是200万元股金,主要生产木质地板。父亲和林清森校友还答应为该厂产品在国外打通销路。

公司成立后,因林先生一时经济不太宽余之故,我父亲即命我和长强拿出一些钱来投资入股,我们也没有那么多钱,父亲就又设法筹集,一定要使已签约答应的80万元现金兑现到位。公司厂房就建在村子正中,当时,规模在家乡山村是空前的。

在此之前,父亲还为"海上桥耐火材料厂"投资10万元,扶植起这家工厂,并积极为产品联系销路。父亲为家乡做了他能做的一切,他的功德刻在了海上桥人的心里。

第三节　捐资兴建升达艺术馆

我的父亲捐资最多的一个项目、捐建最大的一项工程,要数"升达艺术馆"了。

升达艺术馆原名"刘延涛艺术馆",曾改名商都艺术馆,位于郑州市城东路113号,紫荆山公园东面,占地23亩,建筑面积4700平方米,有展厅8个,展厅面积1900平方米。该馆可同时举办各类大中型展览活动,是省会郑州地位优越、知名度较高的一个文化艺术场所。

　　说到捐资兴建升达艺术馆，还得从20多年前谈起。改革开放后的1990年秋，父亲回大陆探亲。在考察办学之时，受到时为郑州市市长张世英的接见。交谈中，父亲因酷爱书画，便询问张世英市长，郑州有没有一个可供书法、绘画等文化艺术界人士活动的场所？张市长回答没有。我父亲便提出愿出资无偿为郑州建造一所艺术馆，张市长非常高兴，当即答应提供建设用地，两人一拍即合。

　　父亲是一个真诚守信、掷地有声的教育事业家，决定了的事情立即着手去办。大概是1991年初，父亲便将建造艺术馆的资金60万美元汇至郑州市人民政府财政局。然后，又约请台湾著名设计师，仿照台湾"国父孙中山纪念馆"的建筑风格设计艺术馆，后将图纸交予郑州市人民政府有关人员，只等开工兴建。

　　由于说不清道不明的原因，该项目一拖再拖，直到1996年6月18日才动工兴建。艺术馆最初命名为"刘延涛艺术馆"。这是按出资人——我的父亲之意命名的。父亲在台草创教育机构时，困难重重，举步维艰，曾得到当时在台湾国民政府行政院谋职的刘延涛先生在道义上的鼓励与鼎力相助，最终事业有成。父亲饮水思源，久怀感恩回馈之心，但刘先生清风两袖，始终分文不取。故决定在家乡为刘延涛先生建一艺术馆，以使刘先生的书画艺术得以保存和发扬，促进两岸文化交流，并深表对刘延涛先生的无限感怀与知遇之恩。

　　刘延涛艺术馆的修建只用4个月的时间，于1996年10月18日竣工并很快投入使用。我和父亲还参加了落成典礼。父亲甚是兴

父亲在开馆仪式上讲话

奋，在典礼仪式上发表了
热情洋溢的讲话。艺术馆
楼体波形飞檐，不同色彩
的陶瓷釉面，错落有致的
楼层，古朴典雅，精巧别
致，格外壮观，坐落在新开
辟的城东路上，成为一道
亮丽的风景。1999年2月，

升达艺术馆竣工开馆

郑州市文化局将"刘延涛艺术馆"更名为"升达艺术馆"。更名原因是：
省台办提出，国内不允许以私人的名字命名楼舍和公共场所。这时，
政府与父亲协商改为"升达艺术馆"。

升达艺术馆的建成，为提升郑州市文化的素质，为促进海峡两岸
的文化交流都将起到较大的促进作用。为此，郑州台商协会会长、郑
州丹尼斯老总王任生先生出资在艺术馆内修一"纪念亭碑"，介绍艺
术馆的修建过程，记录父亲修建艺术馆的功绩。我的父亲又将自己
多年保存的以及刘延涛先生保存的名家书画（包括刘延涛先生本人
的书画），无偿捐给该艺术馆，以增加艺术馆的厚重与影响。

第四节　捐资建造巩义二中钟塔

巩义市第二高级中学是河南省二十四所重点高中之一，在巩义、
郑州甚至河南省都很有名气。学校位于县城的西北角，北临洛水，南
望嵩岳，是一所环境优美，读书风气浓郁的学府。那是我中学时代读
书的母校，学校里良好的校风曾给我留下深刻的印象，许多老师和同
窗好友使我久久难忘。几十年来，我无论走到哪里，都对母校怀着深
深的思念之情，时常关注着有关母校的发展，每当听到令人振奋的消

息,我都会激动不已。然而,20世纪60年代至80年代,我身在遥远的新疆,整日为一家衣食焦虑,哪有时间看到母校!居住香港后,我也时常想起母校,渴望有朝一日能回家乡,再到母校看上一看。

机会终于来了,愿望终于实现了。那是1990年秋季的一天下午,父亲第一次回大陆探亲,我和父亲在时任巩县(现巩义市)副县长王香典陪同下,到了巩义二中。校园里,盛开的鲜花向我微笑,重重的绿树向我招手,我见到了当年教过我的几位老师和在校工作的校友。阔别三十一年,我又回到了母校的怀抱,备感亲切和激动。

巩义二中校园的面貌已经大大变样。旧时的许多平房已经被新的楼房所代替,高三层的教学大楼里,学生在安静地上课,依然保持着良好的校风,一切整齐而有规律。我和父亲看到校舍整洁,环境清幽,是理想的读书环境,又了解到学校生源众多、升学成绩优良,有较好的社会信誉,甚是感动。我这位香港回来的校友,该对母校有点什么表示呢?

父亲似乎看出了我的心思,他这位热心教育的长辈,视故乡的学子如同自己的儿女一样。"幼吾幼以及人之幼",父亲便把对育达学子的爱心,扩展到故乡学子的身上。为了表达他对巩义市教育的支持,当天,他在巩县县政府招待我们的晚宴上,当即表示,由他捐资,在他女儿的母校——巩义二中校园里建立一座钟塔,以勉励学生爱惜光阴,珍惜时间,发奋读书,同时也表达我们父女对培育我三年的母校的感佩之情。

巩义二中钟塔

此举在巩义二中引起强烈反响。师生们谈论:台湾著名教育家王广亚是我们巩县人,他在台湾创办的育达学校久负盛名,如今在二中建钟塔意非凡,真乃造福当今,泽及后人。

巩义二中的领导经过较长时间的认真筹划,决定在进入校门约30米的十字路口处,将一座圆形花坛移往他处,在原址上建立钟塔。经过预算,需人民币9万元,后来又增到13万元。原设计方案拿出后,我父亲对古庙钟楼的旧式样不太满意,他对钟塔的造型有着自己独特的构思,专门请人设计了一种螺旋式上升的式样。按新设计的图纸施工,于1991年9月初举行了剪彩典礼。钟塔以高耸的雄姿出现在二中校园里。

这座钟塔高20米,通体粘贴白瓷片。圆形的基座用汉白玉铺砌,上面竖立着一块白色大理石石碑,碑上镌刻着我父亲亲笔题写的"顶天立地,继往开来。四育均衡,天下第一"16个遒劲有力的大字。顺着旋转阶梯拾级而上,塔顶上有四面大钟,顶端有尖尖的避雷装置。站在塔顶,二中校园景色尽收眼底。

第五节　捐资白马寺镌刻"四十二章经"碑

父亲知识渊博,兴趣广泛。他对历史文物,对佛教文化十分喜爱。1990年9月回河南,我陪同父亲参观了向往已久的白马寺。

我父亲参观白马寺那天,当地官员陪同前往的人不少。父亲观看了寺内每一座殿堂,仔细研读了一些重要的碑刻,并询问了陪同的人员和寺院住持。父亲惊喜白马寺保存着这么多有价值的历史文物。看完大雄宝殿后,住持将我父亲引至佛像背后,指着墙壁上嵌着的一排碑刻,介绍说:"这是国宝级文物,是当年摄摩胜和竺法兰二位高僧翻译的'四十二章经'"。我父亲凑近前去,很吃力地看了看,说:"太珍贵了。但放置在这很不显眼的地方,光线又很弱,使它失去了国宝的价值。"为了弘扬中华文化,使佛教瑰宝流传后世,父亲建议将这"四十二章经"重新用石碑镌刻出来,放置在院子里显明之处,盖个碑亭,让它重见天日,让这样珍贵的国宝,供更多的人观赏研究。当地陪同的官员多为统战人士,他们和寺院住持都说我父亲这个主意很好,但他们又面露难色。我父亲觉察到了,当即询问:"刻成一块碑需要多少钱?"住持说:"大约有5000元足可以了。"父亲又问"四十二章经"刻出来需几块石碑,回答说需刻四块。我父亲表示:"这两万元我拿出来,你们要请人把碑刻好,字要清晰醒目,要找最好的刻碑工匠。"后来经过了几番周折,我父亲实际上共捐赠出35000元人民币,使白马寺最早的"四十二章经"终于走下大友宝殿昏暗的墙壁,来到了灿烂夺目的阳光之下。刻毕之后,白马寺方丈释海法师于1991年4月在寺内立碑。碑文书:台北育达商职校创办人兼校长王广亚虔献"佛说四十二章经"。

大约经过一年之后,传来了一则令人十分惊奇的消息。有人告诉我们:一天,外地有位高僧来白马寺,进入山门不远,入眼就看到我父捐资镌刻的"四十二章经"碑文,心中十分高兴。当他去瞻仰拜谒摄摩胜和竺法兰二僧的坟墓时,透过墓冢看到二位高僧站在墓穴中,头顶上佛光闪耀。二僧神态安详,面带笑容,庆幸他们的译作得见天日光辉,感谢我父善为保

捐资白马寺篆刻"四十二章经碑"

存佛教经典的功德。

父亲的善行竟能感动久埋地下的两位印度高僧,真是不可思议,这件事可能有附会的成分,但也给人留下一点发人深思的韵味。

第六节　捐资修建海上桥村文化广场

改革开放之后,人民群众的生活都得到了很大的提高。我的家乡——巩义市大峪沟镇海上桥村乡亲们的生活也得到了很大的改

捐资兴建的海上桥村文化广场建筑

善。父亲说,光吃饱穿暖不行,要提高生活品位,要美化家乡。为了提高村民的文化素养,改善村民的文化娱乐生活条件,回馈桑梓,感恩家乡,2008年前后,父亲一心想给家乡海上桥村村民修建一个文化活动场所。

这个文化活动场所,父亲原先打算建在自己家的老宅老院。可是,我们家的老宅老院早在20世纪50年代就被本村四五户村民分走居住。父亲向村干部建议,自己愿意出资为这四五户村民在村里重建面积相等或更大一点的新房,请他们腾出我家的老宅老院,以建海上桥村文化活动场所。这四五户村民开始同意,但是,后来要求条件太高,村干部几经交涉都没有达成协议,父亲只好放弃原有的打算。最后,村委会决定在村南面规划一片土地,来由父亲捐建海上桥村文

化活动场所。

2009年前后,父亲共捐资近200万元人民币,在海上桥村开始动工修建文化广场与文化大院,并于2010年6月竣工。广场内设有大戏台、卫生室、展览室、王氏宗祠、篮球场、娱乐室等建筑。广场总面积6000平方米,建筑面积1400平方米,绿化面积1000平方米,广场硬化地面面积3600平方米。广场的兴建为村民学习、娱乐、健身、开展文化活动、防治疾病等提供了一个良好的场所,备受当地政府与广大村民的热情赞誉与诚挚感谢。

2010年6月8日,由我父亲捐资家乡巩义市大峪沟镇海上桥村兴建的文化广场落成仪式在该村隆重举行。郑州市委常委、巩义市委书记李公乐,父亲与夫人王蔡秀鸾,来自韩国、泰国和我国台湾地区的100多位嘉宾出席仪式。我和升达学院、郑州商学院的领导王育文、崔慕岳、张平之、张金安、赵亚宏等以及两个学校的师生代表与当地村镇居民约1500人参加了落成仪式。

是日上午,在隆重的落成仪式上,父亲请郑州商学院院长张平之代他宣读书面讲话,字里行间流淌出对家乡的热爱与深情。仪式上,还举行了颇具地方特色的民俗民风文化活动,当地名家登场献艺,有舞狮、武术、盘鼓、腰鼓表演,还有豫剧、舞蹈、歌曲、唢呐等演出,一派火红场面。

现在,文化广场与文化大院在海上桥村社会主义新农村村民的文化建设与文化娱乐活动中,发挥了巨大的作用。许多文化体育活动都在这里举行,是大峪沟镇和巩义市农村文化的一个亮点。

第七节　慷慨解囊　时时想着乡亲

父亲胸怀宽广,心地善良,乐善好施,乐于助人。在我和我的家人看来,在乡亲们看来,他年年月月都在做好事,做善事,可以说做好事、做善事伴随着他的一生。听到、看到周围的同事家境贫寒,他慷慨解囊;遇到天灾人祸,他主动捐款捐物,帮助灾民渡过难关……我不评价父亲的思想有多么高尚,我只感到这是他的人生价值取向,是他的做人准则,是他的人生信仰。父亲为什么这样做呢?他在《广亚锦言拾粹》一书中给出了答案:为自身谋则患,为天下谋则福。他说:"为天下谋而不为自身谋,这是我人生最大的快乐。"

从1998年起,父亲曾数次委托我和弟弟王长强在春节期间到家乡里为村民发放年货,让乡亲们有吃有喝欢欢喜喜过新年。一次,他拿出102000元,按人头为全村每人购两斤猪肉,还专门给村里的困难户、五保户、低保户发放食油、大米等食品。

父亲不仅想让海上桥村富起来,让父老乡亲们过上幸福的生活,还很想把家乡建设得像一些旅游景点一样美丽漂亮。早年,他在家乡时经常到村南面的青狮山玩耍。这座青狮山,虽然不是很高,但由于那时没有山路,很难攀爬。于是,在2005年前后,他捐资90万元,委托侄子王长强由郑州商学院发包,修筑村南面通往青狮山的登山阶梯,并在山顶修建了"观景亭"。这不仅方便了村民登山游玩,锻炼身体,而且还为村里增添一处景观。村民们说,王老爷子为村里乡亲们想得可真周到。

社会上都在提倡关心老人、尊敬老人的新风。2008年春节,我父亲了解到,家乡海上桥村有不少年逾古稀的老人家庭生活仍很清贫,就让我以他的名义,为村里100多位70岁以上的老人每人发40斤

父亲和海上桥村村民在一起

大米,1桶食用油。虽然东西不多,但礼轻情意重,许多老人拿到食品,感动得热泪盈眶。

2011年春夏之交,全国许多地方都遭受数十年不遇的旱灾,河南也在其中。得知这个信息,父亲最

为儿童捐赠童装

先想到的就是家乡巩义海上桥村的乡亲们。他委托我向村里捐资打机井,以解决村民吃水问题。之后,这个工程很快完工,机井深404米,每小时出水23吨。除建有井泵1台,井房1座,还在全村建有5个蓄水池,又铺设管道,将机井抽出的地下清水通组通户,不仅满足了全村2600口人饮水需求,还可以用来浇灌农田。以前,每逢干旱季节,村民吃水要到数公里以外的地方去拉。如果买水吃,1车水3吨需要50元钱。现在,用1吨水只花3元钱。村民们都说,我父亲又为村里办了一件大好事。

2012年清明节前的3月22日,我陪同父亲回海上桥看望乡亲,顺便上坟祭祖。父亲在故乡有许多亲朋、故友,我们到达村里后,乡亲们从四面八方涌来欢迎他。有的给父亲带来小米、红薯;有的给父亲带来绿豆、芝麻;有的给父亲带来了鲜鸡蛋和刚从地里挖的野菜,说让父亲尝尝鲜,我父亲一一表示感谢。他说:"我是喝家乡水、吃家乡饭长大的,给乡亲们办实事,是我的心愿,是我对社会、对家乡的感恩与回馈。大家能理解我的心意,我也就满足了。"

第八节　关心支持河南诸多学校建设发展

我的父亲一生从事教育事业67年,他对教育可谓情有独钟。自

从1985年,他与家乡取得联系在郑州办学近30年中,郑州的民办教育事业及许多中小学的建设发展,凡有机会他就给予关心,给予资助。

1985年和1990年,他两次分别捐资9万元人民币,对家乡海上桥村小学进行改造、扩建;1990年为巩义二中建一座钟塔,上几节已作介绍,这里不再复述。

1995年4月,我的父亲创办的升达学院,在省会郑州产生了不小的影响,河南省民办教育协会邀请父亲参加会议并出任协会领导。父亲欣然参加了协会会议,并与协会成员合影留念。但是,父亲说年事已高,婉言谢绝了担任协会领导的请求,只同意担任河南省民办高等教育协会名誉会长职务。

1996年,父亲在郑州大学设立"广亚奖学金",颁赠给学业优秀的学生,每年50人,每名1000元。同年,父亲在开封黄河水利学校设立"广亚奖学金",颁赠给学业优秀的学生,每年10人,每名1000元。

1996年之后,我的父亲在创办的升达学院驻地——新郑市龙湖镇中学设立奖学金,每年拿出10000元人民币奖励优秀学生,成为龙湖中学学生发奋读书的动力和学校的办学特色。每年的6月,一个学年结束时,龙湖中学就在升达学院的大礼堂——思源会馆举行表彰大会,学校用"王广亚基金"向学生颁发荣誉证书与奖品,师生欢欢喜喜,场面隆重热烈。我经常代表父亲去会场为优秀学生颁奖。我在会上听到老师的讲话,学生代表的发言,

父亲担任河南省首届民办教育协会名誉董事长

父亲参加寇家湾小学改造竣工典礼

无不感谢父亲对他们的鼓励和支持。

2000年，我的父亲经巩义市芝田镇寇家湾村村委会主任赵宏修的穿针引线，与失去联系50年的同乡、中小学同学、好朋友齐应晓老师在升达学院相见了。父亲欣喜万分，对赵主任不胜感激。与赵主任交谈时，父亲得知赵主任所在的村小学教室年久失修，孩子们在危房中上课，赵主任正东奔西走筹集资金改造本村小学，我的父亲当即表示为其解决燃眉之急。随后，父亲与自己的好朋友台湾台中市鼎泰营建机构总经理施鹏贤先生联系，由施总所在的董事会捐款1.2万美元，用于寇家湾小学校舍改造。经过运作筹划，我的父亲派建造升达学院的施工队前来寇家湾小学施工。至2002年夏，先后完成教室、操场、球场、围墙、大门、校前马路等工程的改造，寇家湾小学的校舍与校园环境焕然一新。2002年6月，我陪同父亲及施鹏贤先生前去参加改造工程竣工仪式，并为学校改造工程顺利完工剪彩。

2009年，父亲前去当年就读过的南阳市西峡县二中故地重游。父亲告诉我，当年正值抗日战争时期，郑州、洛阳、开封等地常遭受日本帝国主义飞机轰炸与日本兵的侵害，无法上课，许多学校都迁到离铁道线偏远的南阳山区。父亲在西峡就读有半年时间，但对这里留下了深刻印象。参观时，受到当地政府与学校领导老师的热烈欢迎。看到如今的西峡二中旧貌换新颜，建设发展得很有起色，父亲当即表示，为学校建造一座"感恩亭",如今,"感恩亭"坐落在西峡二中的校园内,成了学校一处亮丽的景点。

我父亲对文化教育事业的资助、支持不仅仅限于河南,1998年10月,他以郑州大学升达经贸管理学院的名义,同中国太平洋经济合作全国人力资源开发委员会合作,在北京共同举办了"跨世纪企业领导培训会"。该培训会在北京、在大陆、在海峡两岸产生了广泛影响。

第九节　乐善好施　支援灾区

我的父亲心地善良,他在台湾时的情况我不太了解,但在我跟随他的近三十年时间里,他多次支援灾区,心系灾民,无私捐款,捐赠物资。

1991年7月,父亲第二次回大陆探亲,其间,我国华东华中地区遭受百年不遇的特大洪水灾害,全国各地政府机关、企事业单位,社会团体及人民群众都在为灾区捐款捐物。看到这个情景,父亲深受感染,慷慨解囊,为灾区同胞捐资100万元新台币。

1996年2月5日,我国云南丽江地区发生了较强烈的7级以上地震。当地的人民群众遭受到了巨大损失,许多灾民无家可归,受伤的灾民急需疗伤,急需救灾物资,急需重建家园。在全国人民伸出援助之手捐款捐物支援灾区之时,我父亲也不怠慢。2月6日上午,他在台湾育达高职主管工作会议上,当场宣布捐款50万元新台币,并把这笔款项随即送到台北一家最大的新闻媒体。这家报社2月8日出版的报纸第五版"聚焦生活"版,刊发了父亲捐款时的彩色新闻图片,该款项由这家台湾媒体转送给了云南灾区。

1998年夏末秋初,连续两天暴雨,使豫北台前县等地遭受严重的水涝灾害。为了使灾区人民群众少受苦难,尽快重建家园,父亲带领升达师生踊跃向台前灾区群众捐款。师生捐款21300元，创办人捐款78700元，全校共捐款10万元人民币。当时，连续的阴雨天使气温骤降，北方的天气已有寒意袭来，为了解决灾区群众的实际困难，我与父亲商量，用这笔捐款购置了1666件军用棉大衣送到灾区。父亲非常赞同，并叮嘱我们："一定要买质量好的"。

创办人向灾区捐款20万元

5月15日，创办人王广亚博士闻讯四川汶川发生特大地震灾害后，心情十分沉痛，关切之余，立即通过新郑市慈善协会，在龙湖镇政府组织的捐款仪式上，向灾区捐款20万元，以表心意，并通过慈善机构向灾区人民表达他的慰问。（慰问信另发）充分表达了他的爱国系民之情。

据悉，在此次捐款仪式上，创办人的捐款是龙湖高校的惟一捐款，也是所有捐款单位中数额最大的。

（公关室 赵万友）

报纸截图

2008年5月12日，四川省汶川县突发8.0级特大地震。震情发生后，我的父亲心情

我代表父亲向玉树灾民捐款

十分沉重。关切之余，他立即让学校通知新郑市慈善协会，并在龙湖镇政府组织的捐款仪式上，向灾区捐款20万元人民币，以他本人的名义向灾区人民发去了"慰问信"。

2010年4月14日，青海玉树发生7.1级地震，给灾区人民造成了严重的人员伤亡和财产损失。地震无情，人间有爱。地震发生后，党中央、国务院高度重视，灾情牵动着全国亿万人民的心。为此，校两办和校团委分别向全校教职工和团员青年发出捐款倡议，全校师生纷纷伸出援助之手。4月20日下午，学校在行政大楼前举行向地震灾区捐款活动。当时，父亲正在台北，就委托我代他向灾区同胞捐款2万元人民币。在父亲的带领下，校领导、各位主管、各总支书记和全校师生都纷纷为灾区捐款。捐款总金额达171018.9元。

第十节　为农村与旅游景点捐款捐物

除了向灾区捐款之外,二十多年来,我的父亲还在家乡河南各地多有善举。仅我所知,他曾帮助学校附近的贫困山村修路,资助大黄冶村、小乔村敬老院,仅为巩义敬老院就购置价值10万元新台币的彩电30台。

2002年9月18日,升达学院行政楼前彩旗飘扬,锣鼓阵阵。龙湖镇柏树刘村党委书记夏书喜在乡亲们的簇拥下,将一面上写"心系当地老百姓龙湖又添幸福路"的鲜艳锦旗,郑重地交到我校领导的手中。夏书记说:"我今天是代表龙湖镇太平沟、代寨、夏寨3个村6000多名百姓,来感谢升达学院王创办人的。是王创办人为我们解决了资金问题,为百姓修了这条'幸福路'。"我代表父亲、代表学校发言,我说:"我非常荣幸的接受这面锦旗,它聚集了父老乡亲对创办人的无限爱戴之情和对升达学院的支持"。2004年上半年,我的父亲又出资15万元为学校附近的小乔村、柏树刘村修路、打机井。

父亲还为河南省内一些文化景区捐赠钱物。

为了弘扬中华民族优秀文化,宣传并发扬我国伟大现实主义诗人杜甫的爱国精神,1996年,家乡兴建"杜甫碑林"。得知这个消息,我

龙湖太平沟向我的父亲赠送锦旗

父亲即刻捐款22500元人民币，为巩义市杜甫碑林竖起杜甫雕像一尊。这尊大理石雕像高1.7米，立在杜甫的出生地——巩义市笔架山下南瑶湾村杜甫碑林院内，供人瞻仰拜谒。

父亲捐资修建杜甫故里"杜甫像"

"中国功夫冠天下，天下武功出少林"。1990年，我的父亲第一次回大陆探亲，就到少林寺参观游览，看到寺庙建得如此壮观，香火缭绕，游客络绎不绝，兴奋不已。得知少林寺正在集资修建时，他当即向少林寺捐款3万元人民币，还为少林寺捐赠了"木匾"，受到寺院和当地政府的热情赞扬。

黄河碑林是展示当代书法艺术成就的景观碑刻大观园，始建于1983年10月。刻碑1500余件，其中包括已故党和国家领导人毛泽东、刘少奇、周恩来等的题词或手迹，还有书法大家费新我、舒同、陈叔亮、陈天然的作品。碑刻作品真、草、隶、篆，书体齐备，刻碑手法尖、麻、方、圆，各领风骚。真可谓书法艺术纷呈、文化瑰宝争妍。值得我们高兴的是，在这里，还有我的父亲书法手迹呢。那是1992年，父亲为黄河游览区碑林捐赠一块刻有"育中达华"的石碑。石碑的碑文中巧妙地嵌有"中华""育达"二词，既表达了对祖国的热爱，又流露出对自己创办的教育机构"育达高职""育达高中"所寄予的厚望。

第十一节 捐资修建"升达大桥"

父亲是台湾地区豫籍著名的教育事业家，他热爱祖国、热爱家乡、回馈桑梓，在家乡创办两所大学，其热爱教育事业的崇高精神令人十分感动,受到政府和人民群众的高度赞扬。同时,父亲还热心公益事业,2012年9月获"河南民办教育慈善人物"殊荣。

朋友,当你走进郑州新郑市龙湖镇,你会看到一条南北穿越镇区的大道——紫荆山路。在该路南端紧邻升达学院校区有一座大桥,被命名为"升达大桥",这是在父亲晚年时,我向父亲汇报,父亲同意捐资兴建的、属于驻地政府的一项建设工程。原来,这里有一条长近

升达大桥近景

百米、深六七十米的壕沟,但建桥工程量大,资金不足。得知情况后,升达学院就为该工程捐资600万元,慷慨支持驻地经济建设与社会发展,受到当地政府和广大群众的高度赞扬,之后,该桥被命名为"升达大桥"。

父亲对升达的成长有着浓浓的深情,河南是父亲的故乡,郑州是升达崛起的福地,龙湖镇是升达成长壮大的沃土。在捐资建造这座大桥时,父亲曾说:"我虽然已步入迟暮之年,但是我仍然精力充沛,仍然在为我的教育事业尽心尽力。我认为建造这座桥,不仅对龙湖镇的经济发展有利,而且,给升达师生的学习、生活与交通带来便利。看到龙湖镇和升达学院周围突飞猛进的发展,我感到很高兴,我愿意助一臂之力。"

建造"升达大桥",不仅是对升达学院的一份礼物,而且增加了升达学院的厚度,提高了升达学院的知名度和影响力。

升达大桥远景

第九章　父亲在台的社会奉献

可以说,我的父亲是一位德高望重、择善而从、热心公益事业的教育家与社会活动家。兴教办学是他奉献社会的重要组成部分。除此之外,他具有急公好义的精神,在社会上参加了不计其数的公益活动,做了许多公益事业。在台期间,他领衔台湾私立教育协会,他资助创办出版《中原文献》杂志,他捐资台北河南同乡会,他支持领导台湾中华博远文化经济协会,他参加监护河南运台古物,他资助中原读书会……资助了一个个民间社团群众组织,联谊乡情,服务大众,接济贫困乡亲,传承中华传统文化,促进两岸经济文化交流。为表彰他为社会所做的奉献,各级政府授予他的奖章、奖牌、奖状、奖杯一件件、一块块;社会赠与他"广布德泽""厚德载物""德隆望尊""德泽桑梓""造福社会"等一块又一块沉甸甸、金闪闪的奖匾。

第一节　主持台湾私立教育协会

1969年,我的父亲秉承台湾私立教育事业协会全体理监事厚爱,被推举担任该协会理事长,之后连任7届,长达27年之久。这是父亲一生最大的荣耀。此期间,该协会人气旺盛,会务工作顺利推展。直至1995年,第九届理事会改选时,台湾方面规定各社团组织理事长只可连任两届,我的父亲此时才得卸任仔肩。会上,经理事会推荐,由我父亲担任名誉理事长,以表彰他对私立学校的贡献。

父亲在台获私教协会成绩突出奖

20世纪五六十年代，台湾经济迅速增长，人口繁衍。从地域建设发展的远景和人才急需的实际考虑，当地政府致力于教育事业的发展。民间各界热心教育的人士，亦纷纷斥资，创办各级各类学校，私校如雨后春笋，成为台湾教育界独树一帜的生力军。1964年7月，由陈韬、江滨先生和我父亲王广亚等37位私立学校负责人发起，经呈奉台湾地区有关部门核准立案，成立"台湾私立教育事业协会"，于同年8月27日举行成立大会，我父亲当选为常务理事。1965年2月3日，在第一届第三次常务理监事会议上，公推我父王广亚接任秘书长职务，并决定将私校协会会址改迁到育达高职，以节省开支。1969年3月23日在育达商职召开的第三次会员大会上，有80所私校代表出席，推选我父担任协会理事长，并连任至1996年。

台湾私立教育事业协会是台湾地区一个组织严密、章程完备、影响巨大、功绩卓著的团体，在台湾教育界发挥着举足轻重的作用。我父亲主持私教协会会务期间，团结全台私立学校，获得同仁的支持，取得了卓越成绩。

一是为台湾地区私立学校教职工争取个人福利。1969年3月，台湾地区实施公办学校教职员工享受医疗保险，而未将私立学校的教职员工列入其内。我的父亲身为私立协会理事长，针对此不公平待遇，携同仁向当地有关部门不停申诉，执理陈情，费尽辛苦，历尽周折，经过12年的努力，终于于1980年10月使私校教职员工加入公保。

1987年,私教协会成绩卓著,台湾地区政府向父亲颁发奖状

二是为台湾地区私立学校教职员工争取退休金。我父亲任私教协会理事长期间,对私校同仁的各种福利待遇一向念念关怀。从1982年至1996年,针对此问题,先后组织召开13次会议,并组织协会成员积极地与有关部门陈情交涉,终于于1996年上半年问题得到解决,台湾地区相关部门将28.3亿万元(台币)作为私立学校教职员工养老给付,使得私校同仁退休后的生活有了保障。

三是组织私立学校各校同海外私校加强联系,交流经验,力求共同发展。我的父亲在私教协会任职期间,非常重视台湾地区私校与海外私校之间的文化教育交流,先后率领台湾私校领导、教师与欧、亚、美、非等地区的17个国家266所学校缔结为"友好姊妹学校",校校之间常年观摩、访问,使台湾私校与国际接轨,教育方法、教育质量取得了快速发展。

四是实行全岛私立高中高职联合招生制度。以前,每到夏季学校招生之时,各个学校都是一片繁忙,贴广告,搞宣传,拉生源,招生秩序非常混乱。我的父亲经过调研之后,又争取许多私校的意见,实行了私立高中、高职联合招生的办法,并就近设立考区,这样既减少了学校的负担,又减轻了学生赶考的辛苦,深受各私立学校与学生及家长的赞赏。

多年来,父亲在理事长的岗位上,与台湾地区许多私校加强联系、亲切交往,丰富了他的社会活动,磨砺了他的工作精神。他还从中领悟出团结的重要性,揭示出力行哲学的真谛。在工作中,协会同仁砥砺奋进、齐心协力,完成了一项又一项任务:以各项定期会议,凝聚团队共识;以解决共同问题,舒缓各校困难;以发行本会刊物,建立校际友谊;以地域文化交流,拓展广阔视野;以缔结姊妹学校,加强社会交往;以执行相关政策,善尽社团责任;以各项商科竞赛,提升学生技能;以订颁各种奖项,褒奖教师功劳;以争取参加公保,维护教师权益;以实现退休抚恤,谋求共同福祉。

第二节　资助创办出版《中原文献》杂志

由于历史的原因,20世纪四五十年代,在台湾地区定居的人员中,有不少来自全国各地。月是故乡明,水是故乡甜,大家都有思乡之情。20世纪60年代起,不少在台的大陆人士,自动发起成立了河南、山东、河北、山西等以省为名的同乡会,也有以东北、华北、中原、华东、西北等以区域为名的民间组织与文化团体。"中原文献社"就是其中之一。

中原文献社成立于1969年,《中原文献》杂志同时创刊。这是热心于社会活动、公益活动的在台河南老乡,在一块研讨、商议、携手成立的组织创办的期刊,并在台注册,得到了有关部门的认可与支持。1982年10月6日这个社团组织更名为"财团法人台北市中原文献

《中原文献》刊物

社",父亲王广亚博士任该社董事会董事长兼期刊发行人。

办期刊撰写文章,稿源没有什么困难,资金是一个大问题。从社团组织成立、期刊创办开始,父亲就是该社活动经费的主要支持者。父亲不仅提供经费,还在他创建的台北育达高级商业家事职业技术学校内腾出两间房子,免费为该会提供办公场所。

在父亲的大力支持、无私扶持、热心领导与精心组织下,这个期刊在台湾地区同类期刊中是办得最好的。该期刊的办刊宗旨是联系在台湾的河南乃至中原老乡,传递乡情,建立友谊,传达乡音,研究和发扬中原文化,深得在台的河南老乡的喜爱与欢迎。早期《中原文献》为月刊,后改为年刊,发行量每期1000册,全部免费赠与海峡两岸的河南同乡。更令人兴奋的是,这本《中原文献》经河南老乡相传相赠,在世界许多地方都产生很大的影响。美国、英国、日本、泰国、新加坡、马来西亚等世界许多地方的河南同乡和同乡组织纷纷来函索寄,每期的《中原文献》期刊寄往宝岛台湾以外的地方就有百余册。

《中原文献》刊发的内容,据年逾古稀的台湾河南老乡们讲,有河南抗日战争回忆录、历史人物评价、历史名胜、民间艺术、社风民俗、祖传中医术、早期工业、物产矿藏、饮食文化、近代名人以及家乡的往事追忆等。杂志内容涉及方方面面,极为丰富,可以说是研究河南历史与建设发展的宝贵财富。我的父亲正是看中了这一点,才慷慨解囊,对创办刊物无私扶持。

在我收集了解父亲资助创办出版《中原文献》杂志的过程中,我还惊喜地发现,该杂志社出版了《中原在台人物志》一、二册两本书。杂志对凡在《中原文献》杂志刊发作品或被宣传报道者,均收编其中,是一套颇受欢迎,颇有珍藏价值的史料。当然,在《中原文献》杂志和《中原在台人物志》中,都有父亲和介绍父亲办学业绩的文章,我饶有兴味地翻阅过。

2010年6月,升达学院在郑州为父亲举办九十(虚岁)嵩寿庆贺活动时,台湾中华博远文化经济协会秘书长卢博文先生寄来资料称:王广亚博士为《中原文献》的出版发行做出了巨大贡献,所需费用,悉赖捐助,方使该刊继续发行,广赠各界,其精神诚为可贵。

第三节　捐资台北河南同乡会

上一节我谈到了,父亲在台湾资助了在台河南老乡创办的《中原文献》杂志。河南在台湾的老乡,经常在一起组织活动的是一个叫"台北河南同乡会"的社团组织。父亲的乡情特别浓厚,"河南老乡"四个字深深地埋在他的心底。因此,凡是这样的团体、这样的组织他都参加,他都支持。

台北河南同乡会的宗旨是:弘扬中原文化,服务乡亲,建立友谊,推动海峡两岸文化交流。父亲为该会会员,多次为该会捐赠资金。因贡献大,在河南同乡会的"河南同乡墓园"建造纪念碑上,父亲王广亚的名字排在第一位。

"台北河南同乡会"之所以搞得好,是因为这个社团组织有许多服

台北河南同乡会欢迎河南省参访团

务项目：建立文化走廊、建立艺术橱窗、设立娱乐场所、举办文化交流，组织返乡祭祖活动，设立河南同乡郑州服务站，颁发河南同乡子弟大学生"青年奖学金"，建立同乡公墓园，等等。

父亲最看重"台北河南同乡会"。2010年仲春，我去台湾参观访问，父亲专门带我去了同乡会，参观了同乡会的设施，观看了同乡会组织的活动，拜见了同乡会的领导张天佑理事长。在同

台北河南同乡会墓园一角

乡会领导与工作人员的陪同下，我还到同乡会修建的"台北河南同乡会南港陵园"走一趟，兴致很高，也深受感动。

台北河南同乡会于1972年在台北县南港一块风光秀丽的风水宝地建立了一座"河南同乡墓园"。2006年整修时，父亲单独出资修建了一条十多里长的通往南港墓园的柏油路。此举受到河南同乡的热烈赞颂。

我在南港墓园参观期间，这里的工作人员向我感谢父亲，感恩父亲，说父亲曾为家境贫寒的河南同乡购赠十具棺木。据说，定居台湾的河南个别老乡，由于种种原因，生活极为贫穷，有的终生没有成家。他们生前渴望去世之后能在河南同乡会修建的墓园入土。凡是这种情况，这些同乡去世后，父亲都为其购赠棺木，使其长眠南港。大家都对我父亲千谢万谢。这档事我问过父亲，父亲却说，区区小事，不足挂齿。

河南同乡会在郑州市航海东路花园新村23号建有同乡会郑州服

务处。这里热情接待同乡会友及来大陆探亲的亲属,可供同乡食宿,安排交通,代办新台币与人民币兑换,不收费用,深得同乡欢迎。

该同乡会举办的颁发大学生"青年奖学金"活动,也颇受河南同乡们的赞赏。同乡会每年都在乡贤乡亲中组织会友捐献奖金。我的父亲生前每年都毫不犹豫,慷慨赞助。这笔奖学金在每年的春节会友团拜会上组织评定颁发,激励着一批又一批在台乡亲子女奋发读书,情意浓浓,血脉相传。

父亲在家乡河南郑州创建升达学院以后,经常邀请台湾河南同乡到升达学院参观访问。20世纪末,以台北市议员黄义清、秦茂松为团长和以孟庆瑞为团长的两批旅台同乡访问团共12人莅临升达学院参观。其间,"河南大佬"于镇州携夫人张安君同行。之后,同乡会频繁组织各类文化活动。父亲只要有时间、有机会都积极参加。尤其是河南代表团赴台参访,看到家乡人,父亲就感到非常亲切,心情就很激动。

第四节　支持领导中华博远文化经济协会

我的父亲王广亚博士在台湾参加了一个全名叫"中华博远文化经济协会"的社会团体组织。这个协会是在台河南籍资深人士卢博文先生于1969年创立的,其宗旨为:发扬中华文化,推动两岸经济与文

中华博远文化经济协会向父亲赠匾

化交流,促进国家统一,缔造社会祥和。

这个协会有两个特点:一是它属于全国性的民间组织,会员不受地域限制。海峡两岸的同胞,以及世界各地的华人都可以参加。由于参加人员多,为了方便工作,方便活动,当时,除了台北设立总会外,还在其他地方建立了分会。这个协会的第二个特点是:河南籍老乡居多,因为创办人是河南人,老乡与老乡多有交往,便于沟通,所以在台湾的许多河南老乡,搞经济的、办企业的、文化界的、教育界的在社会上有一定影响和一定地位的人士都参加了这个协会。我的父亲是最早参加协会者之一。由于当时父亲年事已高,只担任协会荣誉会长一职。

卢博文会长向我直言:"你的父亲最关心协会的建设发展,在精神上给予鼓励,在工作上给予指导,在经济上给予大力支持。曾多次提供活动经费,有时需要招待来访贵宾,有时组织活动经济拮据,他都慷慨解囊。"卢会长深有感触地说,中华博远文化经济协会成立之后之所以会务工作能够顺利开展,工作取得有目共睹的成绩,受到社会各界的广为欢迎,王广亚博士付出巨大,劳苦功高。

中华博远文化经济协会在台湾地区、在大陆广有影响,其原因是

中华博远文化经济协会为父亲举办八十华诞画展

这个协会注重文化交流。协会有一批文化艺术界的书画精英。他们印制了《中华博远书画集》，在台北举办了"海内外会员书画联展"等大型活动；他们还收集组织了台湾的书画精品到大陆巡回展出，举办书画艺术论坛，与大陆各地的书画名家书画爱好者进行学术交流。据了解，巡回大陆展曾先后在上海、北京、广州、武汉、郑州、济南、沈阳、哈尔滨等地举办，足迹遍及祖国的长城内外、大江南北，所到之处颇受欢迎。协会也邀请大陆的书画家组团赴台湾参访交流。我国著名画家、河南省文联主席、美协主席马国强先生曾率团赴台参访。1997年协会还在台北举行了"当代大陆名画家作品展"。

2001年，我的父亲八十寿辰。鉴于父亲醉心书画艺术，名望广扬宝岛，中华博远文化经济协会精心为父亲举办了"王广亚先生八秩嵩寿书画展"，并联手中原文献社、河南同乡会、广亚文教基金会等机构，向父亲赠送了大红牌匾"树人种德"。展览期间，在台的协会成员以及亲朋故旧、同乡桃李，纷纷前来为父亲祝寿，父亲甚是欣慰。展后，协会还为父亲出版了《王广亚先生八秩嵩寿书画展》，以此纪念。

第五节　参加监护河南运台古物

据父亲的好朋友、中华博远文化经济协会会长卢博文先生讲，在台期间，父亲参加了台湾地区一个叫"河南省运台古物监护委员会"的社会民间组织。1993年担任该组织第九次委员会副主任委员，2010年之后任该组织第十一次委员会会长。父亲为河南运台5000件珍贵文物的监护工作，做出了突出贡献。

追溯河南运台古物的历史已有70余年。河南为中华民族文化发源地。河南省立博物馆存放大批近代在河南境内出土的珍贵文物，其中包括在新郑、辉县、安阳出土的铜器;在洛阳出土的先秦绳纹陶、汉代绿釉陶、六朝乐舞俑、唐三彩;在安阳出土的甲骨文以及各种玉器、织绵、编磬、古书等有近万件。其收藏之丰,可谓全国之冠,均为稀世珍宝。1937年,日寇侵华,为避免日军轰炸,防止这批文物落入日军之手,河南爱国人士从这些文物中挑选精品,装入木箱,准备运出中原。因当时运输工具匮乏,交通不便,路途艰辛,辗转数千里,历时数月,由开封运至重庆,藏于柏溪山洞之内。

古物:唐三彩马

古物:虎形樽

　　1949年10月,河南在重庆的民意代表,请当时国民党教育部门负责人杭立武向民国政府请准特拨军机两架,在戎马倥偬中抢运38箱古物运到台湾。先将这批古物交由台湾故宫与博物馆联合管理处代管,并由河南中央民意代表及有关人士成立"河南运台古物监护委员会"负责监管。

　　1956年,台湾地区"历史博物馆"创建。馆内急需充实典藏文物,于同年4月24日,由台湾地区教育部门以台四五(社)字第四七〇四号函令,该馆代管这批古物,并指明,这批文物的所有权,仍为河南省所有, 同时推选曾一直押运转移这批古物的河南籍人士张克明先生出任该馆典藏组长。

　　1993年,因代表河南在台湾历史博物馆任职的张克明先生逝世,"河南省运台古物监护委员会"召开第九次委员会。会上,推选闫振兴先生为会长,于镇洲先生为主任委员,王广亚、李德武、乔宝泰先生为副主任委员,卢博文为秘书长,杨祥麟、范功勤为副秘书长。会议决议:鉴于该批古物久未清点,立即成立"河南省运台古物清点委员会",随即组织人员造册、核查。由于工程浩大及编制预算等程序,历时五年方告完成。之后,经核查,这些古物包括铜器、陶器、玉器、织锦、甲骨、古书等六大类,计4928件。之后,又将所清点的古物文字资料与拍照图片出版印制《河南省运台古物图录》及《甲骨文专集》两本专辑,公之于世。书中一再确定"河南省对这批古物拥有所有权"。出版这两册书籍所需费用,我的父亲全部承担。继此,父亲怀着一颗热爱祖国、热爱家乡之心,率同监护委员将这两本书装了两大纸箱,运到郑州分送给河南省政府有关部门与亲朋好友,受到有关领导及乡亲们的热情称赞。当省政府有关领导感谢父亲、人们夸奖父亲时,父亲说:"我只是为家乡、为河南、为传承中华民族的优秀文化做了我该做的一点事。"

2003年,该监护委员会于镇洲主任委员年事已高,辞去主任委员一职。该会推举我父王广亚博士为会长,卢博文先生继任主任委员。2012年卢博文先生亦以年事已高而卸职,交由张正中先生担任该监护委员会主任委员。我父亲在担任该会会长的近十年间,该批文物曾遭到多方觊觎,并想分散。他和卢主任委员及该会成员护物如子,坚持原则,尽心尽责,始终保护该批文物完整无缺以及河南的所有权。

第六节　参加资助中原读书会

我国儒家经典的礼仪论著《礼记》曰:"读书不交友,则孤陋而寡闻。"在这种思想指导下,2002年7月,河南同乡、退休之后的原台湾地区监察委员于镇州先生倡议,在河南老乡中成立"中原读书会"。此言一出,立即得到众多河南同乡的赞同。有文化界的、教育界的、卫生界的,工商界的,还有当地退了休的政府官员,有一半以上都是社会名流,且均为饱学之士。我的父亲认为,这个社会团体好。他说,书是人生的精神食粮,不可没有,不可轻视。于是,他积极参加中原读书会。

中原读书会的宗旨是：发扬读书风气，弘扬中华文化，研究读书方法，畅谈读书心得体会，交流读书与文化信息，增进新知识运用，发掘乡亲人才，予以鼓励推介等。该会于同年8月在台北召开了成立大会。此时，我的父亲正好在郑州忙于升达学生食堂改造、主管培训、教师培训等繁杂事务，未能参加。读书会成立后，商定每月开一次会员大会，除读书学习、交流心得外，会上还推介新近出版并在社会上有影响的书籍。大家还在一起商讨民众所关心的社会问题，锻炼脑力，激荡情怀。因此，这个读书会，不仅是读书交友、学习知识的场所，也是一个社交平台。在台北的诸多社会民众团体中，我的父亲认为，中原读书会是最有文化气息的活动团体。因此，他经常拨冗参加。他的儿子、台湾苗栗育达科技大学董事长王育文博士也是中原读书会的会员，时常陪同父亲一同前去读书，参加协会组织的各种活动。

2009年10月，该会为升达学院提供的一份资料称，王广亚博士对中原读书会给予多方支持，对该会起着促进与带动作用。资料中还讲述这样一个事例：2000年下半年，协会成员、河南籍台北市议员厉耿桂芳女士竞选连任。为支持她竞选，王广亚博士当即拿出20万元新台币做活动经费，促使同乡桂芳女士竞选成功。2009年，厉耿桂芳又升任中国国民党常务委员。同乡有事鼎力相助、同乡有

中原读书会会刊

难慷慨解囊，这是父亲的一贯行为，这件事在台北河南同乡中被传为佳话。

父亲参加中原读书会

中原读书会曾出版了两期《中原读书会会刊》，其内容除了该会的工作情况与活动动态之外，大多数是会员的读书心得与工作生活体会。在第二期会刊中，刊登有我父亲的文章《创办育达商业科技学院之心路历程》（该学院后被台湾地区教育部门批准升之为"台湾苗栗育达科技大学"）。父亲分"教育，我的人生大学""建校，十余年终有成"等几个章节，全面介绍了创办育达科技大学的满怀心愿、一腔热情与艰苦历程。育达科技大学是父亲在台湾创办的第一所、也是唯一的一所大学，是父亲从事教育事业多年来期盼已久的心愿，也是他积半个世纪的办学经验总结，更在自己的办学历程中产生的一次质的飞跃。这篇文章中，有他人生道路上的酸、甜、苦、辣，有他的欢笑与喜悦，有他的夙愿与憧憬，是他给子女、给育达教育体系师生、给他的中原读书会会友留下的、赠予的、献上的精神财富。

第十章 父亲的文化交流活动

我的父亲热爱文化事业,热心文化交流活动,他对海峡两岸的文化交流,国际之间的文化交流做出了贡献。

早年,我的父亲即具有前瞻性眼光,这不只表现在兴教办学之上,还突出地表现在办学以后不拘泥于台湾当地,又把眼光放远到大陆,放眼到海外。他所创办的学校以及所领导的私校和世界各地266所学校建立姊妹校关系;他多次出访美国、加拿大、澳大利亚、韩国、日本、泰国等国家及香港地区的文化教育机构,在台湾接待上述文化教育机构人员的来访。20世纪80年代,我国改革开放之后,他的海峡两岸文化交流活动更为广泛。从1985年开始,他与他的社团组织、教育机构先后极其热情地接待全国、省、地(市)、县(区)的政府以及文化、艺术、教育等各类大陆考察团队以及出访对等机构组织约有上百次。他传承与弘扬中华民族文化精神,他的友善之举、友爱之情,在海峡两岸及世界许多地方广为传颂,产生较大影响。

第一节 与韩国的教育文化交流

我父亲把中国台湾地区与韩国私校结盟为姊妹校之事看得非常重要。父亲指出:中国与韩国在地理位置上唇齿相依,在文化历史上更是水乳交融,两地之间有着深厚的传统友谊。在与海外各国私校缔结姊妹校活动中, 父亲创办的台北育达高职与韩国院校的结盟最为广泛,交往最为频繁。

1969年,台北育达高职与韩国汉城善隣商业高等学校缔结为姊妹校。这是台湾地区和韩国教育史上中等学校缔结姊妹校的创举。1971年1月6日,我父亲应韩国文教部之邀,首次前往韩国访问。

韩国景城学团访问团访问育达

1973年12月28日,台北育达高职与韩国清州女子高等商业学校结盟为姊妹校。我父王广亚亲自参加了结盟仪式。1975年10月29日,我父亲因推行珠算教育功绩卓著,赴韩国汉城接受国际珠算协会表彰。1976年4月15日,韩国私学财团联合会会长金炳三博士莅临台北育达高职参观,之后与台湾私立教育事业协会缔结姊妹盟。1977年1月19日,韩国韩台教育基金会赴台北访问育达高职。同月,台湾地区和韩国文化基金会成立,我父亲荣膺该会董事兼秘书长。同年10月23日,父亲率领台湾代表团一行9人赴韩国汉城参加国际亲善会议。10月19日,桃园育达高中与韩国蔚山女子高商缔结为姊妹校。

1980年10月25日,父亲率团赴韩国出席世界亲善大会,并发表有关论文。10月2日,韩国的《星期新闻》发表文章,赞扬我父亲为推动台湾地区和韩国文化交流,坚持不懈,贡献卓著,称誉我父亲为"韩国留华学生之友"。同年12月13日,桃园育达高中与韩国汉城昌文女子学校缔结为姊妹校。三天后,即12月16日,韩国私学财团联合会颁赠最高荣誉"特别功劳凤凰奖章"及奖牌,分别赠与我的父亲和我的叔叔,以表彰他们对推动台韩文化交流工作的贡献。

特别值得一提的是,1981年12月5日,韩国颁发牡丹奖章给我父亲,以表彰他对推动台湾地区和韩国教育和文化的贡献。我父亲获得此项殊荣,在韩为国外教育界第一人。

1983年12月21日,我父亲应韩国国际光明社会之邀,率领国际光明社会台湾总会代表团20人赴韩,参加在汉城举行的韩国年会。

从1977年1月台湾地区和韩国文化基金会成立,我父亲担任秘书,之后八年时间里,台湾和韩国共有76所学校缔结为姊妹校。1985年6月29日,台湾教育机构特颁发"宣扬文化"奖牌奖状,表彰我父亲的功绩。

为培养热爱中华文化,精通中、韩文的青年人才,增进台湾地区和韩国文化交流,我父亲特捐赠韩币500万元,在韩国设置"台湾旅韩、留韩学生广亚奖学金",以奖励异地苦读的学子,帮助青年学生留学深造。该项奖学金自1989年设置之后,连续发放了多届。

在与韩国教育界人士的交往中,我父亲结交了很多韩国朋友,其中和我父亲友谊最深的要数金炳三博士了。父亲说,他和金博士办教育志同道合,生活理念一致,年龄又相仿,相识之初,就成为最好的朋

1997年,我随父亲到韩国参加他的"名誉教育哲学博士"领授会

友。正是由于金博士的推荐，我父亲获得了韩国颁发的牡丹奖章，也是由于金博士的推荐，父亲在1977年10月24日，荣获美国联合大学颁赠的荣誉博士学位。

1987年10月23日，在韩国景城学园创校20周年时，我父亲亲书贺词，并建赠"笃行亭"一座，永志纪念。1990年至1997年，韩国的教育团体与个人有10多批先后到台北育达高职参观访问，受到我父亲、学校领导与师生的热烈欢迎。1990年10月，父亲应邀赴韩颁发"台湾留韩学生广亚奖学金"并访问了清州女子高商姊妹学校。1992年3月，父亲赴韩颁发"韩国大学中文系绩优学生广亚奖学金"，颁赠奖学金韩币300万元。同年9月，父亲率团赴韩访问，捐赠图书基金给韩国4所华侨学校。

1995年4月1日，我的父亲赴韩国参加第十六届台湾地区和韩国学者会议暨十七次台湾地区韩国和联席会议，期间赴韩国汉城延平大学参观。

1995年9月29日，升达学院与韩国庆熙大学在升达学院举行结成"姊妹校"签约典礼，庆熙大学学园长赵永植偕夫人一行10人出席签约仪式。我的父亲在签约仪式上讲话指出："'姊妹校'仪式的签约，为我们打开了又一扇与世界交往的窗口。"1996年5月24日应赵永植学园长之邀请，我随同父亲赴韩国汉城等地参访。

2018年10月5日，韩国延世大学国际教育院长朴成浩教授一行4人莅临升达学院参观访问，受到学校执行董事王新奇博士等校领导的亲切接待。

第二节　与日本的教育文化交流

日本是中国的近邻，一衣带水。第二次世界大战后，日本作为战败国,民生凋敝,情景可想而知,但日本却能在短时间内经济迅速崛起,让世界刮目相看。日本创造的奇迹,与日本历届政府重视教育兴学密不可分。发达的教育使日本国民素质很快提高,人们的智力被挖掘,从而促成日本经济高度繁荣,迈入世界发达国家行列。

我父亲早年毕业于日本亚细亚大学经济系,他耳濡目染,对日本的先进教育有深刻印象,又加之他作为私教协会理事长,多次赴日本考察,不仅深入细致地了解了日本教育,而且促进了两地的教育文化交流。下面,我简要追述一下两地教育的事例,使读者从中了解些许情况。

1963年12月,我父亲赴日本考察教育,回台后即制定了教师指导学生参加校外活动争取校誉奖励办法、学生参加校外竞赛活动奖励办法。

1964年9月28日,父亲赴日本东京参加国际珠算协会第二届会员大会,即第四届国际珠算比赛大会。

1965年4月12日,父亲再次赴日本考察教育,为期两个月,实地观察日本学生实习就业的实际做法,以兹学习和效法,改进育达本校学生的实习就业指导工作。回台后的第二年,台北育达高职就成立了实习就业辅导处。同年10月14日,日本亚细亚大学校长太田耕造先生莅临台北育达高职参观访问。

1969年1月3日,台北育达

父亲参加与日本名古屋产业大学签订合作协议

高职与日本名古屋市守山女子高等商业学校缔结为姊妹校。

1978年3月5日，日本亚细亚大学师生访问团一行40余人莅临台北育达高职访问。同年3月29日，日本名古屋菊武学园常务理事高木武彦先生率姊妹校守山女高校长到台北育达高职访问。同年10月15日，我父亲赴日参加了守山姊妹校的30周年校庆活动。

1979年10月7日，我父亲同桃园育达高中陈玉燕校长联袂前往日本东京，出席由日本私立中学、高等学校联合会所举办的"私立学校法制订三十周年纪念式及泛太平洋私学恳谈会议"。10月24日，台北育达高职迎来日本亚细亚大学70人组成的管乐队访问团。同年12月25日，台北育达高职同日本沼津加藤学园高等学校缔结为姊妹校。

1981年9月，我父亲率团访问日本加藤学园高等学校。

1983年5月13日，父亲应邀赴日本参加姊妹校加藤学园57周年校庆，并致赠"教育救国"横匾及巨幅国画。

1988年7月15日，为庆祝日本菊武学园守山姊妹校创校40周年，我父亲率台北育达高职教师代表团访问祝贺，并赠"力行亭"一座。

1989年1月21日，台北育达高职与日本冲绳商业外语学院缔结为姊妹校。

1990年至1998年，日本有15个文化教育团体先后赴台访问台北育达高职，受到我父亲和学校领导、师生们的热烈欢迎。

1994年10月18日，第十六届泛太平洋私校教育联合会会议在日本东京举行，我父亲担任领队率台湾私教协会组成的代表团61人赴日与会。

1995年4月17日，升达学院与美国诺实务、布纳维斯塔两所大学结成为姊妹校。是日上午，姊妹校签约仪式在升达校园举行。我父亲和对方校领导都发表了热情洋溢的讲话。

2000年10月25日，经我的父亲多方努力，郑州大学与日本名古屋产业大学缔结姊妹校签约仪式在升达学院国际会议厅隆重举行。郑州大学校长曹策问、名古屋产业大学校长伊藤达雄在签约仪式上分别讲话。我的父亲致欢迎词,畅谈教育交流的重大国际意义。

2006年3月7日,日本京都橘女子大学"向海外捐赠日语图书组织"向升达学院赠送日文图书125册,其中包括一整套《百科全书》。2007年6月12日,日本友人石田向升达学院赠送日文图书75册。

2015年9月20日,升达学院派学生参加由中国日语教学研究会河南省高校日语教学研究会主办的第四届中国大学生日本国情知识竞赛,获得优秀奖。

2018年10月21日,升达学院执行董事王新奇博士,应邀访问日本创价大学,受到该大学理事长田代康则、校长马场善久等的热情接待。

第三节 与美国的教育文化交流

美国的教育水平在当今世界名列前茅。我父亲很早就非常重视与美国的教育文化交流,取人之长,补己之短。台湾地区和美国之间的往来亦是十分频繁的,我仅列举数例予以说明。

早在1968年3月19日,我父亲就应美国国务院的邀请,飞越太平洋,到华盛顿访问,并参观考察了美国的一些学校。父亲这次出访,历时近三个月,美国的繁荣和进步给他留下美好印象。考察之后,父亲对台湾职业教育提出两点意见:第一,高级商业职校分科;第二,明令设立就业辅导单位。这两点首先在台北育达高职得以辅助实施,接着在全台推行。

1976年1月22日,我父亲应美国有关机构邀请,前往美国发表演讲,演讲题目为《如何经营扩展私立学校》。

1980年12月15日，美国加州伊格耐西高中校长吴思克博士夫妇应我父之邀来台北育达高职访问并与育达缔结为姊妹校，这是育达与美国结盟的第一所姊妹校。

1982年4月14日，我父亲应邀赴美国出席国际亲善第四届世界大会，在会上发表了题为《发扬东方文化精神，维护世界和平》的专题演讲。

1983年10月29日，父亲赴美国参加密西根州全省高中校长年会，并以《台湾教育现况及其发展动向》为题，发表了专题演讲。

1986年1月1日，美国密西根州18所高中校长应我父王广亚之邀抵台湾访问。同年3月28日，美国兰士高高中师生110人到台北育达高职访问。

1987年4月2日，美国WUM国际教育财团总裁高世一成博士，将该会世界和平教育奖奖章及世界和平奖奖章各一枚颁赠给我父亲，以表彰他对增进国际文教交流和促进世界和平的贡献。同年5月10日，台北育达高职师生应美国姊妹校密西根州兰士高高中邀请，组成

美国内布拉斯加州参议员采访团访问育达

北美洲访问团赴美。这是台北市育达第一支北美访问团。同年10月10日，父亲在参加由台湾地区教育部门主办的台湾地区和美国校长座谈会后，与美国基督教大学院校联合会所属12所大学院校主任委员巴多罗买博士，签订了交换学生协议书。同年7月，经台湾旅美学人张承烈博士的推介，促成台湾私立教育事业协会与美国中密西根州立大学缔盟，签订教育合作计划，为台湾私教协会的国际教育交流合作开启了新的一页。

1990年至1998年，美国12批教育文化团体先后来台北育达高职或郑州升达学院参观访问，受到我父亲及学校领导师生的热情接待。

1995年4月17日，升达学院与美国诺实务、布纳维斯塔两所大学结成姊妹校。是日上午，姊妹校签约仪式在升达学院举行，我的父亲和美国两所大学的校长都在仪式上发表了热情洋溢的讲话。

1997年10月12日，升达学院与美国福特路易斯学院签订合作协议，协议商定，福特路易斯学院每年派1名教师10名学生来升达讲学或学习，升达学院每年派若干名学生赴福特路易斯学院学习1年。

2005年美国DBU大学副校长Gregory博士来我校访问，对升达学院美丽的校园赞叹不已，双方就教学合作与学生交流进行了探讨，表示今后将进一步加强联系。

2010年3月25日，美国西俄勒冈大学副校长肯特尼利博士一行莅临升达学院参观访问。期间，美国客人在校领导陪同下参观了学校图书馆、艺术楼、现代教育中心、校园景观。双方对未来两校交流合作事宜进行了磋商。

2016年4月8日，美国密苏里州州立大学副校长吉姆·贝克博士莅临升达学院访问。他们表示，密苏里州州立大学非常愿意同升达学院开展交流合作。

2017年5月23日，美国摩斯大学商学院院长Susan Gilbert一行3人莅临升达学院参观访问，双方就交流生、本升硕、教师互访等项目，进行了协商交流，签订了合作框架协议。

2017年6月5日，美国佐治亚西南州州立大学副校长Purvis教授一行4人莅临升达学院参观访问，双方在愉快友好的气氛中签订了合作框架协议。

第四节 与世界其他国家的教育文化交流

我父亲的文化教育交流与交往活动，放眼亚、欧、美、非、澳五大洲，广结善缘，足迹几乎遍布世界各地。

在亚洲，除韩国和日本外，我父亲及其所领导的教育机构与泰国教育界人士的交往颇多。1968年10月18日，台北育达高职与泰国曼谷侨校黄魂中学缔结为姊妹校。1970年10月5日，黄魂中学姊妹校师生一行18人，专程到育达做亲善访问。1974年9月9日，泰国光华商学院董事长许善祯一行赴台北育达高职访问。1988年10月10日，台北育达高职与泰国曼谷的圣约翰专科学校缔结为姊妹校。我父亲也曾赴泰国访问，考察教育。他说，对泰国的教育有了很深的了解。

加拿大海博中学与育达商职缔结"姊妹校"

父亲与菲律宾、老挝等国的教育人士的交往也比较多。1978年4月13日，菲律宾全国教育联合会访问团由团长邱维兰诺斯教授率领，莅临台北育达高职访问，1980年4月1日，菲律宾中正学院合唱团一行51人光临台北育达高职。1992年12月30日，菲律宾圣多玛斯大学研究学院院长威拉芭博士莅临台北育达高职访问。父亲也曾到老挝访问著名的侨校寮都中学，受到该校校长陈亚聪先生的热情接待。他写的《寮国（老挝）

荷兰国立高等职业学院执行长戴克斯特拉、顾问瓦尔特·达利访问育达

之旅》，对该国山川地形、风物人情都有真实的描写。1990年10月4日，新加坡英吉利书院董事长陈启佑一行莅临台北育达高职参观访问。

至于育达同近在咫尺的港澳地区以及同新加坡、马来西亚等国的交往也有许多。1979年7月30日，港澳侨校中学校长到台参加观摩研习会的24位校长，由团长、香港崇正中学校长钟伟先生率领光临台北育达高职；1981年6月16日，香港元朗中山纪念中学教育考察团及篮球队一行22人，由该校陈应翰校长率领莅临台北育达高职访问。每次来访，都是我父亲亲自接待并且陪同他们观看比赛。另外，1990年10月12日，应香港大专教授联谊会之邀，我父亲率团赴港访问；1990年10月17日，我父亲率团赴印尼雅加达出席泛太平洋教育联合会议；1996年7月10日，马来西亚英迪学院陈有信院长莅临台北育达高职访问。

南非坡阜华侨中学访问团访问育达

在欧洲，父亲创办的台北育达高职与比利时、西班牙等国的一些学校交往密切。如1981年12月29日，享誉欧美乐坛的比利时圣马丁青年合唱团一行

57人莅临台北育达高职访问演出。

1973年4月12日，父亲领导的台湾私教协会派出环球性教育观摩团，先后到黎巴嫩、希腊、土耳其、意大利、梵蒂冈、瑞士、奥地利、德国、丹麦、荷兰、英国、法国、西班牙、葡萄牙、美国、加拿大、日本等17个国家，于6月6日返台，共计考察56天。另外，1994年8月18日，我父亲应邀赴瑞士日内瓦出席第一届国际校长研讨会。

父亲创办的台北育达高职亦与南北美洲的加拿大、秘鲁、阿根廷、多米尼加、哥斯达黎加、乌拉圭、墨西哥等国均有往来。育达高职先与加拿大多伦多市海博高中结盟，还与富有中国传统教育精神的秘鲁最大的一所综合性华侨学校——利马三民联校缔结为姊妹校。

澳洲与台北育达也有交流交往。1990年至1995年，澳洲巴拉瑞特大学院长约翰·夏波姆博士，澳洲昆士兰省主管专科教育官

秘鲁"三民"联校参访团访问育达

员郎卡维斯先生及该省语言中心教务主任丹芙女士，澳洲商业学院昆士兰英语中心校长史密斯女士，澳洲商业学院附设语言学校安东尼·卡伦校长等先后访问台北育达高职，受到我父亲的热情接待。

还需提及的是，远在南非的华侨师生心系祖国，曾不远万里光临台北育达高职。1981年1月8日，南非伊丽莎白港华侨访问团一行25人，由团长叶慎新先生率领，莅临台北育达高职访问。同年12月15日，南非伊丽莎白港坡埠中华中学师生回国观摩团一行20人，由团长林丹老师率领来到台北育达高职。1991年7月26日，南非专科教育学生评议委员会执行长、贾克伯博士夫妇莅临台北育达高职访问，受到我

父亲及学校师生的热烈欢迎。

以上所述,台北育达高职与世界众多姊妹校的结盟,私教协会的一些访问和交流,我父亲大都是组织人。在频繁的社会活动中,他吸取了各国教育的先进经验。因此,他的襟怀和眼界能够不断开扩,使台北育达高职日日新,又日新,一步一个新台阶。他在教育事业上,有许多开创先例的大胆举措,都是他眼界与胸襟开阔,非同凡庸的表现。我可以毫无愧色地说,父亲不仅称得上是一位具有远见卓识的教育家,而且是一位竭尽辛劳推动国民外交的社会活动家。

父亲在大陆兴教办学后,在他的努力与影响下,升达学院也与一些国家进行文化教育交流。2014年4月25日,法国土伦大学企管学院院长让·加拉诺斯来我校参观访问。他们参观了校园,双方就教育、教学、招生等事宜进行了深入交流。

2017年5月15日,西班牙帕伦西亚教育、体育和旅游基金会会长,巴利亚多利德大学高级顾问Juan Carlos一行3人莅临升达学院参观访问,双方签订了"足球教育合作协议"。

2017年10月28日,马来西亚管理科学大学校长Mohd Shukri Ab Yajid一行4人莅临升达学院参观访问,双方在亲切友好的气氛中签订了友好备忘录。

澳大利亚商业学院史密斯校长访问育达

2018年6月7日,白俄罗斯国立技术大学副校长亚历山大教授等一行5人莅临升达学院参观访问,双方在市场营销专业设置、学生培养、国际交流、学生生活等方面进行了深入探讨和交流,签署了合作备忘录。

2018年10月8日，匈牙利托莫里·帕尔学院校长麦斯勒尼·露莎博士一行莅临升达学院参观访问，受到执行董事王新奇博士等校领导的亲切接待。

第五节　对外的学术交流

我父亲很早就有一个理想，那就是"成立一个集合亚太地区及欧美地区等地之私立学校的世界性组织，以共谋教育文化交流，促进世界和平"。父亲是台湾地区和韩国文化基金会的董事兼秘书长。1978年8月16日，由于父亲的文教交流成就卓越，泛太平洋文化基金会又特聘他为名誉会员。父亲利用他活动的舞台，积极参与发动各项交流活动。第二年即1979年，泛太平洋私校联合会终于宣告成立，一年一度举行学术会议，进行学术交流。父亲为这个组织内做了大量工作，为促进国际间教育文化的了解与合作做出了贡献。本节仅就此做简要叙述。

父亲所领导的私校协会组团参加泛太平洋国家国际亲善大会先后4次；参加泛太平洋私立教育联合会议先后13次。父亲在第二届泛太平洋私校教育座谈会上讲到：中国远在2500年以前，孔子就开创了私人讲学的风气，以后的历朝历代，都是我们教育的主流。朱文公的白鹿洞、王守仁的阳明洞为其中私人讲学之最著者。父亲说，台湾私立学校，不仅在量的

1984年，香港远东书院向父亲颁赠"学术奖章"

方面发展迅速,在质的方面也能与公立学校相媲美。

我父亲指出:处于当今时代,任何国家都必须置身于国际社会,一方面贡献自己的成就,一方面吸取他人的长处,如此才能有效加速国际性的整体进步,教育工作尤其如此。教育虽有其国家与民族上的主观差异,但在观念与方法上,仍有值得我们相互切磋借鉴的地方。

父亲的话清楚地说明:时代在变化,任何国家任何地区都不能闭关自守,任何学校都不能让学生"两耳不闻窗外事,一心只读圣贤书",论证了加强国际教育交流合作的重要意义。

1982年12月,第四届泛太平洋私教会议在菲律宾首都马尼拉召开。我父亲在大会上致词,讲了《私教之重要性及财政问题》。父亲从国家建设观点、社会观点、文化观点和政治观点等四个方面出发,以台湾为例,论证了私立教育的重要性。台湾私立高中高职学校数占全台58%,私立专科学校占72%,私立大学占50%,各级私立学校每年支出经费达30亿美元,足见私立学校在教育中举足轻重,起着半边天作用。最后,父亲建议泛太平洋区私教协会应扩大其组织,并向联合国文教组织争取或自行筹集活动基金,以加强活动功能,协助各会员国私教,交换学生,互派教师观摩访问,增进各国私校间的相互了解与合作。

父亲的讲话,引起强烈反响,这不仅是他与世界交流他的教育理念,也是他坦诚人格的一次显示。

1986年10月,第八届泛太平洋私校联合会议在台湾召开,父亲作为东道主致欢迎词。

我真的难以想象,父亲在紧张繁忙的校务活动之外,还在不辞劳苦地奔走四方,参加各种学术会议,发表令人折服的见解。他的文章如同他的为人一样,一言一语出自肺腑,绝无矫饰;他有实事求是之心,毫无哗众取宠之意。正可谓文如其人,人如其文。

第六节　海峡两岸的文化交流(一)

香港歌手张明敏在1984年的春节晚会上演唱了一首歌《我的中国心》:"河山只在我梦里,祖国已多年未亲近,可是不管怎样也改变不了我的中国心!洋装虽然穿在身,我心依然是中国心,我的祖先早已把我的一切烙上中国印!长江、长城、黄山、黄河,在我心中重千斤,无论何时,无论何地,心中一样亲。流在心里的血,澎湃着中华的声音,就算身在他乡,也改变不了我的中国心。"这首歌唱出了全球华人的心声,也唱出了身在台湾父亲的心声。

升达学院欢迎台湾科技大学贵宾

悠久的炎黄文化传统维系着海峡两岸中华儿女的袍泽之情,父亲回馈桑梓,在家乡兴教办学,这为父亲热心开展海峡两岸的文化交流活动搭建了一个大平台。

海峡两岸加强沟通,文化教育界走在前列。从20世纪90年代起,我父亲在台湾创办的财团法人广兴文教基金会在父亲的策划与指导下,积极开展海峡两岸文化交流活动:1990年12月,举办了"海峡两岸当代名家庚午步寒书画展"。1995年12月18日,广兴文教基金会还举办了"海峡两岸教育学术座谈会",来自海峡两岸专家学者30余人,与会人员畅谈两岸教育制度及展望。1997年12月,广兴文教基金会在台北又主办了"当代大陆名家书画邀请展",展出了吴三大、李如刚等名家书画精品。1999年3月2日,广兴文教基金会为推动两岸学术交流,在台北举办了"老子文化座谈会"。2002年8月,台湾育达商业技术学院与河南省文化交流协会在台北联合举办了"河洛文化研讨会"。2009年6月,我父亲创建的台湾苗栗育达商业科技大学还举办了"海峡两岸教育发展研讨会"。

从1991年起,我父亲也经常到大陆交流访问。同年4月,父亲亲自带队,率台北育达高职师生一行21人赴上海访问,并组织北育的学生与上海市一些商业学校的学生进行了珠算、英文打字、中文电脑输入等技能观摩友谊比赛。当年8月,我父亲赴香港主持"海峡两岸高中高职教育座谈会",两岸三地学者、校长齐聚一堂,彼此交换经验,了解教育现况。当年9月,我父亲赠与河南外贸学校30部英文打字机供该校教学使用,促进两岸文教交

一组父亲两岸文化交流图片

流,嘉惠故乡青年,深获河南教育界赞扬。1992年1月,我父亲亲书"育中达华"墨宝雕刻碑石陈列于郑州黄河游览区黄河碑林。同年4月,海峡两岸教育专题研讨会于上海市国际教育交流中心贵宾厅召开,我父亲亲自率团与会,并作《台湾私校教育现况及未来发展展望》专题报告。1995年12月22日,我父亲还亲赴上海参加海峡两岸暨港澳地区第三届教育学术研讨会。

在我父亲回馈桑梓于河南创建郑州升达经贸管理学院前后,大陆的文化教育机构、文化教育团体,一批又一批赴台湾参观访问。他们有的到父亲创办的教育机构,有的到父亲组建或领导的"河南同乡会"等社会团体。1991年12月15日,大陆国宝级画家李剑晨大师莅临台北育达高职访问,并赠送我父亲"功在教化"墨宝。1993年6月,释永信住持率领河南省嵩山少林寺佛学文化访问团一行22人莅临台北育达高职访问。释永信向我父亲赠送了"嵩山少林禅寺达摩画像"。1998年5月29日,河南豫剧团莅临台北育达高职参观访问,为育达师生带去豫剧戏目名段,精湛的演出技艺获得满堂喝彩。参访团向我父亲赠送锦旗"两岸亲情隔不断 同袍兄弟心连心"。1999年4月,中华岳飞文化研究会访问团赴台北育达高职参访, 向我父亲赠送墨宝岳飞的《满江红》。2003年9月,时任郑州市市长的王文超率领郑州市访问团赴台访问育达三校。

从1991年至2009年,大陆著名画家、上海中国画院画师大雄先生,大陆名画家王成喜大师,大陆名剧作家吴祖光先生,上海市中等学校校长访问团,洛阳文化教育访问团,河南省参访团,国家教委考试中心访问团, 由河南电视台台长姚嘉率领的河南省大众传播界代表团,上海市大学院校校长暨教授与福州大学教授访问团,由上海市教委会郑令德主任率领的访问团,江苏职业教育考察团,由河南省广播电视大学校长张凯亭率领的河南省教育访问团,国家教育部文教访问团,中国人民大学教授参访团,山东曲阜师范大学访问团,湖北省教育访问团,河南老子文化访问团,河南省教育访问团等都先后赴台访问。每批客人,我的父亲都是热情款待并与他们亲切交流。

第七节 海峡两岸的文化交流(二)

2009年,第十一届全国政协港澳台侨委员会主任、海峡两岸关系协会会长陈云林,在北京亲切会见了我的父亲。

2009年12月17日,由河南省委省政府组织的,由河南省委秘书长曹维新、河南省教育厅副厅长訾新建、郑州市市长赵建才等带队并参加的"中原文化宝岛行"活动,来到我父亲创办的台湾育达苗栗科技大学,开展"豫苗武同根,育达喜相逢——海峡两岸同根武术活动",我父亲出席这一盛大活动,并接受颁奖。

2010年4月9日,由台湾海基会副董事长高孔廉带队,台湾海基会文教参访团一行10人,莅临升达学院参访。按照父亲的指示,我和在校的校领导热情接待了台湾贵宾。高孔廉副董事长对我的父亲的教育事业和升达学院取得的成绩给予了高度赞扬。

2010年6月10日,台湾国民党青年菁英大陆参访团,在民革中央联络部和民革河南省委领导的陪同下莅临升达学院参观访问。

2010年5月12日,台湾海基会董事长江丙坤率海基会媒体参访团一行26人,莅临升达学院参访指导工作。我父亲致欢迎词,感谢海基会、海协会多年来对升达学院的大力支持。江丙坤董事长称赞我父亲为"两岸文化交流的典范"。

2011年上半年,由河南省委副书记、省长郭庚茂率领的河南经贸文化参访团访台,开展了为期一周的"中原经济区合作之旅——走进

台湾"系列活动。其中，在由台湾高等教育学会和河南高等教育学会主办、育达科技大学承办的两岸高校

寻源问道——陈成球现代水墨画展 2012

校长论坛和史济春副省长赴苗栗考察活动，是在我父亲的指导下，升达学院赴台研习师生负责全程接待工作。周密的计划、贴心的服务，圆满完成了接待服务任务。升达赴台师生的出色表现获得与会领导、嘉宾的高度评价。期间，史副省长与我的父亲亲切交谈，就人才的培养和两岸教育文化交流交换了意见。史副省长还与升达赴台交流生亲切会面，勉励升达学子要充分利用来台学习机会，多向台湾师生请教，加深两岸文化、理念等方面的交流。

2012年4月16日，升达学院盛势举办了一次高层次、高级别的"寻源问道——陈成球现代水墨画展两岸三地文化艺术交流学术论坛"。

2013年9月18日，我的父亲陪同台湾稻江科技暨管理学院施光训校长一行来升达学院参观访问。在参观了学校的图书馆之后，父亲和施校长在邂逅咖啡厅亲切叙谈。

2013年7月9日，以台湾新北市教育局局长林腾蛟先生率领的台湾中小学协会访问团一行70人，7月23日，以台湾石碇高中校长刘秀汶女士为团长的台北教育协会参访团一行30人先后莅临升达学院参观访问。

2014年6月10日，我的父亲率升达学院领导出席了由河南省博物

院、台北历史博物馆主办的、在河南省博物院展出的"故园青山——刘延涛书画特展"开幕式。中午,父亲在中州国际酒店设宴款待所有参加开幕式的嘉宾。

2014年6月12日,率团在台湾开展"中原情·一家亲"经贸文化交流活动的河南省省委副书记、河南省省长谢伏瞻一行,专程来到台北育达高级商业家事职业学校看望我的父亲。在父亲的办公室,谢省长对父亲兴教办学,为两岸教育事业做出的突出贡献表示感谢。期间,谢省长与我亲切交谈,我向谢省长汇报了升达学院的建设发展情况。

2014年9月25日,河南省教育厅刁玉华副厅长一行,在升达学院执行董事王新奇的陪同下,赴我的父亲创办的学校——台湾育达科技大学参观访问。我的父亲在台湾热情接待了刁副厅长一行。刁副厅长高度赞扬我父亲的办学精神。

2014年12月10日,河南省委高校工委专职委员贾修国一行赴台湾参访考察,专程拜会了我的父亲。我的父亲在台北设宴为贾委员一行来台北看望他表示感谢,贾委员对我父亲为河南教育事业做出的突出贡献给予高度评价。

2015年6月23日,在我父亲的关心下,以台湾苗栗信泰旅游有限公司总经理、台湾育达教育文化事业机构校友联谊总会总

升达学院承办"河南省民办高校金融学、经济学专业教师培训班暨海峡两岸金融学专业应用型人才培养研讨会"

会长陈嘉琪为领队的参访团一行25人，莅临升达学院参访交流。受到我和其他校领导的热情接待，陈会长向升达学子颁发了奖学金，宾主进行了亲切交流，共谋发展。

海峡两岸同根武术交流活动

2017年10月28日，台湾太平洋集团中国区执行董事章克绍一行5人莅临升达学院参观访问。升达学院执行董事王新奇向章克绍颁发了升达学院的特聘教授聘书。

第十一章　父亲一生自奉节俭

"勤俭是弥补缺点的良药,是强化优点的促进剂",这句话是父亲的口头禅。"勤俭朴实,自力更生"是升达学院的校训,是事业有成的保障,也是我的父亲工作、生活经验的总结。2013年,中共中央总书记习近平关于"厉行勤俭节约、反对铺张浪费"的重要批示,充分说明勤俭节约的重要性。

父亲一生自奉节俭,他创办10所学校,从无到有、从小到大、办学有成,这也是他创造财富的同时,实行节俭的结果。俗话说得好:"勤是摇钱树,俭是聚宝盆。"我的父亲认为,俭的真正含义应是:把钱用在刀刃上,把物用在正地方。纵观成绩显著的团体、和睦幸福的家庭,其领导和家长都有较高的财商,即善于理财。他们统揽全局,把握轻重缓急,扣其两端,权衡利弊,择其良方,付诸实施。他们遇事用钱留有充分余地。本章,我向大家谈谈我父亲一生自奉节俭的理念和实践,还有一些鲜为人知的经历与故事。

第一节　父亲的勤俭办学理念

在父亲的教育理念和办学理念中,有注重学生品德教育的"伦理"理念,有以"三三三制"为核心的办学特色,有注重教学质量的"品质、绩效"办学理念,有注重教育实践的"力行"人生哲理,有注重学生作风培养的"勤俭朴实,自力更生"的校训……在以上诸多理念中,令我感悟最深，对我和师生教育与影响最大的，我认为是他"勤俭朴实，自力更生"的教育理念。这八个字不仅是父亲的治校宗旨，而且是父亲一生立身行事的准则。

勤俭、朴实是古风，是美德，是财富的集合。历览前贤国与家，成由勤俭败由奢。俭朴的生活不但可以使精神愉悦，而且可以培养革命品质。在兴教办学上，父亲一贯是勤俭节约、精打细算、物尽其用，从不铺张浪费。当年创办升达学院，他投资一两亿人民币，这些钱，这么大的金额，可以随便花吗？不！父亲坚持以节约为本，该花的钱一定要花，不该花的钱坚决不花，可花可不花的钱节省着花。比如，校园主干道铺设两侧人行道所用的地砖，施工前，父亲经过预算，需要几十万甚至上百万元，这些砖如果去砖窑场购买，当时的市场价格是每块砖5角7分钱，购买总共需要数十万元。经过市场调研，他让学校的营建管理人员购买一台制砖机，请工人们自己制造方砖，砖面上还印有"升达"校徽。这样，既美观实用，又实惠，每块砖只花1角7分钱。再一计算，仅人行道地砖铺设这一项工程就为学校节省原计划的二分之一甚至三分之二。

学校的许多建筑物或者围墙，都是"清水墙"。"清水墙"就是墙体为红砖的本色，用白灰勾勒墙缝，看上去朴素厚重，实际上结实耐用，是独具简捷明快特色的建筑材料与建筑风格。不过，台湾或大陆近一二十年建造楼房，许多建筑物都是外粉刷，粘马牙石，贴瓷砖。然而，父亲建造升达没有追风，没有赶时髦，而是采用了传统的建筑方式,加上独特的设计,给人们留下了古朴典雅之深刻印象,达到了良好的建筑效果。细心的人们从中可以联想到,这样砌墙或建造楼房,省去外处理、外装饰,可以节约相当可观的一笔开支。又如,专为师生洗浴建筑的大型浴池,每天都要耗去大约400吨水,最多则一天能用水超500吨,用后的这些水白白流掉很可惜。为了废水利用,父亲想了好多办法,采取把废水经过六级处理,一层层过滤,最后,处理成清洁的水注入湖中,以保证校园内湖水的充沛和洁净。从这件事可以看出,父亲方方面面、点点滴滴都很节俭。

在升达校园内,从教学区到南食堂、1号至6号学生宿舍楼之间,原先有一条深达二三十米、宽二三十米的湖沟。根据校园的建设方案,需要在此建一座桥。建什么桥呢?建平桥,费用较大;建曲拱桥,费用小,但地理位置等条件有一定的困难。按照曲拱桥的建筑要求,两岸桥体基座要坐在坚硬的岩石上,而此处都是黄土层,不能承受双曲拱桥的重压。若建平桥,需要打桥墩,费用很大。经过现场勘察与细心核算,父亲决定建双曲拱桥,仅此一项工程就为学校节省数十万元开支。

第二节　父亲的勤俭办学理念溯源

"勤俭朴实,自力更生"这八个字,是父亲1953年为台北育达高级商业家事职业学校制定的校训,在以后创办的台湾桃园育达高中、升达学院、苗栗育达科技大学、郑州商学院也都以这八个字作为校训。这八个字,不但是父亲治校的宗旨,也是他一生立身行事的准则。

中华民族自古以来就有勤俭朴实的优良传统。父亲常说,勤是摇钱树,俭是聚宝盆。勤而不俭,今天赚的钱今天花完,永远聚不起财富,办不成大事。他节俭的思想品德是从父辈那里学来的。父亲自幼生活在河南农村,农民世世代代都是过着十分贫寒的生活。小时候,他跟随爷爷奶奶、父亲母亲在故乡河南巩义海上桥小山村过日子,家中生活非常简朴。平日里,家中有柴火,从不烧煤,把煤省下来等冬天取暖用;家中吃饭有了剩菜剩饭,从不倒掉,下顿再吃;家中的洗菜淘米水,舍不得倒掉,再用来刷锅或作别用……父亲对这些事情的印象很深,在年幼的心灵中刻下了深刻印象。长大了,读书渐多,父亲更懂得节俭是一种美德,他读到古代的大德大贤之人都主张勤俭。

父亲在他的《三本教育思想》一书,第二章第三节"俭省而来的本钱"文章中这样叙述:"我是空着口袋跑到台湾找前程的……坐在公职低阶的位置上,要打微薄俸禄的主意,每月存下钱来,那非得在"省"字上下功夫。我在南京养家糊口,多亏发妻变卖首饰补贴家用。这对一个大男人来说,是很没有面子的事,如果活得轻松而有尊严,我也不会在单位里不安分,积极活动调派台湾来碰运气。初履新职,台湾审计单位给我的头衔是佐理员,从字面上就可以猜着这是基层

的芝麻绿豆小官,月俸并未增多,所好家眷不在身边,一个人省着用,月月有些盈余。……我是一个北方农夫之子,中国农村本来就劳苦贫穷,北方尤甚。俭省过活,对我来说,固然是存钱手段,也是农家子弟从小养成的习性,至今难改。环境转好,依然固我,自然流露,俭省成性。"从这段文字可以非常清楚地看出,我的父亲"勤俭节约"的优良品质是从小就养成的。

去一分奢华,便少一分罪过;省

一分经营,便多一分道义。父亲不抽烟,不喝酒;平时穿戴,极其简朴。办学初期,为了压缩人员,节省开支,父亲在学校一人身兼数职,既是校长,又是门卫、清洁工、文印员。学校招生宣传时,他拿着宣传广告,提着糨糊桶,骑着自行车,穿梭于台北市大街小巷四处张贴。在台北盖校舍时,为了节省开支,保证工程质量,他爬到屋顶上查看施工情况,被誉为"屋顶上的巨人"。

父亲不仅自己在工作和生活中厉行勤俭节约,还经常教育我们子女不能奢侈浪费。他生前对我们讲的最多的话就是人们熟知的治家格言:"一粥一饭,当思来之不易;半丝半缕,恒念物力维艰。"他还对我们说:"有你们吃的饭,有你们穿的衣,有你们受教育的费用,就够了,不要想我的财产。"

第三节　父亲的日常饮食

父亲不抽烟、不喝酒。当然了,遇上大喜大庆的盛宴或春节、中秋宴请学校领导与主管时,心情特别高兴,在同仁的盛情之下,他也能饮上两三小杯。不过,据我所知,这往往是敬酒者以两三倍的饮酒量作为代价,方可促成。

老年人都爱喝茶,父亲喝的茶不是什么祁红、龙井、铁观音、碧螺春,而是普普通通的普洱茶,他说普洱茶降血脂、降血压、暖胃,所以多年来一直饮用。父亲也爱喝咖啡,并不是咖啡招待客人上档次,有品位,而是喝了咖啡之后,他感到精神特别好,能提神。2012年3月,他责成升达学院总务处基建部门在南湖湖畔修建一个咖啡亭,以招待来院参访的各方贵宾,在观赏了学校的建筑设施与景致之后,品用着咖啡在亭内小憩,别有一番风趣。咖啡亭2013年5月完工,又为升达校园平添了一道亮丽的景致。

用"粗茶淡饮"来表述父亲的饮食再合适不过了。他不喜欢大鱼大肉，喜欢吃清淡的素食食品。一个馒头、一碗小米稀饭、一盘豆芽菜，就可以打发一顿饭。据姨妈王蔡秀鸾讲，平时在台湾家里一日三餐，父亲的食物都是馒头、包子、油卷、面条、小米粥、南瓜粥、各种青菜。即便是来升达，也是让教工食堂的大师傅们给他做这些饭菜。家乡的野菜是父亲的最爱，面条棵、白蒿、柳絮、槐花、榆钱……这些，父亲都难以忘怀，只要能品尝到，他都不放过机会。2010年10月，父亲来郑州参加升达校庆17周年庆祝活动，他住在郑州市区索菲特国际酒店，活动结束后打电话告诉我，他肠胃不舒服，不想吃酒店的饭菜，我就马上在升达——我的家里为父亲做些家常饭，粉条、韭菜、豆腐馅的素包子，掺有鸡蛋的炸酥麻叶、蒸槐花、小米稀饭，并驱车送到父亲住所。看到这些食品，父亲高兴地边吃边说："这几天，我终于吃了一顿可口的饭菜"。讲到这里，读者可能会有疑问，时间都快立冬了，哪里来的槐花？下面，我告诉朋友们缘由，因为我的父亲爱吃槐花，每年5月份，到了槐花收采的季节，我就会采集很多，用水淖淖，冻到冰箱里备用，父亲什么时间想吃，我都能随时为他蒸制。

父亲一生节俭，"富人过穷日子"，是熟悉我父亲的人对他的确切评价。如若父亲或同家人外出办事，中午在大街买吃的也是一碗烩面，或一碗

父亲与夫人王蔡秀鸾

浆面条,最奢侈的不过是一个烧饼夹肉。但是,若是和同事、朋友、客人一同进餐,他往往会花上高于自己花销的十倍、十几倍的钱来招待大家。在一篇《油桐花与办学精神》文章中,父亲这样说:"我衣食住行样样省,但我是省自己,对于教育投资和朋友交往,我不仅不省,而且非常大方。在创办升达时,只要是对学生学习与教师教学有帮助的,该花的钱一定要花,我绝不手软。所以没有人说我小气,我的作风为我赢得了友谊和尊重"。

1996年《河南经济日报》记者、现任河南省办公厅工作人员的李玉梅,在她当年撰写的长篇通讯《王广亚情系故园》文中叙述了这样一个情节:1996年4月16日晚,王广亚先生在郑州市学术氛围很浓的越秀酒家请三位同仁吃饭。点菜时,王广亚先生对他们说,我走遍了世界各地被人请,也请了一辈子客,我知道什么样的人吃什么样的菜,看得出,你们都不是奢侈的人,今晚咱们就来个四菜一汤。一顿饭在郑州堂堂的四星级酒店越秀酒家只花100多元,许多人都不相信。吃完饭王广亚先生还叫服务员拿来简易饭盒,把没吃完的菜全部装到饭盒里,交给司机带走。可见父亲是多么节俭。

第四节　父亲平时的穿戴

在许多人们的眼里,我的父亲事业有成,名望又高,腰缠万贯,穿戴一定很讲究或者很"潮"。其实不然,我的父亲在穿戴上是一个非常节俭、极其平常的人。

下面我先给大家讲个故事,2011年12月底,郑州日报资深记者党贺喜,在郑州索菲特国际大酒店采访我的父亲。采访前他查阅了许多我父亲的资料,感到我父亲应是一个很有地位、很有成就、很有风度、很有威望的大家、大人物。见面之后,党贺喜说,简直想不到王广亚先

穿戴朴素的父亲

生的穿戴这么朴素，对人这么亲和。走到大街上，就是一个普普通通的人，根本不会有什么回头率。

父亲平时的穿戴，原则是合体、舒服、朴素。一双布鞋、一身布衣、一顶便帽，便是他的标准装束。父亲从不买高档的衣物，购置的衣服、裤子、帽子都是价格很便宜的"大路货"，他尤其爱穿全棉的制品。他还让我给他买家纺的粗布裤子呢。在式样上，父亲爱穿夹克类、牛仔类、休闲类的衣服，他说这样随和。我翻看历史照片获知，父亲在1993年升达建设奠基时，在1995年升达学院与美国诺实务大学、布纳维斯塔大学缔结姊妹校签约典礼仪式上，在1996年郑州大学校庆40周年庆祝大会上，在升达学院1997届毕业生毕业典礼上，在台北广兴文教基金会1998年举办"名家老虎画展"时，父亲才穿了西装，戴了领带，其他情况很少穿西装。近几年，他从台北来河南，参加学院的一些大型活动，都是一身休闲装束。他说他讨厌穿很笔挺的衣服，那样叫人不自在，受拘束。

父亲从不刻意修饰或包装自己，他对自己的生活要求，简直到了苛刻的地步，一件衬衣、一条裤子，穿了十几年还舍不得丢弃。早些年创业时，父亲经常穿补补丁的衣裤，直到他去世前，家里还保存有几件。升达学院原创办人代表李裕宽说，有一次创办人来郑州，只有一件换洗的衬衣，临回台北时，一件洗了的衬衣还未晾干，他就把这件湿衬衣装进箱子，匆匆上了飞机。

父亲不怎么怕热，也不怎么怕冷，可能是年纪大了，也可能是久居台北与本人的生活习惯使然。天气再热，他也穿着夹克衫；冬天再冷，也不习惯披大衣。2010年12月31日，父亲在升达参加"大学生创业实践中心揭牌仪式",庆典活动在室外进行,当时正是隆冬季节,气温降至零下五六摄氏度,父亲穿了一件小棉袄站在会场前,好像冻得站不住了。工作人员找件大衣送上来请父亲披上,父亲执意不披,一直坚持到会议结束,与会师生都深为感动。

2012年6月16日,父亲在郑州国际饭店请河南省文学院院长孙广举等朋友吃饭,席间,谈到父亲穿戴非常节俭,我当场翻开父亲的衣领,让朋友看看父亲的这件夹克衫里衬都破成一缕一缕的。父亲对朋友说,我这件衣服穿了20年了。这个情节令在座的人惊奇赞叹。

父亲穿鞋也是只讲轻便、舒适。去年,送父亲去新郑机场返回台北,途中,我发现他的鞋鞋底与鞋帮脱胶了,裂开了口,便随口对父亲说,我到机场给你买一双新鞋,父亲执意不让买,说他回台北用胶粘粘就行了。看到父亲这样节俭,我这做女儿的常常感到有愧。

随着年龄的增加,父亲的头发日渐稀疏,为了保暖,也为了更加精神,不显得那么苍老,大概从2000年前后开始,春夏秋冬一年四季父亲都很喜欢戴帽子,他戴的帽子就是那种旅游帽,也叫长舌帽吧,颜色以蓝色和土黄色为多。这张是父亲在办公室内脱掉帽子照的,并

穿戴朴素的父亲(左三)

且刊发在了《校报》上，他看了以后不太高兴。我在一旁连忙打趣道："老师和同学们都说你的这张照片照得好，神态祥和又精神。"父亲听后，马上被我逗乐了。

和蔼可亲的父亲

平时，我不太关注也没有问过父亲戴的什么表。他出门在外常常有一块表，不过不是戴在手腕上，而是装在口袋里，需要了解时间时拿出来看看。在郑州日报记者采访父亲时，问他戴的什么名贵表？是劳力士？还是菲亚达？父亲不慌不忙从衣服口袋里掏出一只手表，指着它说："我的手表是在海南岛的旅游地摊上淘来的，只有50块钱，走得又准又便宜"。父亲还建议记者若去海南岛，也应买上一块这样的表，很合算。父亲幽默的话让在场的人都笑了。

第五节　便当的故事

节俭朴素，人之美德；奢侈浮华，人之大恶。父亲在节俭上，最能触动我心灵的是那个"关于便当的故事"。

便当，台湾人赋予它另一种含义：简单而方便的食品——大陆人平常说的盒饭。就是说我们叫做盒饭的东西，台湾人叫便当。

1989年8月，育达高职即台北育达高级商业家事职业学校校庆40周年。事前，父亲写信让我去台湾参加该校校庆活动。这是我在台湾第一次和父亲见面。见到父亲心情当然异常激动。我作为特约嘉宾，参加育达高职的校庆活动更是让我兴奋不已。当我作为学校创办人、校长王广亚留在大陆的长女，出现在公众面前时，受到学校领导、父亲同仁的热烈欢迎，大家都向我投以亲切而喜悦的目光。

20世纪90年代初作者赴台期间留影

庆典活动结束后，我随父亲回到了他在学校的办公室。坐在椅子上，父亲特别高兴，满面笑容，看得出，今天的庆典活动举办得非常成功，令他非常满意。此时已是中午，父亲从口袋里掏出100元台币给我说："你去大街买两份便当"。尽管父亲对我很喜爱，很关怀，但我对父亲一直是一种敬畏心情。这敬畏首先是尊敬、敬重，其次是怯生生的，在父亲面前我害怕说错话，害怕做错事。拿到钱之后，我不敢多说多问，马上就离开了办公室。当时我甚是纳闷，一是不知道什么是便当，二是不知道到哪里去买。但是，我心里并不紧张，并不发愁，不知不懂还不会问吗？我又不是没长脑袋，暗暗自喜有点小聪明。于是，我就前去询问一位马路边的出租车师傅，他告诉我，便当就是用泡沫塑料盒包装的方便熟食品，我在内心偷偷发笑，什么便当不便当的，不就是盒饭嘛！当我很快买到两份便当走在回去的路上，我不由得思忖着，父亲让我买这个干什么？是不是给司机或者身边工作人员准备的午餐啊？

回到学校办公室，我把便当交给父亲，放到办公桌上。父亲起身用一次性的口杯倒了两杯开水，然后，把便当一份推到我的面前，一份自己留下打开吃。我还没有愣过神来，父亲咽下一口饭菜，喜滋滋地说："好久没有吃便当了，味道真好吃呀"！

我觉得匪夷所思，并不理解父亲的做法，稀里糊涂把便当吃完，心里很不痛快。心想，父亲那么大的事业，那么有钱，我到台湾的第一份午餐竟是这个"便当",我真搞不懂!

直到2011年12月下旬,郑州日报记者在郑州索菲特国际酒店采访父亲时,他才道破天机,表露出了他处处节俭的内心世界。

记者:"台北育达高职40周年校庆那天中午,客人和校领导都在哪里就餐?"

王广亚先生:"台北园山酒店。"

记者:"客人吃的什么?"

王广亚先生:"那我记不得了,不过,我知道来宾餐费人均100美金。"

记者:"你怎么不和女儿一块在酒店吃饭?"

王广亚先生:"能省一个省一个。"

好一个"能省一个省一个"。父亲就是对己严,对家人严,对人宽,对朋友宽。他一生处处节省,穷时省,富时也省。可以说,勤俭朴实的高尚品德在他的思想深处深深地扎了根。

第六节　办公桌的传奇

我所说的办公桌是指父亲在台湾使用的一张办公桌。看了这个标题,读者很可能会发问,办公桌有什么传奇?且听我慢慢道来。

我的父亲在台湾的办公室,说准确点就是他在台北育达高级商业家事职业学校担任校长的办公室。这个办公室也是父亲在台湾广兴文教基金会担

伴随父亲67年的办公桌

任董事长时的办公室。

在这个办公室里,有一张父亲办公用的桌子,一张普普通通的木制桌子。首先说明,这张桌子绝对不是什么名贵的黄杨木、红木、檀木、铁桦木、沉香木等木料,也无任何雕饰。到底是什么木料?跟随父亲近30年的台北广兴文教基金会秘书长陈坚德先生说,他也辨别不出来是什么木料,看上去就是普普通通的木料。

有人讲,这张桌子是父亲20世纪50年代初开办补习学校时,同乡老友曹立清从家里搬来让他使用的。而多数人讲,这是一张日本人侵占台湾时用的桌子。第二次世界大战日本战败投降撤离台岛时将桌子留下,后被父亲在一家旧货市场淘到。

从那个时候开始,这张桌子就跟随着父亲,白天上班办公用,中午休息当床铺用,有时工作忙,晚上加班太晚了,也常有在桌子上一躺将就几个小时至天明的情况。在父亲身边工作多年的同仁都知晓,父亲从事教育事业67年,事业由小变大,学校由少变多,房子由旧变新,办公室搬了不少个,许多物件只有印象,没有踪影,唯独这张桌子一直伴随着父亲,见证着父亲从事教育事业的艰辛与快乐,见证着父亲从事教育所取得的丰硕成果。一位同仁曾开玩笑说,这张桌子跟随王广亚校长经历了无数磨难,出力不小,立下了汗马功劳,应该奖励这张桌子。

1994年,台北育达高职校庆40周年校庆之际,校领导对父亲说:"王校长,现在学校条件好了,你这张办公桌该退役、该淘汰了,我们给你换一张新桌子吧。市场上如今好桌子多了去了,有老板台,有组合式的,有多功能的,都是很时尚、高质量的。你看看给你买哪一种合适?"父亲听了之后笑着连忙摆手说:"不换不换,这张桌子跟了我40多年了,舍不得丢了它。再说了,这张桌子也不坏,还能继续用,换掉它怪可惜的"。父亲心意已决的事情,谁也改变不了,谁也不敢"抗命"，否则，父亲就会生气，甚至大发脾气。后来，有不少同仁、朋友也劝父亲换一张新桌子，一次又一次，都被父亲谢绝了。1996年5月，《河南经济日报》记者李玉梅采访父亲时提及此事，父亲说："当年创办教育初期，办公室即是我的卧室，办公桌即是我的床，那张办公桌至今我仍在使用，它是我艰苦创业的见证。"

一张办公桌跟随主人60多年，的确少见。我说，这个办公桌是个传奇不为过吧！我不知道世界吉尼斯有没有这个项目的记录，如果没有，去申报一下，说不定还真能创个奇迹呢！

2012年12月，父亲对台北广兴文教基金会的秘书长陈坚德先生说，天长日久，这张办公桌的卯榫衔接部位已经松动，工作人员用"铁T型卡"修理过，加固过。一直稳稳当当地放在父亲办公室，与父亲朝夕相伴。

父亲的办公桌这个故事不仅在台北育达高职传为佳话，还在育达教育机构的升达学院等各个学校传颂着，也在海峡两岸社会上传颂着。

第七节　父亲勤俭办学理念的启迪

父亲的勤俭办学理念鞭策着、鼓舞着升达学院的同仁，激励着、教育着一批又一批青年学子。让大家记忆最深的莫过于新生初到学校报到时，校园内充盈着浓郁的书香气息。中原的九月，阳光下的升达园，显得格外绚丽，葱茏的树木，典雅的建筑，令人心胸释然。但是，令莘莘学子最爱的是升达的精神、升达的文化、升达的校训、升达的治校格言以及高等学府独有的办学理念，这让每一位升达学子都倍感骄傲与自豪。

"勤俭朴实，自力更生"这八个字是升达的校训，每一位升达学子都熟稔于心。同学们都清晰地记得,刚刚入校参加军训时,青涩的学子们满怀激情、豪言壮志地背出这几个字,脑海中便荡漾着一种责任、一种腾跃,心胸开阔,心潮澎湃,这种精神一直激励着大家勤奋努力,刻苦学习,昂扬向上,自立进取。

父亲以"勤俭朴实,自力更生"这八个字作为校训,其意何在?他说:"勤俭:勤劳节俭,不懈怠,不浪费,勤能补拙,俭以养廉。朴实:朴实自在,不浮华,不欺骗,自然朴实,脚踏实地。自力:自食其力,不依赖,不观望,凭借本事,自助天助。更生:重新升起,不气馁,不失望,斗志昂扬,开创新局。"

父亲教育机构的同仁、学子,尤其是升达学院的青年学生对"自力更生"感触更深,虽然现在生活条件好了,工作与学习环境好了,但年轻人凡事要自己动手,能自己做的事一定不要依赖别人,并且要养成热爱劳动、尊敬师长、孝敬父母、乐于助人的优良品德。升达的每一届学生,都力奉父亲的"自力"教诲:校园里的工读生岗位,大学生创

作者在办公室

业实践基地,周末的兼职,寒暑假期工等,使一批又一批升达学子得到锻炼,诠释着自强不息、自力更生、拼搏奋斗的幸福与快乐!

人要在学业上取得优异成绩,在工作上取得成就,实现人生价值,必须勤勤恳恳、踏踏实实地学习或工作,实事求是,脚踏实地,一点一滴地积累知识和财富,一步一个脚印地前进。在说话办事、待人接物上,要文明礼貌,诚实守信,关心集体,关心他人,不图私利。有了地位、有了钱、有了权之后,不张扬炫耀、趾高气扬,不忘乎所以、目中无人,不挥霍无度、纸醉金迷。父亲在他编著的《广亚锦言拾粹》一书中讲,日本已经成了经济巨人,国民生活都比较富裕,但是,他们也在提倡节俭。日本的企业,倡导在"干毛巾中拧出水来"。我们中国还是发展中国家,更应大力提倡勤俭朴实。

人生须自立自强。升达的学生,青春的年纪,应该去奋斗,去打拼!父亲告诫升达师生:"自己可为之事勿求他人,今日应为之事勿待明日","自己的痛苦自己知道,自己的问题自己解决"。他的这些话,让师生同仁们领悟了他在民办教育事业上取得成功的真谛,悟出了他的平凡与伟大。

2012年,升达学院组织开展"创办人王广亚博士教育理念与办学理念之体认与实践"征文比赛,我的《王广亚先生的勤俭办学理念及实践》文章获得一等奖。

第十二章　父亲的日常生活及特长爱好

　　我幼时与父亲在一起生活的时间不长，从小感受到的父爱远远比不上母爱那么深，那么多。几十年的天涯分割又淡漠了记忆中父亲的形象。改革开放后，我和母亲得以与父亲团聚，但父亲总是忙得很，开始，他在台湾，我们在香港；后来，他在台北，我们在郑州，能在一起生活的日子亦不多得。然而，每一次与父亲相见、接触、谈话，他的言谈举止，神态风度，都令我难忘，父亲的做人做事令我十分敬佩，父亲的形象愈来愈高大。我目睹耳闻了他的许多美德，我为有这样一位父亲而感到自豪。本章，我就以我所知，谈一谈父亲的一些日常生活及特长爱好。

第一节　父亲的日常生活

　　父亲的日常生活非常简单，其饮食起居很有规律。勤俭则是他一贯坚持的生活作风。这种作风追根溯源是中国农民的崇高品德，这种作风是祖辈一代代传下来的。我的家乡——巩义海上桥一带，很早就有淳朴的民风，村民们勤劳耕织，不尚浮华，食求果腹，衣求暖体。常

初创升达，父亲在工地与工人一起吃面条

记得春季天长,青黄不接,人们就到荒郊田野采挖野菜、捋树叶,如槐花、嫩榆钱,拌上少许玉米面,蒸熟了充饥。村里人穿的都是家织粗布,颜色也都是自家煮染的。

我父亲的俭朴生活,在草创育达的年月,同仁们都是亲眼所见,感触很深的,有人称他是"最不像校长的校长",因为他的穿着太平常、太朴素了,总是中山服,运动鞋,破自行车,惯于以貌取人的人,委实会认为他和工友并无区别。

父亲在他著作中曾几次提到孔子的话:"士志于道,而耻恶衣恶食者,未足与议也。"醉心于教育事业的父亲,并不在吃穿二字上过分追求。在台湾,他经常在接待了宾客之后,让翻译或工作人员把客人安排到宾馆,自己回学校或家里吃饭,有时也让司机到大街买盒"便当"充饥。我在香港工作时,父亲有事到香港来,如果有随同他来的客人,或是要招待一些香港的朋友,他都是把客人安排在香港最豪华的宾馆或饭店里,当作贵宾招待。如果只有我和父亲在一起的时候,父亲就和我,有时带上孩子们,到街上去吃"大排档"。"大排档"类似大陆街上的小吃摊,饭食比台湾的"便当"还要便宜。在郑州,父亲吃饭更是节俭,升达创建初期,他和工人们在工地吃"大伙",外出办事,他和同仁、司机等工作人员在大街小饭馆吃烩面、茄汁面。来升达学院巡视或检查指导工作,总是让学校食堂为他做南瓜小米粥、包子、面条之类的食物。他住在国际宾馆还经常让我在家里给他做些家常便饭送去。年迈的父亲,就他的地位和名望,就他创下的产业来说,完全可以去高级酒店、餐馆就餐,在觥筹交错之中享受欢乐,在稠人广众前接受朋友的敬酒,但我父亲有他的志趣,他宁愿吃最普通最简单的饭菜,也不愿意自己或携人去一饱口福。

父亲生前,只要来大陆,来河南,我常伴随他左右,无论是在升达,或是回巩义,回海上桥,父亲吃饭都很简单,穿着也很随便,一身休闲装，只有在比较隆重的公众场合，或与官方人士、贵宾约见之时，为表示郑重与礼貌，他才穿上西装，打上领带，一般的场合，父亲都是穿着便装。

父亲几十年如一日地保持了勤俭朴实的作风，

父亲在升达与学生共进午餐

他做到了如孟子所说的"富贵不能淫，贫贱不能移，威武不能屈"。

父亲的生活起居严格而有规律，他按照"曾文公治家格言"中"黎明即起，洒扫庭除"的要求，养成了早睡早起的良好生活习惯。早年在台期间，无论冬夏，都是5点半起床，上午8点上班，处理校务，或是听课，整理校园，或是接待来访者。午饭后父亲需小憩，午睡40分钟到1小时，下午2点钟上班，读书，看报，接待客人，找老师或学生谈话，或深入学生教室了解情况，或到教师办公处聆听老师意见。晚上，父亲还要关照夜间部老师和学生上课，他很少有时间在家里陪着家人看电视节目，对连续剧之类看得更少。他一般习惯于夜里写作，10点之前休息。休息前，他还要巡视一下校园，看学生、老师是否都已睡觉。即使父亲赴国外考察参观，十分劳累，他也坚持早起，夜间仍要挤出时间读书或是写作。

第二节　父亲无不良嗜好

我父亲是个自律甚严的人，不论是当年在民国政府审计部门做公务员的日子，还是在育达教育机构办学忙碌的岁月，以及生前在内地办学期间，他都能严格约束自己，不吸烟，不酗酒，不打牌。父亲接触过各种各样的人，也看到过种种不良的社会现象和腐败风气，以及官场上的一些恶习，酗酒、赌钱、玩女人、坑蒙拐骗等不文明不道德的事情，他对那些污秽行为深恶痛绝，他处处洁身自好，保持着农家出身的勤俭朴实的美德，从不沾染任何一点不良嗜好。

父亲讲究养生之道。他常说，古人嗜好的"长夜饮"是毁身体的，少喝一点酒可以通活气血，但是过了量就适得其反。唐代大诗人李白就吃了嗜酒的亏。"养生应以不伤为本"，身体发肤，受之父母，应当爱惜。父亲很不赞成有些人在酒桌上称雄，不醉不休，醉了生事，既损伤了身体，又败坏了风气，甚至闹出人命来。父亲深知吸烟对人体有危害，因此他常劝同事戒烟，对青年学生，他在《育达章则》中严格规定不准抽烟，不准在校园饮酒。父亲无烟酒嗜好，也从不用此物刺激心脏，他心律正常，心脏搏动有力。这是他身体健康的重要原因。

父亲喜吃清淡的饭菜，并不追求鱼肉荤腥。蒜面条就黄瓜丝就是美味佳肴。他喜欢吃青菜、水果，菜的调味他不主张太咸，食盐放得太多会使人血压增高，"咸多摧人寿"，父亲对此很是信服。他原是不喝酒的，后来由于礼节的需要，在招待外宾或出席重要的宴会，非饮酒不可时，他也会与人碰杯，敬酒助兴，但他顶多小酌三两杯即止，他有很强的自我节制能力。

对于任何不良的嗜好，父亲都是坚决不沾染的。他常说坏习气一旦染上，就很难改掉，"与善人居，如入芝兰之室，久而不闻其香；与恶人居，如入鲍鱼之肆，久而不闻其臭"。一个人经常与坏的事物接触，积久成习，你就不觉得它是坏的了，所以父亲对污秽不健康的东西十分反感，他志趣高雅，是个脱离了低级趣味的人。当然，我不是说父亲是一个不食人间烟火的神仙，他和常人一样，有欢乐，有苦恼，有丰富的感情，有温馨的人情，他也同人开玩笑，说笑话，逗乐趣，但他都很注意把握分寸。他不追求凡庸，也不故作高雅，总是以他朴实做人的本色展现人前。

父亲前些年对西方电影、电视和文学艺术作品中表现暴力凶杀、恐怖、淫秽、堕落的镜头和描写，很是反感，他说，富足的社会物质生活却带来人们精神的堕落，不良的社会风气已开始破坏校园的安静，近年来学校内纠纷频繁，社会上青少年犯罪增加，伦理道德观念沦丧，使有识之士深感忧虑。

第三节 深嗜书画

我的父亲王广亚不仅在教育事业上颇有建树，在书画艺术上，尤其是书法艺术上亦是造诣颇深。他幼承庭训，师古而不泥古，创新而不离源，于书法深嗜，潜心研习，经手不辍，临案悬腕，挥毫泼墨，其作品方严正大，端庄浑厚，苍健沉稳，遒劲有力，雄朴端凝，大气脱俗，自成一体，颇具特色。

父亲挥毫致贺词

更令人欣喜的是，父亲书写了逾百件题词条幅，在书刊上常有刊发，在书画展厅多有展出，在校园广为镂刻，在一些景区景点亦有张挂。这些作品尽管已经岁月洗礼，但仍散发着耀眼的光芒，有的成为理念，有的作为训语，有的成为学习工作生活之座右铭，有的则成为社会的警言名句。

父亲出生在河南，他在这块具有丰厚文化底蕴的黄土地上，受到中原文化的滋养和熏陶。青少年时

代，父亲在家乡读书，写大楷和小楷是每天的必修之课，这为他以后的书法艺术打下了扎

实的基础。俗话说，字如其人，父亲的书法看上去，字体工整，横平竖直，点点似桃，撇撇像刀，笔画清晰，颇具功底，显然是下过一番苦功。这与父亲从小事做起、脚踏实地的秉性有关。只有在一笔一画上下功夫，才能步入书法的殿堂。

参加工作以后，父亲对博大精深的书法艺术广收博览，厚积薄发，对楷书四大家，如欧阳询的险劲刻厉，颜真卿的净朴遒婉，柳公权挺拔瘦劲，赵孟頫的舒展流畅，均有涉猎。特别是对颜体书法用力更勤，不仅有深刻的理解和继承，而且有自己的独特和创新。可以说，父亲的书作深悟颜体笔力弥漫、端庄雄伟、厚重稳实之真谛，最能体现中华民族的宏伟气度和浩然正气。

父亲嗜爱书法。生前，他已有四本有关书法作品的书籍编辑出版：《王广亚书法初阶作品集》(1998年12月出版)，《王广亚书法作品集》(2009年7月出版)，《创办人王广亚博士书法作品集》(2009年7月出版)，《砚田勤耕六十套》(2009年7月出版)。升达学院为我父亲编辑的《王广亚书法作品集》序言称："创办人王广亚博士在书法艺术上造诣颇深，其书作苍健有力，圆润浑厚，端庄遒劲。既师法古人又自成一体，观之令人大有心旷神怡之感。适逢父亲献身教育事业六十周年，升达学院为铭感他在文化教育事业上的杰出贡献，弘扬他的书法艺术，特编辑《王广亚书法作品集》。"书中共裒集父亲的书法精品及校园题词60帧，公之于众，以冀广为流布，赓续发扬。

父亲的书法之所以自成一体，独具特色，造诣颇深，还有一个重

要原因,父亲早年结识台湾书画大家于佑任、刘延涛等,受他们鼓励提携,父亲方能挥毫弄墨,畅游书海。

父亲与他的书画

我父亲也酷爱绘画,早年他也经常俯首案头,挥舞笔墨,研摹习画,他的墨竹"一枝独秀",被许多画家高度评价。更能说明父亲对绘画热爱的是,他珍藏有上千件名家书画作品。父亲说:"我于书画特所深嗜。以限于资赋功力未能专精,然于古今书画名家作品孺切仰慕之情,随年齿而日有增焉。我在台主持台北育达高职近50年,后又两岸文化交流冰释,知我深者,书画界皇皇大家辄多以书画馈赠赍送。积日既久,盈箱累箧凡千百纸。"1993年12月,由台湾广兴文教基金会主办的"王广亚受赠两岸——书画家精品展",从12月5日至15日,在台北孙中山纪念馆展出,此次展出了父亲多年所珍藏的两岸书画名家书画作品108件。台湾媒体报道称,展出作品价值连城,被视为该馆开馆以来的盛事。由此更可见父亲对书画的嗜爱!

父亲的书法书籍

回家乡办学后,我的父亲还特地为升达学院题词题字。1996年,父亲向升达师生祝贺新春:"贺老师:你的贡献我敬佩,你的辛劳我感谢,你的成功我祝福;贺同学:希望把握时间,充实自己,培养高尚的品德,锻炼自己,做一个爱国家、爱民族的好青年"。 1997年5月,父亲为图书馆亲笔题写"坐拥书城,掌握未来"。2002年,父亲为我校法学研究会题写刊名"法魂"。

第四节　酷爱收藏

去过台湾苗栗育达大学的朋友都知晓,学校建有一个"广亚艺术中心",那里陈列着我父亲王广亚收藏的古玩珍品与历史文物数万件。其中有一件"长寿龟",可谓镇馆之宝,不仅材质昂贵,而且造型精美。一般的龟雕都是趴在地上,而这只龟呈爬行姿,四腿撑起,龟身腾空,昂首瞠目,气势非凡,父亲特别喜爱这件珍品。

父亲说,我个人向来就喜欢收藏一些古玩珍品。例如历代古物、名家书画精品,以及各种精制奇特的动物造型雕塑都在搜罗之列,多年来已小有收获,其琳琅满目,种类浩繁。

父亲酷爱收藏,他每逢假期或教育考察交流之便,无时不动中求静,静中求乐,漫步商场、店铺甚至地摊,专心搜集字画文物。一生收藏古物、书画珍品颇丰。

广亚艺术中心是父亲一手擘画的私人收藏艺术馆。馆内精心典藏的珍品,犹如他本人,纯真、朴实、善良、完美。其种类有历代古物、名

父亲在欣赏唐三彩

父亲与其收藏的珍品"长寿龟"

家字画、陶瓷漆器、动物雕塑等。在绘画珍品中，虎画是大宗，幅幅令人赞叹，只只栩栩如生、气势威猛。在书法作品中，珍藏有李奇茂、王农、朱铭、黄君璧、刘延涛等大师们的经典之作。

1998年正值农历虎年，8月22日至27日，由台湾财团法人广兴文教基金会举办的"王广亚珍藏名家老虎画展"在台北社会教育馆展出。该项活动旨在促进海峡两岸文教交流，致力推进海内外艺术活动，提升国人生活品质。我的父亲在开展仪式上致词，他说："由于平生喜爱老虎，所以特别留意虎雕和虎画的收藏，目前已达逾百件。这次展出的百幅虎画作品，都是经过精挑细选的，而其中画虎名家章思统先生的大作为最多，所展作品尽供知音同好评赏"。开展期间，前往观赏的人士络绎不绝，称赞声不断。以河南广电大学校长张凯亭为团长的河南教育赴台参访团一行10人参加虎画开展仪式。台湾正中书局董事长石永贵称赞我父亲"怀抱博爱胸襟，无私无我展出艺术精品"。台湾中华博远文化经济协会以题词"发扬国粹，功在文化"相赠。1999年，父亲还在台北社会教育馆举办了"王广亚珍藏百马画展"。

2009年7月，由父亲创立并领导的财团法人广兴文教基金会与台湾苗栗育达科大为纪念父亲从事教育事业60周年及庆祝该校创校10周年，将父亲多年收藏的名画80幅，以《砚田勤耕六十春——近代名家国画集》编印出版，以兹庆贺。这些画，多为当代名家手笔，如"士友画会"刘延涛、季涛华、陈子和、张毅年等人之作。父亲说，这本画集中的画品，我很少花钱购买，大多是因情谊义助随缘而得。若是让我购买,实在是买不起。父亲谦称买不起,主要是他把钱都用在了兴教办学之上。从此可以看出,我的父亲兴学育才和弘扬文化的不懈精神,也能从中了解育达教育文化事业发展的奇迹。同年7月4日至26日,这些绘画精品还在台北孙中山纪念馆展出,社会各界广为赞叹。

第五节　喜爱运动

与我父亲接触过的人,都称赞他身体康健。父亲耄耋之年时,依然精神饱满,步履稳健。父亲生前健康的体魄,得益于他每天锻炼,适当运动。

据曾在台北育达高职担任体育教师的罗邦男老师回忆,20世纪80年代,他每天清晨组织学校运动员集训时,我父亲都会跑步来到学校,跟着队员们一起练习,打球,运动完后再回家。由于他能长期坚持清晨活动锻炼,所以身体素质很好,走路腰杆总是笔直。

父亲喜爱登山运动,早些年,台北市的阳明山风景区,是父亲经常光顾的地方。他清晨起来,和司机一同驱车到山下,然后弃车步行,一口气登上山顶。阳明山上,万木葱翠,绿海翻波,竹篁扶疏,空气异常清新。父亲举目远眺,苍茫的大海中跳出一轮红日;俯瞰台北街市,楼群林立,美丽景色,尽收眼底。父亲说,登山是一种很好的运动,能够磨练人的意志,增进足力,强健筋骨,增大肺活量。他不仅自己注重锻炼,也很关心教职

父亲在海上桥村文化广场落成典礼上兴致漫舞

员工健身，台北育达高职每学年甚至每学期都要举办教职员工组团旅游活动，我父亲积极号召，带头参加。他们走出校园的小天地，投入大自然的怀抱，欣赏大千世界的美丽多彩，多日工作的疲劳顿时解除，大大有益于身心健康。

我的父亲对舞蹈运动更是喜爱。他生前一直担任台湾国际舞总会的名誉主席。父亲的交际舞

父亲在家乡海上桥村捐资修建登山石梯，倡导村民登山健身

跳得非常好，拉丁舞跳得很专业。在升达的一次春节团拜会上，曾播放过父亲在台湾舞蹈教室跳舞的视频，他潇洒优美的舞步让升达教职工大为惊叹，赢得掌声阵阵。

在台湾，在担任私立育达教育协会理事长期间，每到端午节、中秋节，父亲都要组织联欢庆贺活动，有时是老教师欢庆活动，有时是青年教师欢庆活动，有时是姊妹院校之间联谊活动，有时邀请外地教师、外地学生联欢，有时还宴请新近结婚的年轻教职工娱乐。每次活动，讲完话，吃过饭之后，父亲就和大家在一起跳交谊舞。时而三步，时而四步，一曲刚完，一曲又起，许多师生朋友盛邀父亲，父亲从不失邀，兴致勃勃地漫步舞池，特别开心。

师生和朋友评价父亲跳舞，腰板挺直，步履稳健，动作标准，舞姿优美，像有过正规训练一样。其实不然，父亲说，他就是自自然然地跳，一步一步地跳，不温不火，不慌不忙。看来父亲不单在兴教办学上，在具体的工作上认认真真，连跳舞也是专心专注。

2010年5月，为庆贺父亲九十嵩寿，升达学院和郑州商学院联合

组织了一系列的庆祝活动。6月8日,在家乡巩义海上桥村举行的文化广场落成庆典上,他与学生跳起了优美浪漫的华尔兹舞,舞步娴熟,落落大方,一招一式都身手不凡。看着父亲面带微笑,在自己从小长大的故乡翩翩起舞,在场许多人都看呆了,为父亲的风采,为父亲的信念,为父亲博大的胸怀而兴奋。在父亲的带动下,许多从台湾来的嘉宾和郑州商学院的教职工也纷纷走进舞池,尽情起舞,把庆典活动推向了高潮。父亲的交谊舞在家乡秀了一把,博得了与会群众的热烈掌声和大加称赞。

后来,父亲年纪大了,但是仍然坚持运动,坚持跳舞。据父亲身边的人讲,父亲生前每天清晨6点多准时来到台北国父纪念堂广场与舞伴共享清晨的美好时光。他说早晨跳跳舞,活动活动,筋骨舒展,一身轻松,一天的工作也思路清晰,精神焕发。

第六节　爱整洁　讲卫生

整洁,是人的意识、品行,以及生活习惯与生活方式,有利于身体健康,而且能够终生受益。我的父亲是一个爱整洁,爱干净,讲卫生的人,凡和父亲多有接触的师生、同仁、朋友,可以看得出来,父亲的穿戴,不管是春夏秋冬,不管是什么颜色、什么质地、什么款式,总是非常得体,干干净净。父亲的办公室以及家里、自己的卧室也是整洁有序。这是父亲的良好品德,也是他的生活习惯。

跟随父亲在台北办学的一位老员工说:"育达高职草创时期,王校长以校为家,吃在学校,住在学校,既是门卫,又是清洁工,每天清晨,他都起得很早,在校园内洒水、扫地。提前来上课的师生常常看到他在校打扫卫生的身影。"因此,台北育达高职建校以来,校园整洁卫生的习惯始终如一,凡到过育达的人,在对育达发展成就钦佩之余,对育达校容的整洁清新,无不报以赞叹之声。

父亲生前常说:"父母亲从小教育我,要养成讲卫生的良好习惯,不仅要注意个人卫生,而且室内外还要经常打扫,衣服等物品要摆放整齐,被褥要干净,生活要条理,不能邋遢。"

父亲很推崇、很欣赏《朱子治家格言》,其开宗明义:"黎明即起,洒扫庭院,要内外整洁,既昏便息"。在此基础上,他制定了升达大学的治家格言:"清早起,扫庭院,惜晨光,勤读书,饮和食,要有节,穿衣服,求整洁,孝父母,爱弟妹,待客人,重礼节……"父亲还把"整洁"列为升达精神"爱国爱校,宁静好学,礼让整洁"中的一项内容。校园整洁,师生心情清净舒爽,有利于教学,出成效。对此,父亲解释说,整洁是人之美德,又是当今社会进步文明的显著标志,学校作为培养社会优秀人才的基地,理应是整洁的典范。我之所以把整洁作为治校的一项重要内容,是对学生进行品德教育、生活教育的一个重要方向。翠鸟还知在树上梳理自己的羽毛,虎豹也知在河水中洗洗身上的污秽,何况人乎?

父亲自己爱整洁,讲卫生,他要求他的教育机构、他的同仁、他的教师、他的学子也要有这种良好品德。在他2010年编著的《寄语升达》

升达学生参加劳动教育

一书中,即有三篇文章论述整洁,分别是《整洁》《整洁——文明迈上新台阶》《让我们的校园更整洁美丽》。从文中可以看出,父亲对爱整洁讲卫生是多么地重视,多么地执着。

父亲每次到升达来,巡视校园时,他都很关注学校的卫生,哪里有垃圾,哪里物品堆放杂乱,哪里建筑破损,他都当即指出,严厉批评工作人员。他希望升达的老师、学生人人都应该既有丰富的知识素养,又有文明的精神气质,个个都养成讲卫生、爱整洁的良好品质。他说:"升达千亩之大,不准有一点儿死角。"期望我们的校园环境是优美的,整洁的;我们的每一间宿舍、每一张床铺、每一个教室以及地面、桌椅、板凳、餐厅的每一个角落都是整洁的,窗明几净,一尘不染,地面没有一片纸屑、一丝痰迹;我们的学生都要衣着整齐,朴素大方,显示出青年人的高雅气质和潇洒风采。

第七节　父亲的养生之道

父亲年逾90多岁时,仍眼不花,耳不聋,步履稳健,腰板硬朗,精神矍铄,思维敏捷,谈吐风趣,在兴教办学上还有远大抱负呢!

父亲身体康健可以说是他的造化,是他的大福大贵,是他的懿德所至。而实际上父亲有他自己的一套养生之道,并被亲朋好友所认可,所赞扬,所效仿。这一点姑且也算作父亲的特长与爱好吧。我总结父亲高寿的养生之道有六个方面:

一是有健康的心理。人生在世要刻苦认真地学习,老实本分地做人,勤勤恳恳地干事。不要投机取巧,不要有侥幸心理,不要纸醉金迷,不要沉醉于富贵功名,不要企图"朝为田舍郎,暮登天子堂","十年寒窗无人问,一举成名天下知",否则,一旦达不到目的,你就会在精神上、心理上遭受巨大的摧残打击,怎能谈得上身体健康?父亲早年在台湾,放着审计署的"公务员"不干,去自谋职业办会计培训班,不被功名所惑,保持一颗平常心,这是身体健康的基础。这样,也可能会不为名而名追,不为利而利随。

二是有宽阔乐观的胸怀。父亲大度能容,能容天下难容之事,且具有乐观向上,积极求进的心态。不管遇到多么大的困难,他从不悲观气馁,不管得到多么大的成绩,他也从不沾沾自喜。别看他有时表面上十分严肃,十分严厉,其实,他是一个非常乐观、非常幽默的人。2011年,郑州日报社记者在国际饭店采访他时,他突然举手说:"报告,我请会儿假去方便方便"。春节,他招待宴请学校主管,一会儿罚这个三杯,一会儿罚那个六杯,使宴席间气氛特别活跃。父亲在他的《广亚锦言拾粹》一书中写道:"身体健美的人,大都是性情开朗、笑口常开、进取心很强的人。"

三是多运动。生命在于运动,人的各个器官必须经常处于有规律的运动状态,身体才能健康。父亲是一个闲不住的人,每周每天的工作总是安排得满满的,一直有做不完的事,这本身就是一种运动,大脑运动,四肢运动。平日里父亲还专门给自己安排运动时间,每天清晨他必到户外运动,散散步,伸伸胳膊,踢踢腿,跳跳舞,之后精神振作,一身轻松。父亲在介绍他的养生经验时说,运动是健身最好的方法,人活着就要运动,不同的年龄和不同的身体条件,要选择不同的运动方式,老年人以散步、练气功、做操、打太极拳较为适宜。

四是定量少食。以前,我和父亲一起吃饭,总感到他饭量很小,一是他年纪大了,饭量自然下降,其另一个原因是父亲每餐只吃七分饱。这是他健康长寿的重要因素之一。父亲说:"我一生遵循的一个重要的养生妙诀,便是定量少食。"父亲无论平日在校内进餐,还是外出参加餐宴,都只吃七八分饱,不管筵席怎样丰盛,饭菜怎么可口,父亲都绝不多吃。民间有个顺口溜:"每餐只吃七分饱,无灾无病无烦恼,延年益寿身体好。"我们何乐而不为呢!

五是要有足够的睡眠。父亲生前,我经常跟随他左右,照顾父亲起居饮食,我注意到父亲很在意自己的睡眠,很看重睡眠质量。每天晚上睡六个多小时,每天下午有午睡的习惯。父亲常向朋友介绍他的"三眠"经验,即"好眠、补眠、偷眠"。好眠就是晚上一定要睡好觉;补眠是下午要休息一会儿,补充睡眠;偷眠,就是自己劳累的时候,精神不好的时候,就坐在沙发上或椅子上打个盹。

六是要讲卫生。这点也是父亲健康长寿的秘诀之一,内容主要包括肌肤卫生、穿戴卫生、饮食卫生。这些道理人人皆知,不再絮谈。

我把"养生之道"列为父亲的特长爱好之一,是因为父亲专门辑录编制了一个特有的多种版本的《养生保健精粹》十二面折页,内容有"养生长寿守则""五养箴""五老延年益寿仙方""饮食保健五原则""不老歌"等,广赠亲朋好友。

父亲编印的《养生保健精粹》

第十三章　父亲的著述

　　我的父亲在兴教办学事业上创立了辉煌的业绩。他不但有着丰富的实践经验,而且在教育、办学、教学、创业、管理、人生、养生等方面,持有广泛而深邃的理论。这主要来自于他的辛勤笔耕。他在动荡的岁月写的东西都散失了,到台湾后,从事教育67年,生活比较安定,使他得以在繁忙的工作之余,坐下来伏案疾书。父亲在灯下熬过了无数夜晚,他握管捉笔,写在别人沉入梦乡之后,写到月落星稀黎明之时。从1961年至2015年,父亲先后编撰各种书籍49册。其内容,有创业之道,有办学理念;有工作回顾总结,有学校管理经验;有抒怀、记事,有人生感悟……涉及面极广。这些书籍,是父亲辉煌而亮丽的人生写照,也是教育事业宝贵的精神财富。其中,他的《成功与失败》可谓是人生创业的座右铭,他的《学校管理》《升达章则汇编》则是一件科学系统的、行之有效的办学锦囊,他的《广亚锦言拾粹》更是人生之宝典。更为珍视的是,父亲去逝后,2018年河南人民出版社编辑出版了《王广亚文集》四卷本。

第一节　父亲著书总目

　　2010年6月,父亲九十嵩寿时,我和升达的同仁对父亲的著作进行了比较系统的收集整理。从1961年至2016年,据不完全统计,父亲编撰教育教学、艰苦创业、道德人生、书法作品等方面的书籍49部。现

父亲部分著书汇集

按年代顺序介绍如下：

一、《进德与修业》(上册)，1961年由台湾台北育达周刊社编印；

二、《进德与修业》(下册)，1961年由台湾台北育达周刊社编印；

三、《教育行政》，1972年由台湾中华书局印刷发行；

四、《成功与失败》，1973年由台湾台北育达周刊社编印，2017年10月河南人民出版社出版；

五、《成功的条件》，1973年由台湾台北育达周刊社编印；

六、《失败的因素》，1973年由台湾台北育达周刊社编印；

七、《商科大辞典》，1973年广亚书局印刷发行；

八、《每周座右铭》(上)，1974年12月由台北育达周刊社编印；

九、《每周座右铭》(中)，1974年12月由台北育达周刊社编印；

十、《每周座右铭》(下)，1974年12月由台北育达周刊社编印；

十、《校务会议报告汇编》(一)，1983年由台北育达周刊社编印；

十二、《人际礼仪》(上)，1983年由台湾台北育达周刊社编印；

十三、《人际礼仪》(中)，1983年由台湾台北育达周刊社编印；

十四、《人际礼仪》(下)，1983年由台湾台北育达周刊社编印；

十五、《就业之道》，1983年由台湾台北育达周刊社编印；

十六、《杏坛履痕》，1983年由台湾台北育达周刊社编印；

十七、《乐育菁莪集》,1984年由台湾台北育达周刊社编印;

十八、《商业与心理》,1986年由台湾台北育达周刊社编印;

十九、《杏坛纵横》,1988年由台湾台北育达周刊社编印;

二十、《生活小语》,1988年由台湾台北育达周刊社编印;

二十一、《人生拾零》,1989年由台湾台北育达周刊社编印;

二十二、《学校管理》,1989年由台湾台北育达周刊社编印;

二十三、《杏坛拾穗》,1991年由台湾台北育达周刊社编印;

二十四、《拥有与享有》(上),1996年由台北育达周刊社编印;

二十五、《拥有与享有》(下),1996年由台北育达周刊社编印;

二十六、《校务会议报告汇编》(二),1997年由台北育达周刊社编印;

二十七、《杏坛随笔》,1998年由台湾台北育达周刊社编印;

二十八、《王广亚书法初阶作品集》,1998年由台北育达高职编印;

二十九、《杏坛鳞爪》,2002年由台湾台北育达周刊社编印;

三十、《升达章则汇编》,2003年由郑州大学升达经贸管理学院编印;

三十一、《私教协会与我》,2003年由台北育达高职编印发行;

三十二、《育达与我》,2003年由台湾台北育达高职编印发行;

三十三、《升达与我》,2003年由河南人民出版社出版;

三十四、《三本教育思想——我的办学理念与实践》,2005年由河南人民出版社出版;

三十五、《广亚锦言拾粹》,2007年由河南人民出版社出版;

三十六、《成功与我》,2009年由河南人民出版社出版;

三十七、《烛火集》,2009年由台北育达高职编辑出版;

三十八、《八八忆往》,2009年由台北育达高职编辑出版;

三十九、《王广亚书法作品集》,2009年由郑州大学升达经贸管理学院编印；

四十、《创办人王广亚博士书法集粹》，2009年由郑州成功学院编印；

四十一、《砚田勤耕六十春》，2009年由台湾编辑出版；

四十二、《在自己的生命中做第一》，2009年由台湾天下远见出版股份有限公司出版；

四十三、《寄语升达》，2010年由郑州大学升达经贸管理学院编印；

四十四、《王广亚书法集》，2011年由台湾苗栗育达科科技大学编印；

四十五、《王广亚的奋斗人生》，2012年由台湾商讯文化事业股份有限公司编印；

四十六、《升达情深》，2014年由郑州升达经贸管理学院编印；

四十七、《杏坛珠玑》，2014年由台北育达高职印刷发行；

四十八、《我的大学理念》，2015年由中国发展出版社出版；

四十九、《王广亚文集》，2018年由河南人民出版社出版。

第二节　教育理论著作

父亲平生全身心倾注教育，因而写下大量有关教育理论的著作。父亲的教育理念，我已在本书第四章中作了较详细的叙述，这里我仅把父亲论及教育的重要著作及其内容，做概括介绍。

父亲不愧是教育的专家，他论述教育的著作就有《杏坛履痕》《杏坛纵横》《杏坛拾穗》《乐育菁莪集》《学校管理》，等等。杏坛，乃春秋时期孔子聚徒讲学的地方，因当时土坛周围栽种了许多杏树而得名，至今山东曲阜孔庙里还有杏坛的遗址，但坛与杏树早已不存了，后人即把"杏坛"二字作为从事学校教育的代名词。

《杏坛履痕》一书所辑内容是我父亲1974年至1983年的演讲记录、专论、访问记要等。父亲在序言中说，从他离开审计部门立志创办育达商校，到1983年9月，转眼已经34个年头，34年里，他经历了私人办学最艰苦的时期，尝遍了从事教育酸甜苦辣的滋味。父亲对台湾私校教育的殷殷期勉以及国际间文化交流、教育合作的建言，书中也时有忠实的表达。这些资料，大多已在不经意中流失，收集到的，仅是散见于育达周刊中的一些记叙和报道。

《杏坛拾穗》

《杏坛纵横》一书辑录的主要有专论选集、讲演记录、访问记闻、出版序言四部分。前三辑是自1982年至1988年间所发表的文章和讲演，第四辑是为周刊丛书历年写的21篇序言。父亲说，这本书内容可增补《履痕》一书不足。《纵横》一书最突出的

《杏坛纵横》

一点是父亲为台湾私立教育事业奔走呼号、仗义执言、努力请命。"专论"中大多篇目都是谈私教问题。

《杏坛拾穗》一书，是父亲《履痕》和《纵横》二书的延续，收录了他于1988年到1991年发表在育达周刊、现代青年月刊及私教协会会务简讯上的文章和讲辞，加上为丛书出版所写的序言，仍分为"专论""讲演""访问""序言"四部分。父亲在"专论""讲演"中继续为私教和教职工福利呼吁，并且这种呼吁已明显收效。

《乐育菁莪集》收集的是我父亲散见于育达周刊上对学生的精神讲话，及在校内集会上的一些演讲词。"菁"者，精华也；"莪"者，幼小

苗木也。父亲说，育达的学生们就像是一棵棵成长的小树，需要不断辛勤的灌溉、培养，才能茁壮。我父亲无时不为这百年树人的教育工作，竭尽智慧与心力，乐此不疲。

《学校管理》一书辑录52篇文稿，是我父亲自1986年10月至1989年1月连载在育达周刊《学校管理》专栏中的文章，这是我父亲积40年的办学经验写成的一部教育理论著作。他认为：学校管理是推行国家教育政策的具体行动，是实践学校宗旨的推动力量，也是熔铸教育对象的规矩。本书文字平实，用事例说明道理，令人信服。

此外，我父亲历年在北育及桃育联合校务会议上所作的校务报告，由育达周刊社编印成《育达商职校务会议报告汇编》一书，书中多是有关教育行政的论述，从中可了解我父在学校管理方面的见解。

第三节　父亲对韩国教育的研究

父亲生前对韩国教育进行了多次考察，对照台湾的教育现状作了深入的探讨和研究。在《杏坛履痕》一书中，《国家意识觉醒下的韩国教育》《他山之石可以攻错》《由韩国私教发展透视我国私教问题》等篇，集中表述了父亲对韩国教育研究的成果。

我父亲通过对韩国现代教育的考察研究，认为韩国教育普遍呈现着复兴的气象，学生健康情况良好，学习情绪浓厚，升学主义已为实用主义所压制。父亲说，韩国人民久经战火之后，从政党政治中看到了意识觉醒的曙

1985 年，韩国教育部长李焕向父亲颁赠"宣扬文化"奖牌

光。具体表现是：追求安定、向往建设、祈求荣誉。这种行为意志，是韩国的民意之流，流向了下一代，使社会风气为之一变，使教育得以一枝独秀。

我父亲从以下五个方面论述了韩国教育的特点：

一、实用主义压倒升学主义

二、公私立学校相辅相成

三、健康教育收到效果

四、重视培养学生荣誉感

五、民族精神教育有效

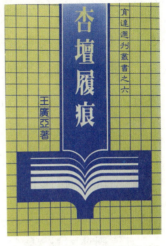

父亲著述《杏坛履痕》一书介绍了他对韩国教育的研究

除上述五点外，父亲还对韩国教育制度的发展，从古代教育、近代教育、现行教育制度做了详细深入的分析，对韩国私校教育的特点，分析尤为翔实透辟。称赞韩国教育富有革新精神，并且既有决心，又有魄力，大刀阔斧，绝不虚应故事。这种即说即做的精神，令人喝彩。

父亲深入研究韩国教育，其目的在取人之长，补己之短，使台湾教育呈现更新的气象。父亲说："外国月亮不一定会比中国月亮圆。"他坚信，只要教界同仁积极进取，知耻知病，求新求行，必能克服种种困难，达成教育兴国之使命。

第四节　修身进德著作

我父亲历来把修身进德当作一个人安身立命的根基，他办教育的宗旨在转变青年人的气质，要培养学生具有健全的人格。他的著作中，有关勉励青年学子修身进德的文章占了很大的比重。这些著作有

《进德与修业》(上下册)《每周座右铭》(上中下三册)《人际礼仪》(上中下三册)《人生拾零》《生活小语》等。

《进德与修业》一书,共计172篇,是我父亲的重要著作,全书上下集分为四部分,分别是"青少年问题讲话""完整的教育""健康问题之研究""经商之道问题研究"。父亲以和蔼慈祥的长者身份和口气,以自己从事教育多年的经历和对人生的体验,殷殷劝导青年学子涵养品德,增进学业,维护健康,树立敬业精神。书中每一篇都渗透着我父亲对青年学子无限关爱之情。

《每周座右铭》是父亲为育达周刊专栏写的文章,共计285篇,分为上中下三集。父亲的每一篇文章都不是空口说教,而是多举事实,善用比喻,深入浅出,步步启发,读者自会从他平易亲切的文词中领悟出深奥的道理,而决非是硬着头皮听人训教。

《人际礼仪》堪称是我父亲的一部力作,分为上中下三集,也是父亲为育达周刊写的专栏文章。他针对礼仪"诚于中""形于外"的特性,从行为、意识、生理、心理四个层面阐释人际礼仪的来龙去脉。该书理论性较强,有些涉及心理学的概念,比较抽象,不太容易理解,尚赖读者细心钻研,方能领悟其真趣。

《人生拾零》《生活小语》两本书,都是语录式的专辑,是我父亲发表在育达周刊上的文字剪辑,目的在于以此为青年朋友的座右铭及做人处世的参考。父亲为这两本书写了内容文字一模一样的"自序",《生活小语》成书在前,《人生拾零》晚一

修身进德著作《进德与修业》

年，两书编排都分为 "人生警语""职业与教育""励志文粹""健康生活"四部分，两书可并称为"姊妹书"。

第五节　商业经济著作

我父亲创办了台北育达高职、台湾苗栗育达科大、郑州升达经贸管理学院、郑州商学院，都是商业经贸类学校，以培养社会需要的经贸人才为办学宗旨，这与社会经济息息相关。父亲常说："商场如战场。"所以，他经常注意商业经济的研究，指导学子了解各行业专门知识，熟悉商业竞争情况，以适应社会需要。我父亲除邀请专家学者举办专业研讨，组织学校学有专长的教师撰写商贸文章外，他自己也于1984至1986年间写了《商业与心理》一书，并主编了一部方便适用的工具书《商科大辞典》。

父亲在《商业与心理》一书的序言中，首先批评了我国从古以来官僚士大夫自视清高、歧视商业的偏见，肯定"商业是一种现代化、国际化的专业知识，若非深入涉猎，无法窥知其堂奥"。我父亲把商业看成是一门科学，其中学问绝不可能等闲视之。父亲说，凭他多年的观察，发现商场上种种事情都与"心理"因素有很大的关系，"许多商业事务的发生和演变，事实上即是商业人员的心理反射"。他认为商业与心理是一体两面，商业人员在熟悉商业知识、拥有精良的人才、缜密的管理和足够的财力之后，若能具备对商业心理的认识与重视，当更能发展自我，成就一番伟大事业。

父亲主编的《商科大辞典》

台湾是个竞争剧烈的工商社会,形势瞬息万变,育达教育机构的学子要在未来千变万化的商场上立足应有充分的心理准备。"如何掌握先机,洞悉对方的动机,探索心理意识形态,能将心理现象拿捏得稳,知己知彼,定能拥有似锦的前程。"

父亲还为同仁们撰写的有关商业著作写了序言,如《〈就业陷阱〉序》《〈商科学习入门〉序》《〈台湾工商业扫描〉序》《〈商场趣谈〉序》《〈行销策略与应用〉序》《〈制造成本与品质管理〉序》等,文中也阐发了我父亲重视商业经济研究的思想。

第六节　父亲的文学作品

父亲的文学著述没有汇编成专集,而是散见于已经出版的一些著作里,如《杏坛履痕》《杏坛纵横》《杏坛拾穗》等书中的"讲诗说词"和"专访""游记"等,都是很好的散文作品。

我时常这样想:以我父亲的才华,他写起文章来,一定是文思泉涌;如果他潜心搞文学创作,一定会成为一流的作家。他年轻时读了很多书,背诵了大量的古典诗词和名篇散文,至今有许多还烂熟在心。就是他的一些学术著作,由于他文笔流畅,语言优美,读起来亦能引人入胜。父亲常常毫不费力地引证古诗文词和典籍名句,仿佛信手拈来,却又恰如其分。这是父亲学养有素、成竹在胸的表现,只是父亲把一生的精力都投注到了教育事业上,成为名副其实的教育家,无心在文学方面发展。

"访问记闻"中有许多篇散文佳作,如《访韩纪行》《访韩纪游》《访树人话树人》《手牵手送爱心到泰北》《琉球之旅——无烟囱的美丽珊瑚岛》《韩国清州之行》《中国大陆十四日行脚》等,篇篇耐人寻味,使人手不释卷。父亲散文的突出特点是记实性强,感情充沛,语言生动感人。他叙事的文笔带我们游历韩国的名城和学园,观赏异国风景;又引领我们在劳军之行中奔松山,赴花莲,飞澎湖,走马公,迎着轻柔的海风,呼吸着带咸味的清凉空气;再带领我们飞向泰北的荒僻林莽,看那里华人子弟学校的简陋;忽而父亲笔下又为我们展现出日本冲绳——琉球珊瑚岛的风光,我们仿佛与我父亲一起驱车奔驰在岛内高速公路上,天上暖阳高照,眼前群山叠翠,我们进入"兰花展示馆",看到千种兰花,争奇斗艳;水族馆内,种类繁多的海底动物,尽收眼底;我们又进入"名护自然动植物公园",观看了植木集中区、仙人掌峡谷区、阿根廷大草原区、犀牛鸟森林区、大洋洲花鸟区、马达加斯加湖湾区、非洲热带草原区、南美猴鸟区、亚马逊丛林区、水中隧道及红鹤湖区等,真让人饱了眼福。

琉球是没有烟囱的美丽岛屿,没有工业污染,天空明净,海水蔚蓝,陆地如茵,环境宜人。父亲描绘了琉球之夜,他这样写着:

"琉球的夜,非常宁静,好像婴儿安祥地倚卧在母亲的怀里。而万家灯火的市集,虽车水马龙而无车辆穿梭的喧嚣;行人擦肩而过,步履轻盈而无都市族群的紧张忙碌。难怪琉球居民多高寿,男女平均年龄均高于日本本土,因而又赢得'长寿岛'的美誉。"

总之,读父亲写的散文,你不能不为他高超的叙事能力折服。父亲记叙的翔实,描绘的生动,语言文词的优雅,抒情议论的得体,真能给人以美的艺术享受。

第七节　父亲的学术著作

父亲的学术著作多以教育为专题,一些专论文章有很高的学术价值。如《药不瞑眩疾不疗——试论保障录取名额的药效》《疱有肥肉、厩有肥马、途有饿莩——有感于私立高中高职招生不足而发》《发扬中华文化应以教育为本》《时代青年应有的认识与抱负》《试就我国社会发展趋势略论职业教育兴革之道》等篇,都是说理透彻、见解精辟、语言铿锵、掷地有声的佳作。这里,我重点向读者

1984年香港远东书院向父亲颁赠学术奖章

介绍推荐《时代青年应有的认识与抱负》一文。

我父亲诚实的人格决定他写的文章无意粉饰现实。他总是教导青年人要勇敢地面对现实,不要不切实际,想入非非,而是脚踏实地去努力超越和克服困难。父亲在《时代青年应有的认识与抱负》一文中写道:

"现实生活是怎样的情况呢?那是成功与失败交织、痛苦与快乐杂陈、理想与现实冲突……我们必须不断地学习,不断地重新出发,经过汗水、泪水,才能尝到胜利的果实、成功的喜悦。"

父亲对青年们给予更多的是鼓励和期待:

"青年人有用不完的活力和朝气,若能善于珍惜,必能创造出一番事业来。倘若不知珍惜,浑浑噩噩,待青春逝去,活力消失,就后悔莫及了……有见识的青年,应该脚踏实地,追求卓越,随时鞭策自己,努力再努力,进步再进步。"

应该说,这是一篇策励青年人争气上进的论文,仍然属于修身进德的范畴。

前边已经说到的那篇《发扬中华文化应以教育为本》,是一篇学术专著。父亲分析阐明了中华文化的特质,从政治教化、社会经济、科

技文明、文学艺术、宗教礼俗五个方面阐明发扬中华文化必须以教育为根本动力。特别在"宗教礼俗"一节中，论述了我国的年节风俗，如春节的喜庆，清明节扫墓，端午节龙舟竞渡，吃粽子，中秋赏月，重阳登高等传统节日，标志着我们中华民族文化悠久、敦睦人伦的美德。

父亲在此文的最后指出："世界上任何一个民族文化，就其发展历史来说，没有比中华文化更悠久绵长的。就其实质内涵来说，没有比中华文化更符合人性的。因此，我们应以身为中国人而感到荣耀。字里行间，洋溢着充沛的民族自信和自豪，激励起每一位中国人奋发向上的热情。"

第八节 《升达与我》与《寄语升达》

2003年、2010年父亲先后撰写了《升达与我》与《寄语升达》两本书，论述了升达发展的历史，记录了父亲为创建升达所付出的艰辛，展现父亲对教育事业的勃勃雄心与满腔热情，字里行间还表露出父亲对升达领导、升达老师、升达学子的关爱，对升达未来的发展所寄予的厚望。

《升达与我》是父亲建校后前十年的总结。父亲在这本书的序言中写道："屈指一算，昼与夜的转换已经3600多次了。10年前，升达才

父亲著述《寄语升达》

刚刚找到这块土地，才奠定了基石，挖开地基并开始建筑工程。一晃之间，十载日历翻过，往日的荒丘、沟壑、茅屋、荆榛，都不见了，这里成了升达大学美丽的校园。鳞次栉比的高楼，婆娑扶疏的花木，波光闪闪的湖水，摇曳生姿的烟柳，悠扬清脆的钟声，宽敞整洁的园

地,如梦似幻,总使我的心潮难以平静。10年来,我心系此地,梦萦此境,汗滴此土,十二分的甘苦,十二分的收获。我心中最大的安慰,就是我和我的胞弟王万兴回馈桑梓,报答父老乡亲养育之恩,在豫兴学的愿望终于实现了,胞弟的在天之灵也该笑慰了。"

父亲著述《升达与我》

《寄语升达》一书是2010年升达学院校长办公室同仁在父亲九十嵩寿时,为父亲集结出版的"言论集"。该书由"论述""祝词""讲话""信函、书序"四部分组成,是父亲的肺腑之言,是父亲对升达学院的关心、关怀与期望,是父亲对升达师生的谆谆教诲,是父亲规划升达、建设升达的的蓝图,亦是父亲教育心路历程和整体教育理念的重要组成部分,是升达学院建设发展的宝贵精神财富。

第九节 《升达情深》

父亲著述《升达情深》

《升达情深》一书是我的父亲在2014年,为升达学院校庆21周年写的回忆录,这一年正好是他从事教育事业65周年。他说,2013年,在升达建校20周年庆祝会上,他心潮起伏,激动万分,在升达《校报》上发表一篇题为《坎坷风雨路光辉二十年》的回想文章,虽然文章洋洋洒洒长达四五千言,但仍感到言犹未尽,心中仍集满许许多多的话儿想叙、想述。这就是他书写《升达情深》的缘由。

父亲新著《升达情深》首发仪式

父亲在这本书的《自序》中写道："升达创建至今已历经21年的风雨历程，21年披荆斩棘，风雨兼程；21年文脉流传，薪火相承；21年辛勤耕耘，砥砺奋进；21年开拓创新，成就辉煌。我认为，无论从办学规模、办学质量、学科建设、设施建设、学风校风、获取成绩等诸多方面来看，升达，是我兴教办学65年来，所创办十所学校中最好的一所。我的教育理念和办学理念在升达得到淋漓尽致的体现。"创办升达是父亲的杰作，是父亲的大手笔，是父亲教育事业辉煌的顶点。

《升达情深》这本书，较为全面地记录了升达创建、成长、发展之过程，更加详细系统地阐述了父亲与升达亲密无间的浓浓深情。

第十节 《成功与失败》

2017年10月1日，升达学院校庆24周年前夕，我责成工作人员，由河南人民出版社为父亲出版了他的《成功与失败》一书，我为父亲的这本书序写了初稿。

我在序中阐述道："对于'成功与失败'，人人都在研究思考，人人都会关心关注，人人都在践行。在学业、事业上，在人生道路上，每个人都想成功,谁都不想失败。然而,如何避免失败、获得成功,对每个人都至关重要。今天,我们把郑州升达经贸管理学院创办人、我的父亲王广亚博士的《成功与失败》一书印刷出版,其目的,一是为正在积极准备、迎接教育部对升达学院本科教学合格评估的全校教职员工鼓劲加油;二是希望广大师生继续秉承创办人的教育理念和办学理念,开拓奋进,不断创新,走向成功,谱写辉煌人生。另外,也是向升达学院建校24周年献上一份值得纪念的礼物。"

《成功与失败》是我的父亲1972年前后,为他在台湾地区创办的台北育达高级商业家事职业学校的校报《育达周刊》专栏撰写的文章,计30多篇,曾由台湾育达周刊社内部出版。这本小册子,虽已出版40多年,文字不足10万,但是每当我们听到、看到或翻阅这本小书时,即会感到眼前一亮,其内容与我们的思想产生共鸣,全身就会增添无尽力

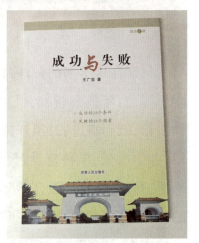

父亲著述《成功与失败》

量。书中淡如兰芷、朴实无华、含义深刻的文字,让人悟出不少道理,给人指出前进的方向。因此,在升达学院、在父亲创立的育达教育系统,不少人都在索求这本书。

不可否认,我的父亲是一位出类拔萃的成功人士,由他捉笔撰写的《成功与失败》,是他聪颖敏锐的智慧结晶,是他兴教办学的经验总汇,这些文字跃然纸上,是用心血播种、用笔锋耕耘、用事实说话、用丰厚的文化底蕴集结的精神财富。

本书分两大部分。一是成功的条件十八项;二是失败的因素十六项。这些论述,对人生有着良好的启迪与引导作用,是个人成功立业的规范,亦是健全人格、变化气质的要素。希望广大读者"择其善者而

从之,其不善者而改之",把握成功的条件,规避失败的因素,不徒为无益之事,不致浪费精力才智,努力实现自己靓丽美好的人生。

第十一节　父亲的巨著——《王广亚文集》

2018年11月1日,在升达学院召开的"弘扬创办人王广亚博士教育理念暨建校25周年成果汇报会"上,隆重举行了《王广亚文集》首发仪式。《王广亚文集》由河南人民出版社出版发行,这是升达学院的一件大事、喜事、盛事,也是河南省与教育界的一件大事、喜事、盛事。

在长达一个多甲子的兴教办学岁月中,我的父亲积累了丰富的办学经验,凝练了科学的、独到的、适应社会与时代发展的教育理念与办学理念。他鼎力办学,并善于理论总结,笔耕不辍,其撰写的有关教育理念、办学实践、教学管理、人生修养、敦品励志、书法艺术等类内容的书籍,据不完全统计多达49本。这些书籍,尤其是教育理念、办学理念、教育实践的书籍,是培育社会英才的经典,是创校治学的箴

王广亚文集

言,是对中华民族优秀文化的传承与延展,是我国教育事业、特别是民办教育事业建设发展的宝贵财富。

2015年12月29日,我的父亲突然病逝,永远地离开了我们。一颗巨星陨落,一代尊师离去,我们要继承父亲的遗志,发扬光大父亲的精神。对于父亲遗留下来的教育理念、办学理念、办学实践经验——这笔宝贵的精神财富,这些难能可贵的教育文献亟待认真收集整理、认真编辑。于是,我决定在升达学院立刻成立《王广亚文集》编辑委员会,我和学校执行董事王新奇担任《王广亚文集》编辑委员会顾问。随后,设立了《王广亚文集》编辑部,组织思想意识强,文笔功底好,工作热心负责的老师,又配上学生助理,于2017年4月开始着手整理王广亚先生的书籍,编辑《王广亚文集》。

这是一项巨大工程,一项功利后人、奉献社会、惠及教育事业的重要工程。大家不负使命,勇于担当,攻坚克难,精编细选,认真研究,在"严"字上下功夫,在"细"字上做文章,并注重文集的政治性、思想性、代表性、权威性、统一性、严谨性,紧紧把握王广亚先生"立德树人"这一核心教育理念和根本原则,经过整整一年的辛勤努力,方使《王广亚文集》付梓出版。

此次首期研究整理的《王广亚文集》全套四卷本:第一卷为"教育理念卷",145篇文章;第二卷为"教学实践卷",72篇文章;第三卷为"升达学院卷",153篇文章;第四卷为"人生修养卷",110篇文章。

第十四章　父亲的荣誉

有人把荣誉比作娇艳芬芳的鲜花；有人把荣誉比作头顶金光闪闪的光环；也有人把荣誉比作玩偶、弃物，说这都是过去的事情，不必过于在意；还有人说荣誉和辛勤劳动、全部付出、所做贡献画等号、成正比。我非常赞同最后一种评述。荣誉代表着人生的成就，从某个意义讲，也代表着人生的价值。我的父亲从事教育事业67年之久，他竭心尽智，惨淡经营，淌尽了汗水，耗尽了心血。当然，他也获得了许许多多、不计其数的荣誉，可以说他带着无数光环，他的胸前挂有无数枚奖章，他的手中捧着一束又一束五彩缤纷的鲜花。

下面，我将父亲获得的荣誉分十六节予以叙述。

第一节　四个博士学位

我的父亲王广亚1967年毕业于日本亚细亚大学，同年获得经济学学士学位。

父亲的一生是勤奋工作的一生、刻苦学习的一生。他工作不忘学习，学习不忘工作，不断追寻，不断奋斗，不断攀登。从1977年到2010年的30多年时间里，他先后获得4个大学的博士学位。

1977年10月，父亲荣获美国联合大学荣誉教育博士学位。同年10月24日，领赠仪式在韩国汉城举行，美国联合大学校长赫尔法博士亲自主持。父亲在颁赠仪式上身着博士服，头戴博士帽，恭恭敬敬地接

1977年，美国联合大学向父亲颁赠
荣誉教育博士学位

1997年，父亲获韩国清州大学
"名誉经营学博士"学位

2009年，父亲荣获韩国南部大学"名誉
教育哲学博士"学位

过了赫尔法校长颁赠的博士证书。赫尔法校长在仪式上推崇我父亲为教育工作所做出的卓越贡献，并赞扬他是台湾私立教育界的楷模。这是父亲首次获得博士学位，也是他献身私立教育事业而努力的结果，在台湾教育事业中树立了典范。

1997年4月，我的父亲荣获韩国清州大学名誉经营学博士学位。当年4月26日，颁证仪式在韩国清州大学举行。父亲头戴博士帽，身着博士服，接受了该校领导颁发的博士证书。此次颁发证书，是韩国清州大学为了褒奖我父亲半个多世纪以来，在教育战线上所取得的巨大功绩。接受证书之后，父亲说："谢谢清州大学的鼓励，我一定继续努力工作，促进台湾与韩国之间的文化教育往来。"

2009年，我的父亲荣获韩国南部大学名誉教育哲学博士学位，颁赠仪式在韩国南部大学举行，该校领导向父亲颁发了证书，父亲头带黑色黄穗博士帽，身着红色博士袍，肩披蓝色垂帘，手戴雪白手套，在这个神圣的时刻，恭恭敬敬地接受了证书颁发。

2010年，父亲荣获世界著名的日本创价大学名誉博

2010年，日本创价大学向父亲颁赠
"名誉博士"学位

士学位。同年3月，日本创价大学校长山本英夫率团赴台，在台湾苗栗育达科技大学举行的仪式上，山本英夫校长亲自把"创价大学名誉博士学位证书"颁发给我的父亲。仪式隆重而热烈。这一证书，是日本创价大学为表彰我父亲60多年来对教育事业的积极投入与卓越的办学成果而特意颁赠的。当得知父亲又荣获一个博士学位时，我非常兴奋、激动不已，无法向父亲当面道喜，只好在郑州代表升达学院立即向台北发去贺电，祝贺父亲又获一项殊荣。

第二节　父亲早期获得的荣誉

父亲生前曾说，他从1949年兴教办学67年来，吃了不少苦，费了不少劲，但也获得了数不清的奖状、奖证、奖章、奖杯，因为时间过久，这些奖品有的尚在，有的已不知去向，故书写这一节，我只能查阅资料，找一些文字记载，难免会有遗漏。下面，择其要简述如下：

1959年9月，荣获台湾台北市市长对先进教育工作者颁发的"百年树人"奖牌。

1972年9月，获台湾教育部门颁发的"资深优良教师"荣誉。

1980年10月，父亲在台岛推广珠算教育成绩显著，获台湾商业总会及商业珠算委员会颁赠的"厥功至伟"匾额。

1980年12月，韩国私学财团联合会为推崇我父亲和台湾桃园育达高中董事长我叔父王万兴二人对推动台湾与韩国之间的文化交流所做出的贡献，为我父亲和我叔父颁赠了韩国最高荣誉"特别功劳凤凰奖章"。

1972年，父亲当选资深优良教师，荣获台北市政府奖

1981年12月，韩国总统金斗焕为我父亲亲自颁发由联合国非政府机构——国际光明社会世界总会颁赠的最高荣誉奖状"牡丹奖章"，以表彰父亲对推动韩国与台湾教育文化交流所做出的卓著功绩。

1980年，韩国私学财团联合会颁赠父亲最高荣誉"特别功劳凤凰奖"

1982年，为鼓励台湾私教协会在1981年度全岛社会团体工作考核中取得优良成绩，当地政府特对身为私教协会理事长的我父亲颁赠荣誉证书。

1982年5月，台湾私教协会被评为绩优社团，台湾当地政府为我父亲颁赠了"华夏奖章"。

1984年12月，香港远东书院向我父亲颁赠了"学术奖章"。

1984年12月，韩国私学财团联合会会长李春基博士向我父亲颁赠了"教育成功奖"。

1985年6月，鉴于我父亲致力于推动台湾地区和韩国文化交流之贡献,台湾教育部门为我父亲颁发了"宣传文化"奖状与奖牌。

1985年12月,鉴于我父亲致力于台湾教育事业并取得的卓越贡献,台湾教育部门为我父亲颁发了"木铎奖"一座。

1987年4月,美国WUM国际财团总裁高世一成博士,将该会"世界和平教育奖奖章"及"世界和平奖章"各一枚颁赠给我父亲,以表彰他对增进国际文教交流和促进世界和平所做出的贡献。

1987年5月,鉴于在台湾民办教育事业中绩誉卓著,我父亲荣获台湾国民党主席蒋经国的颁奖表扬。

1987年5月,我父亲获台湾行政院院长颁发"高等服务奖章"。

1989年5月,鉴于积极辅导学生就业绩效卓著,我父亲荣获台湾行政院劳委会颁奖表扬。

1987年,美国WUM国际教育财团颁赠父亲"世界和平教育奖"

1989年8月,我父亲荣获美国德克萨斯州"荣誉市民"称号。

1989年10月,我父亲荣获美国加州BAPTIST学院颁发的"杰出教育贡献奖"。

1989年10月,我父亲荣获

1995年,连战向父亲颁赠中华民族世纪巨龙奖

美国德州达拉斯市"荣誉市民"称号。

1991年10月,我父亲荣获韩国汉城国际文化协会颁赠的"世界和

平大奖"。

1993年6月,我父亲荣获台湾侨委会章孝严委员长颁赠的"感谢状",以感谢父亲对侨教工作的赞助。

1995年6月,我父亲荣获台湾国民党主席李登辉颁发的"华夏一等奖章"。

1995年12月,我父亲荣获台湾杰出终身从事教育精英人才"巨龙奖"。

第三节　台湾地区杰出教育事业家

2001年,我的父亲王广亚在台湾被授予"十大杰出教育事业家"荣誉称号,这项荣誉分量重,影响大,意义深。在我看来,父亲获得此项殊荣是实至名归。那时,父亲从事教育工作已达50年之久,创办了一所又一所学校, 还在大陆创建了郑州升达经贸管理学院并取得成功,为推动台湾民办教育的发展及加强海峡两岸文化教育学术交流,发挥了巨大作用,取得了卓越成效。有一份资料对父亲荣获"台湾杰出教育事业家"这样说明:"王广亚先生对发展私立教育事业,贯彻台湾教育事业政策不遗余力,1964年倡导组织'台湾私立教育事业协会',并从第二届起连续七届共27年担任协会理事长一职,数十年如一日,精心耕耘,对私立教育事业之研究发展做出颇多贡献。"

台湾私教协会向父亲赠"春风广被"匾

1995年，台湾私教协会第九届理监事会召开，按照台湾有关法律规定，所有社会团体领导不得多届连任，我的父亲在此岗位上卸任息肩。然而，父亲的功劳卓著，声望极高，与会同仁一致推举父亲为"台湾私教协会永久名誉理事长"。从此可以看出，父亲有"台湾杰出教育事业家"美誉，其主要原因是父亲倡导组建并得力领导台湾私立教育协会。

台湾私立教育协会是台湾私立学校成立的组织机构，属于社会团体，是私立学校交流发展的平台，其宗旨是加强联系、加强沟通，开展活动，加强私校之间学术交流与教学经验交流，以求共同进步，并推动教育事业的快速发展。据了解，该协会有300多个大中小会员学校。该协会扎实贯彻台湾的教育方针，积极

2001年，父亲获"台湾十大杰出教育事业家"

开展各项活动，成效显著，年年台北社会团体考核都是优良。

第四节　获"感动中原——60年·60事·60人"殊荣

2009年10月1日，中共郑州市委机关报《郑州日报》在头版报道，由郑州市委宣传部、郑州市委党史研究室等举办，中原网承办的"感动中原——60年·60事·60人"评选活动揭晓。我的父亲王广亚博士赫然在列。这是父亲的荣耀，我作为他的女儿也感到无比的骄傲和自豪，父亲创办的郑州升达经贸管理学院以及他领导的育达教育文化机构都为之感到无上荣光。

一个郑州市有700多万人口，时间跨度又那么长，一个甲子60年，仅评出感动中原的60人，而父亲只回家办学十多年，给家乡人民办了

几件好事，就被当选，家乡政府和人民群众对父亲这是多么的信任，多么的肯定，多么的称赞，多么的鼓舞啊！

得知这一消息，升达学院校刊社在校长崔慕岳教授指导下，《校报》在10月16日的头版报头的位置，隆重公布这一喜讯，并制作了两块宣传板块，一块放在校大门口的宣传橱窗内，一块放在行政大楼大厅，让全校师生在最短的时间内共享这一荣誉，这一幸福。

之前，《郑州日报》于9月18日介绍了被评选人的事迹，然后让市民读者与网友评选。报纸介绍我父亲从事教育事业达60年之久，成就卓著，享誉海内外。

此次评选，经过680多万张选票评选，父亲与世界乒乓球冠军邓亚萍、"人民的好公安"任长霞、人民艺术家豫剧大师常香玉、国家一级编剧《朝阳沟》之父杨兰春、中国书法家协会主席张海、全国著名作家魏巍等60人同时当选。

2009年12月17日，"豫苗武同根，育达喜相逢——海峡两岸同根武术交流活动"在台湾苗栗育达科技大学盛势开展。活动开始之前，活动主办方特地为我父亲隆重举行"感动中原60年·60事·60人"荣誉证书颁发仪式。多数获奖人员已在省会郑州参加了颁奖仪式，当时，父亲不在大陆，这是单独进行补发。

河南省委秘书长曹维新、郑州市市长赵建才、河南省教育厅副厅长訾新建以及台湾苗栗县县长刘政鸿等有关人士

2009年，父亲获"感动中原60年60人"殊荣。
郑州市市长赵建才赴台向父亲颁奖

及育达科技大学的众多师生参加了颁发证书仪式，一同见证了我的父亲获得"感动中原60年·60事·60人"证书这一盛大与幸福时刻。

第五节 获"中原之子"荣誉称号

2012年1月10日，中共郑州市委机关报《郑州日报》于头版核心位置，隆重推出了"中原之子系列人物之王广亚"，并以《多维世界构筑"教育帝国"》为题，在当日第六版用整版篇幅，深度报道了我父亲王广亚博士的传奇经历和他的多维世界。这一报道在社会各界引起广泛关注和强烈反响。

这篇6000字的长篇人物传记，在版面上编排了几个小板块：一是人物名片；二是人生传奇；三是人生格言。

人物名片——简要介绍我的父亲。

人生传奇——简要介绍父亲的业绩。

人生格言——选择父亲关于办学心态与毅力的一条语录，即"我所创办的学校，除了挹注我个人所有的积蓄，更投入了我所有的青春和生命。我的全盘付出，不但无怨无悔，甚至乐在其中"。这句话表现了他的博大胸怀。

文章正文用较大篇幅介绍我父亲创办与打造的"教育帝国"来自他的多维世界。

《郑州日报》报道"中原之子——王广亚"

一是多维世界之远与近,介绍我父亲寄居台湾而"近乡情更切",在河南乃至全国开创台资在大陆创办本科高等院校之先河,这所大学就是郑州升达经贸管理学院。

二是多维世界之弱与强,介绍我父亲这位普普通通的高龄老人看似孱弱,却为打造"教育帝国"的梦想,与刚强和坚毅的主色调一生相伴,不离不弃。当时,年逾九十的他仍雄心勃勃,还准备在教育事业上有更大的斩获、更大的发展,真可谓愈老弥坚。

三是多维世界之老与潮,介绍我父亲虽年老,却很"潮",他的潮,潮在办学特色上,潮在教学理念上,潮在办学既固守中国的优秀传统文化,又与世界接轨,潮在学校发展现代化、资讯化、公园化,潮在工作与思维的细枝末节上。

四是多维世界之奢与俭,介绍我父亲打拼了一辈子,无疑已被贴上"亿万富翁"的标签。然而,在他的多维世界中,大家风范与"小家子气"却反差并有序兼容着——他在办学上,购买世界上最先进的教学仪器教学设备,自己却舍不得买时尚衣物;他招待客人招待朋友不计消费,自己却经常吃便当,吃烩面。

这篇人物专访是对父亲集资办学成就的高度评价,也是他的女儿、他的家人、升达学院师生及他的教育文化事业机构同仁的荣耀。

第六节　获"黄河之子"荣誉称号

2014年1月,由河南省豫商联合会主办、河南天博传媒承制的百集鸿篇巨制、记录片《黄河之子》在凤凰

凤凰网向全球华人深度报道"黄河之子"
——王广亚

网河南频道播出。其中,《黄河之子》第五集是介绍我的父亲王广亚的办学业绩。纪录片以"解读新豫商时代精神"为主题,通过唯美的镜头语言向观众讲述豫商的光辉成就。这部片子的播出,使育达教育机构同仁与升达学院师生备受鼓舞。

第七节　获"中华文化人物"荣誉称号

2016年1月6日,由中华文化促进会、凤凰卫视联合主办的"2015中华文化人物"颁授典礼在陕西西安举行。颁奖会之前,我的父亲王广亚博士,曾荣获"中华文化人物"称号。

2015年10月下旬,郑州升达经贸管理学院接河南中华文化促进会的通知,海峡两岸著名的教育家、升达学院的创办人王广亚博士,被提名为"2015年度中华文化人物"。之后,学校所呈报的长达6000字、丰富又翔实的材料《海峡两岸的文化使者——记台湾育达教育机构创办人王广亚》,送北京中华文化促进会并获得通过。2015年12月下旬,学校接到通知,父亲荣获"2015年度中华文化人物"称号。主办方通知学校与父亲,于2016年1月6日赴西安颁奖会场参加颁奖典礼,接受颁奖。

"2015年度中华文化人物"颁奖典礼缅怀父亲

然而,令人没有想到的是,2015年12月29日,父亲突染风寒,后病情恶化,溘然长逝。按照承办方"中华文化人物"称号,只颁予健在人士之有关规定,父亲未领到"2015年度中华文化人物"称号奖牌。但是,2016年1月6日,在"2015中华文化人物"颁授典礼上,在缅怀环节主办方这样宣布:"我们一同追忆海峡两岸著名的教育家王广亚等在2015年辞世的文化名人",并在主席台的屏幕上打出了父亲的照片。

该活动是由中华文化促进会主办,是国内首个专门面向全球华人文化领域年度人物进行表彰的活动,并成为华人文化圈的品牌标杆。

第八节　父亲的事迹荣登2016河南中招思想品德试卷

2016年6月,河南省中招考试思想品德试卷中,我的父亲王广亚博士和诺贝尔奖获得者、中国中医科学院研究员屠呦呦,空军政治部文工团创作员阎肃三人的人生事迹被载入其中,启发无数考生关于人生价值的思考。

试卷中称:豫籍教育家王广亚一生创办十余所大中小学,他说"培育英才,回报祖

"河南中招思想品德试卷"影印件

国,回馈社会,是我最大的心愿",并以"向楷模学习,为人生添彩"为活动主题,请考生分别完成"学习上述三位前辈的事迹,请谈谈你的深刻感悟"和"仿例介绍两位具有较大影响力的楷模人物及事迹概要"两项任务。

第九节　父亲晚年获得多项殊荣

从2011年至2015年，我的父亲王广亚荣获多项殊荣，有些可谓重磅级的。这些殊荣分别是："第十四届全球热爱生命奖章"、"跨越新十年·2011全国教育行业最具影响力的人物"荣誉称号、"中国民办教育终生成就奖"、"台湾技职教育贡献奖"、"河南省民办教育慈善人物"荣誉称号、"河南省民办教育先进个人"荣誉称号。

第十四届全球热爱生命颁奖活动，是由台湾财团法人周大观文教基金会举办的。我的父亲荣获这一被国际媒体称为"生命诺贝尔"的"全球热爱生命奖章"，诚可谓是实至名归。

"2011年全国教育行业最具影响力的人物"评选活动是由中国教育改革与发展研究会等六部门联合举办。该评选活动于2011年6月启动，历时5个月的调查评估，严格审核，升达学院创办人，我的父亲王广亚众望所归，荣获该项殊荣。

升达校报报道父亲获得殊荣

2012年父亲获"台湾技职教育贡献奖"

2012年4月21日至22日，由中国教育协会和中国教育发展促进会等联合主办的"第九届中国教育改革论坛"在北京举办。会上，我的父亲荣获"中国民办教育终生成就奖"。这是一项成评价极高、影响极大的荣誉。

2012年9月8日，由民进河南省委、河南省教育工会、河南省民办教育研究会共同举办的河南省民

升达学院宣传父亲荣获多项荣誉

办教育系统第28个教师节表彰大会在登封举行。会上，表彰了一批河南省民办教育先进县市、全省民办教育先进集体、先进个人，我父亲荣获"民办教育慈善人物"。

2013年1月，河南省教育厅下发文件《关于表彰2012年度河南省优秀民办学校民办教育先进单位和先进个人的决定》，我父亲荣获"河南省民办教育先进个人"荣誉称号。2013年、2014年连续两年获得"中国突出贡献教育人物"称号。

2015年我父亲获"中国教育事业领军人物"称号。

第十节　追授"改革开放40年河南民办教育终身成就奖"

2018年12月22日，在由民进河南省委主办、河南省民办教育研究会承办，在郑州紫荆山宾馆召开的"2018河南民进教育论坛纪念改革开放40周年暨河南省民办教育研究会成立10周年大会"上，民进河南省委、河南省民办教育研究会，为感念郑州升达经贸管理学院创办人、海峡两岸知名教育家王广亚博士对河南民办教育所做出的巨大贡献，特追授我父亲"改革开放40年河南民办教育终身成就奖"。同时，郑州升达经贸管理学院荣获"改革开放40年河南民办教育优秀民

父亲被追授"改革开放40年河南民办教育终身成就奖"

办高校"奖牌,执行董事王新奇博士荣获"改革开放40年河南民办教育行业功勋人物"的荣誉称号。

出席本次教育论坛的领导有全国政协常委、河南省政协副主席、民进河南省委主委张震宇,河南省社科联调研员郭继英,民进河南省委副主委沈开举、朱彤晖、李德民,秘书长李远,原专职副主委祁葆珠,郑州市教育局副局长张少亮等,参加会议的还有各民办高校、职业院校和中小学负责人800余人。

第十一节　金杯银杯不如老百姓的口碑

当今,社会上流传着这样一句顺口溜:"金奖银奖,不如老百姓的夸奖;金杯银杯,不如老百姓的口碑。"提起父亲的荣誉,除了各级政府、社会团体为他颁赠的奖状、奖证、奖章、奖杯外,社会各界、家乡群众、学校师生、学生家长等对父亲的赞扬,对他的称谓,哪一个都是金闪闪、沉甸甸的,哪一句话,

哪一篇文章都是掷地有声，令人敬佩与感动。

　　请朋友们到升达学院校园转一转吧，在升达校园内，社会各界人士，育达、升达校友师生，家乡群众送给我父亲的匾额、石刻随处可见：

社会各界赠送给父亲的匾额

功在桑梓	桃李成春	恩师永铭	百年树人	教育有方	鸿鹄之志
立国之本	成德达才	锺教毓秀	泽被豫都	博学思远	恩师浩荡
广布德泽	教育导师	高山仰止	为国储才	锺育群英	育才达人
德泽春秋	爱国为民	杏坛之光	恩泽学人	德润桑梓	博学广雅
惠及华夏	杏坛泰斗	造福社会	诚滋桃李	厚德载物	仰拱北辰
高风亮节	回馈桑梓	春风广被	杏坛楷模	教泽万代	教育巨擘
千秋师表	冠冕杏坛	硕师名儒	百年大计	建国之基	育才为乐
人能弘道	豫储栋梁	功载千秋	育人达才	教泽永淮	承先启后
桃李盈天	饮水思源	惠我萃华	学海思源	士林之光	有教无类
绛帐人才	孔铎扬声	树人大业	庠序毓秀	道中正脉	升华达德
为国造士	林士重望	化民成俗	流芳神州	德隆望尊	克庠毓秀
作育功高	德溥春风	教泽常钦	斋蕴风云	教泽弥长	厥功至伟
闳中肆外	教书育人	为福桑梓	杏坛巨人	德泽乡梓	功在教化

大展宏图　　屋顶上的巨人　　桃李满天下　　广厦万间与日升

亚阑千纪齐腾达　　厚德博学育桃李满天　　笃行玉善展鹏程万里

　　一位细心的同学数了数，计有近百块。这些匾额、题词题文，有的在学校建筑物的楼体镶嵌，有的在楼内大厅、走廊或办公室张挂，有的在湖边路旁矗立。

在台湾，社会上送给我父亲的美誉有："杏坛泰斗"、"树人种德"、"厥功至伟"、"台岛三王"（指商界、军界与教育界的三位王姓有影响的名人）、"屋顶上的巨人"等。

在内地，父亲被誉为"教育巨擘""杏坛楷模""中原之子""感动中原60年·60事·60人"，他创建升达学院被誉为"河南民办教育史上的一座丰碑"。需要提及的是，河南省台湾事务办公室根据群众的意愿，用"当代武训"的称谓，曾将我父亲兴教办学的业绩呈报国家有关部门。

最近，升达学院《校报》编辑部做了个统计，台湾和大陆编纂介绍有关学

习、研究、赞扬我父亲王广亚的书籍多达20余本，《杏坛之光》《屋顶上的巨人》《王广亚成功之路》《育达传奇》《升达在我心中》《感谢有您》《王广亚教育思想与教育实践研究》，等等。每本书都记述了我父亲兴教办学所取得的辉煌成绩，都流露出了广大师生与社会民众对他的热情赞颂与敬仰。

第十二节　父亲与马英九先生

　　我的父亲与马英九先生关系密切，马英九对我的父亲在台湾地区创办私立学校的规模成就称赞有加，对我父亲的私立教育国际影响力十分敬佩。1999年5月22日，台北育达高级商业职业家事学校通过ISO 9002国际品质保证认证，成为台湾地区第一所通过本项认证的高级中等学校。连战先生和马英九先生出席并亲自为育达高职颁发认证书。当时，学校创办人、我的父亲王广亚接过证书并与马英九合影留念。同时，鉴于我的父亲在台湾私教协会工作中所做的贡献，马英九还向父亲颁发了他亲自签名的奖状。1999年，父亲陪同马英九巡视私中联招考场并与马英九共揭作文题目。2002年10月14日，马英九莅临苗栗育达商业技术学院。期间，父亲陪同马英九参加朝会，受到全校师生热烈欢迎，马英九和父亲及乐队合影；马英九参加育达朝会，致词感谢同学们在全民运动会精彩字母演出，肯定父亲在教育事业上的贡献，是教育界的模范，并勉励师生。2002年12月24日，连战先生在父亲陪同下，访问苗栗育达商业技术学院，除对父亲办学理念及学院迅速发展极为肯定，并与师生意见交流，表示愿为技职教育争取应有地位。

　　2001年10月，连战先生亲临我的父亲在台湾创办的苗栗育达科技大学参观，并与父亲亲切会谈，作为感谢，父亲将自己创作的《王广亚先生八十嵩寿文集》赠与连战。2011年5月8日，升达学院在郑州郑东新区河南艺术中心，隆重举行郑州升达经贸管理学院独立设置揭牌庆典。马英九、连战、吴伯雄分别发来贺词表示祝贺，向升达学院独立转设表示热烈祝贺！向父亲致以崇高的敬意！他们希望升达站在新的历史起点，为祖国培养更多的优秀人才。

第十三节　时任省长谢伏瞻在台北育达高职慰问我的父亲

2014年6月中上旬,时任河南省省委副书记、省长谢伏瞻,副省长赵建才率河南省参访团赴台开展"中原情,一家亲"经贸文化交流活动。12日上午,谢省长一行专程赴台北育达高级商业家事职业学校,看望对河南省教育事业做出巨大贡献的升达学院、成功学院两所高校创办人、我的父亲王广亚。

我的父亲投身于教育事业已达60余年,在父亲心中,教育是最为珍视、最为荣耀、最为骄傲、最为自豪之事。他在教育事业上竭心尽智、惨淡经营、淌尽汗水、耗尽心血,取得了骄人的成绩,尤其是他回馈桑梓,创办高等学府,为家乡置地创造良好的学习环境、求学机遇。谢省长早已耳闻,十分敬佩我的父亲。

是日,谢省长一行兴致勃勃地走进育达高职校门,就受到迎候在校园内学校师生的热烈欢迎。教学楼等建筑物的墙壁上,随处可见张贴的"勤俭朴实、自力更生""爱国爱校、宁静好学、礼让整洁"等题词题字。谢省长边走边看,并不时地向师生招手示意。从欢迎的人群中,突然跑出来台湾学习交流的升达学院学生周优雅,她恭恭敬敬地向谢省长送上自己亲手制作的一帧贺卡,并告诉谢省长,自己是郑州升达经贸管理

时任河南省委副书记、省长谢伏瞻一行看望慰问父亲

学院的学生，谢省长十分兴奋并叮嘱一起来台湾学习交流的学生要珍惜难得的机会，好好学习，不要辜负家乡人民的期望。

在父亲办公室，谢省长紧握着父亲的手与他交流。谢省长亲切询问父亲的身体情况，祝他身体健康，并详细询问学校发展历史、办学规模、生源和毕业生就业情况等。谢省长代表河南省委、省政府对父亲长期以来致力于兴教办学、为两岸教育事业做出的突出贡献表示感谢。父亲感谢谢省长的看望和慰问，并就谢省长关心的问题进行认真介绍。父亲说，我是河南人，为家乡教育事业做点事是我的心愿，祝愿老家河南建设得越来越好。

谢省长在台北育达高职学校期间，我有幸与他进行一次亲切的交谈。随后，我把升达学院的建设发展情况，向谢省长作了简要汇报，谢省长表示很满意，鼓励我们把升达建成河南一流、全国著名的民办高校。

第十四节　升达学院取得的荣誉

到2020年，升达学院已走过27度春秋。27年来学校全面贯彻党的教育方针，不忘我的父亲、创办人王广亚的教育初心，艰苦奋斗、开拓创新，取得了可喜可贺的成绩，这些成绩的取得，是学院始终做到创办人倡导的"三个坚持"：

一是坚持"非营利"办学。建校之初，我的父亲就表示，"升达从开学的第一天起，就不属于我个人，她是属于升达人的，属于社会的，属于国家的"。学校章程载明，学校终止时，全部资产将无偿捐赠给河南省人民政府。父亲不取分文回报，我在学校也是仅按校级标准领取工资。可以说，非营利办学对师生员工人心凝聚、学校发展起到了重要作用。

二是坚持"重育人"理念。建校伊始，我的父亲将中华优秀传统文化、现代教育理念和他半个世纪办学实践相融合，凝练了系统的升达大学文化，并将其核心理念细化为"三心、三严、三特色"。学校始终注重以文化人、养成教育。二十七年如一日，坚持每天举行升国旗仪式和一年级学生半小时的洒扫庭除，开展爱国教育、劳动教育、感恩教育"三大教育"；持续组织秩序礼仪、文明宿舍、学生整洁"三大竞赛"；不断强化课程、服务、环境"三方育人"，培养学生良好习惯，提升综合素质，践行社会主义核心价值观。

三是坚持"应用型"办学。建校以来，我的父亲提出了高级应用型人才的培养目标、"两证多照"的教学模式和"毕业即就业，上班即上手"的培养要求，期望学生"成就自己，改善家庭，服务社会"。

在谈及升达学院取得的诸多荣誉之前，我在这里十分欣喜地告诉朋友们，2017年12月13日和2018年4月8日，升达校友中国人民解放军某部"王杰班"战士王楠、联合国秘书长办公室高级协调官李新艳，相继受到习近平总书记的亲切接见，这是升达学院的最大荣誉。

在教学上，近年来经河南省学位办批准，学校有4个专业获取双学士学位教育招生资格。学校建有16个实验教学中心，其中经济管理实验教学中心是省内最大的经管类综合实训中心。现有教育部"科学工作能力实训示范基地"1个，省级重点学科5个，省级实验教学

示范中心2个,省民办高校品牌专业建设点9个,省级专业综合改革试点5个,省级特色专业3个。以上构成了学校显著的教育特色。

学校的新生录取分数和报到率在河南民办高校中名列前茅,毕业生历年就业率均在90%以上,受到用人单位普遍好评,就业率和就业质量稳居省内同类院校前列。学校被授予教育部"科学工作能力提升计划(百千万工程)"首批试点院校。学校荣获全国全民阅读示范基地、河南省优秀民办普通高等学校、河南考生心目中最理想的高校、河南最具就业竞争力示范院校、河南省注册会计师行业后备人才培养基地等荣誉称号。

第十五节　教育世家

这个荣誉应归功于我的父亲王广亚博士。

熟悉我家庭背景的领导和朋友们,都称赞我们家为教育世家,我自己是不敢使用这个词的,能得到朋友们和大家的认可,我感到很欣慰,这是父亲的荣誉、也是我们家庭的荣誉。下面我简要介绍一下我们家庭为教育事业的付出和奉献。

早在20世纪二三十年代,我的爷爷王家升在家乡海上桥村创办私塾,祖母刘兰是父亲的启蒙老师,对父亲一生从事教育产生很大影响,叔父王万兴1949年就追随父亲到台湾,协助父亲兴教办学,在教育事业上耕耘30多年,曾担任台湾桃园私立育达中学董事长,1984年赴美国考察教育,遭遇车祸不幸罹难。

我的父亲王广亚,可称得上教育大家,他的办学时间、规模、成就、培养学子数量,在近代中国历史上无人比拟。2001年,在台湾他被誉为"杰出的教育事业家",后来还荣获"台湾技职教育贡献奖"。1993年,回馈桑梓,在家乡办学,2010年获"感动中原——60年·60事·60人"殊荣;2011年荣膺全国教育行业最具影响力人物称号;2012年荣获"中国民办教育终身成就奖""河南民办教育慈善人物""河南省民办教育教育先进个人"等荣誉;还先后荣获"中国突出贡献教育人物""中原之子""黄河之子"等称号。他所创办的升达学院被誉为"一颗璀璨的明珠""河南民办教育的一座丰碑"。

我作为父亲的长女,于20世纪90年代初,跟随父亲步入教育行业,协助父亲建设升达,管理学校,在父亲的严厉教导、悉心培养下,我走上升达学院董事长岗位。近期,先后荣获了"河南省民办教育先进工作者""中原社会责任功勋人物""改革开放40周年影响河南大教育人物"等称号。我要秉承父亲勤俭朴实、自力更生的奋斗精神,继承父亲的事业,精心管理父亲创办的学校,在升达未来的建设发展上发挥才智、奉献一生。正像河南日报对我的宣传报道的那样"接过

教育世家

'接力棒',杏坛耕耘花更红"。

我的三子王新奇,韩国世翰大学名誉教育学博士。历任香港子星洋行有限公司董事长助理,郑州成功财经学院(现郑州商学院)项目筹备处主任,2009年至今,在郑州升达经贸管理学院工作,任招生就业处处长、执行董事,现任执行董事,兼任中国民办教育协会常务理事、中国民办高校体育联盟副理事长、河南省民办教育协会副会长、河南省民办教育研究会副会长、河南省高校创新创业协会理事、河南省商务行业职业教育校企合作指导委员会副主任、河南高校后勤协会理事、郑州市台资企业协会副会长、登封市政协委员等职。荣获河南省教育厅"先进个人"、民办教育"先进工作者"、"2017年河南民办教育十大新闻人物"、"河南省民办教育行业领军人物"、"改革开放40周年教育豫军突出人物"。

我的次子魏新虎在升达学院后勤总务处任职,三儿媳程敏姿在升达学院教务处任职,四儿媳丁丽秋担任升达小学、幼儿园的董事长,他们都在自己的工作岗位上,为教育事业奉献力量。

第十六节　荣膺新中国成立70周年
"河南省突出贡献教育人物"特别奖

2019年9月2日,河南省教育厅官网公示了新中国成立70周年"河南省突出贡献教育人物"评选结果,父亲荣获新中国成立70周年"河南省突出贡献教育人物"特别奖,而全省仅有郑州大学原校长嵇文甫等5人(单位)荣获这项荣誉。该奖项由河南省委宣传部、河南省委高校工委、河南省教育厅联合组织评选,是新中国成立70年来河南省对教育事业有突出贡献个人(单位)的肯定和褒扬。

父亲于1947年旅居台湾,早年毕业于日本亚细亚大学经济系,先后获美国加州联合大学荣誉教育博士等4个博士学位。父亲矢志教育，从事教育事业长达67年之久，曾担任台湾私立教育协会理事长近30年。他一生在海峡两岸创办了郑州升达经贸管理学院、郑州商学院、内蒙古经贸外语学院、台湾育达科技大学、台北育达高职、台北桃园育达高中等10余所学校，培养学子百余万人，桃李满天下。

父亲赤心报国，情系教育。在20世纪90年代初，他回到家乡，看到河南教育资源相对缺乏的状况，想要为家乡教育做些事情。1993年73岁高龄之际，他用毕生积蓄2亿多元人民币，按照他提出的"五好"办学原则，即要有"好的师资、好的设备、好的制度、好的管理、好的福利"，与郑州大学合作高起点、高标准创办了河南省第一所本科层次的民办高校。2004年，83岁高龄之际，又在河南巩义创办了河南财经学院成功学院（现郑州商学院），实现了回乡办学的夙愿。父亲以"敢为天下先"的气魄和造福家乡的壮举，在中原大地上树立了一座永远的丰碑。父亲先后捐巨资为家乡小学、中学修建教学楼、钟塔；向郑州大学等省内学校捐赠电脑、设立奖学金等，为河南教育事业发展做出了巨大贡献，被誉为"中原之子""黄河之子"。他还在北京、内蒙古等省市捐资创办高校。在67年的教育实践中，父亲编撰了涉及创业之道、办学理念等内容的书籍40余部，数百万言，为我国教育事业发展留下了宝贵财富。

×	河南省教育厅	...

新中国成立70周年"河南省突出贡献教育人物"特别奖名单

姓名	工作单位、职务
嵇文甫	原河南大学、河南师范学院一院、二院、郑州大学校(院)长
王广亚	郑州升达经贸管理学院创始人
李 芳	河南省信阳市浉河区董家河镇绿之风希望小学原教师
李 涵	河南省第二实验中学原校长
郑州市教育局	保障进城务工人员随迁子女入学集体奖

父亲赤诚爱国,情系桑梓,兴教办学,著书立说,育人励志,桃李满园,功勋卓著,被誉为"豫台交流的典范"。

创建一流民办高校、办好人民满意的教育是父亲毕生奋斗和追求的目标。此次父亲荣获新中国成立70周年"河南省突出贡献教育人物"特别奖,令人振奋,也可谓当之无愧,实至名归。父亲获此殊荣,既是对全体升达师生的鼓励,也是对后辈的鞭策。我们将以习近平新时代中国特色社会主义思想为指导,继承和弘扬父亲的遗志,秉承父亲的教育理念,不忘初心,牢记使命,砥砺奋进,求实创新,为建设特色鲜明的高水平应用型民办大学、为中原更加出彩创造新辉煌,谱写新篇章。

第十五章　成功感谢他人

我的父亲知恩图报,有一颗感恩的心。父亲说:"我之所以一生能办成10所学校,赢得桃李满天下的赞誉,忝在教育家的行列,固然有个人刻苦自励、坚强打拼的因素,但也赖于朋友的勉励、支持和同事的协力同心,并非广亚一人之功。"父亲又说:"事业成功时,不要把功劳据为己有,要感谢帮助过、支持过自己的人。""人们称赞我是'成功的教育家''屋顶上的巨人'等等,

父亲在刘延涛先生像前留影

我并不因此沾沾自喜,反而发自内心地感谢朋友和同事。"

在我着手撰写这本书的时候,我把我的想法告诉父亲,父亲起初说:"不要写!不要写!都是自家人,有什么好写的"。后来我执意要写,父亲又说:"如果你要写,一定要写上支持过、帮助过我的人。在台湾有我的师长、同乡、同事;在内地有北京领导、省市领导,还有升达驻地的领导,任何对我在事业上给予支持与帮助的人,我永远不会忘记,我会一直感谢他们"。因此这一章,是我按照父亲的意愿所写。

第一节　感恩刘延涛先生

凡在事业上获得成就、取得成功者,大体上都是有一两个环节把

握住了。父亲在兴教办学上能够获得成就,取得成功,有两个重要的环节,一是去台湾,二是办补习班。现在看来,如果不去台湾,如果不办补习班,父亲以后的兴教办学则无从谈起。然而,这两个环节,即人生旅途的这两大步,都是刘延涛先生为他指引的。当然了,在父亲以后的办学中,刘延涛老先生在精神上的鼓励和道义上的支持,那是更多。

刘延涛,本书前面在"父亲创建刘延涛艺术馆"一节中已作过介绍,他是父亲的同乡,河南巩义人,早年毕业于北京大学,后在国民政府谋职,他擅长诗作、书法与绘画,风格独特,在台湾艺林称为"三绝"。父亲对刘老极为仰慕。

抗日战争后期,正值青年时代的父亲刻苦好学,一心读书。先后到过洛阳、开封、河北、南阳等地,但那时到处都兵荒马乱,求学断断续续。父亲就和几个同乡青年奔赴武汉,然后乘船去当时的大后方四川重庆求学。到重庆后,发现城内军政民众都在抗日,父亲他们投笔从戎,参加了"战地政务研究会第九期研究班",为抗日服务。后来,为了生计,父亲打算找份工作,正在人生道路上徘徊时,受巩义籍同乡前辈、时任国民南京政府监察委员的刘延涛先生介绍,父亲进入了国民政府审计部门,从而有了一个很体面的工作。这是父亲人生一大转折。

1947年父亲来到台湾仍在审计部门工作。过了一段时间,父亲敏锐地观察到台湾的工商业正在蓬勃发

于右任(前排中),刘延涛先生(后排右三),
父亲(后排右一)

展,急需财会人才,加之父亲在审计部门工作不顺、工资低等种种原因,他决心辞去公职,独自创办会计补习班。父亲前去找刘延涛老前辈指教,并在刘老的指引下,走上了兴教办学这条道路。父亲身为一个小小的公务员,赤手空拳,要办学校,在外人看来简直就是异想天开,刘延涛先生从精神上给予鼓励支持、并鼎力相助,坚定了父亲兴办会计补习班的意志和信心。

后来,每每有人赞扬父亲在事业上取得成就时,父亲首先就想到刘延涛先生,没有他的推荐,没有他的指引,没有他的扶持,没有他的帮助与鼓励,哪能有今天?哪能有兴教办学上的成就?所以说父亲对刘延涛先生始终抱着千恩万谢的心理。刘先生的大恩大德,我的父亲铭感五内,没齿难忘。

我的父亲对刘延涛先生久怀感恩回馈之心,言必称谢。父亲生前一直想报答先生。可是刘先生品行高洁,两袖清风,送钱分文不取,送物一一拒绝。因此,父亲只好为其家庭办些事,帮助其夫人、儿子看病,供其孙子上学等。刘老先生从公职上退休之后,我的父亲以学校的名义诚聘刘先生为台北育达高级商业家事职业学校名誉董事长。20世纪90年代中期,父亲在台北育达高职校园内为刘先生敬竖铜像一尊;20世纪90年代中期,父亲投资60万美金在郑州城东路修建一座"刘延涛艺术馆",后更名为"升达艺术馆"。馆内专门长期设立"刘延涛书画作品陈列室"。在建设开工仪式上,父亲致词,他说:"48年前我在台湾办学受到刘延涛先生关照,我今天饮水思源报答他,又回馈家乡"。

另外,刘老先生去世时,父亲亲自帮助料理后事,承担起全部的安葬费用。

第二节　感谢范道镕律师

　　台北育达高级商业家事职业学校校刊《育达周刊》上,曾经这样描述我的父亲:"校长王广亚是个饮水思源、知恩不忘、适时图报的性情中人"。他从事教育事业67年,成功创办了10所学校。每每回顾这一路走来的风雨历程与坎坷道路,父亲总会念念不忘与自己同奋斗、共甘苦,对自己热情支持与鼎力相助的朋友,台湾著名大律师、台湾苗栗育达科技大学董事范道镕先生就是其中的一位。

　　范律师与我父亲相交已40余年,从20世纪70年代初起,台北育达高职与台湾桃园高中创建初期,为了学校的建设发展,范先生就一直对我父亲给予真心实意的帮助。

　　20世纪90年代,父亲回大陆家乡办学,人手不够,范律师毫不犹豫跟随父亲来到郑州创建升达,参与了呈报公文、选择校址、规划校园、建造楼宇、招收学生、诚聘教工、教学安排、学生管理、外出考察等各项事务,担任升达学院第一任董事长。对于这位与自己同甘共苦、披荆斩棘、开创基业、"包打天下"的人,父亲总是心怀感激。

　　2011年,升达学院在校园内新建两栋教学楼。落成之后,父亲就决定将其中的一栋以老朋友范道镕的名字冠名为"道镕大楼"。同年5月8日,"道镕大楼"落成典

范道镕先生在道镕大楼落成典礼上讲话

礼在该楼前隆重举行,父亲和范道镕夫妇都亲临会场。是时,典礼现场锣鼓喧天,军乐激昂,彩旗招展,巨大的彩虹门上写着"道镕大楼落成典礼"八个大字,一派喜庆而热烈的景象。

升达学院校长崔慕岳教授在典礼仪式上致词。他表达了对学校创办人、我的父亲王广亚博士的崇敬心情和对范道镕先生的诚挚感谢之意,他赞扬了范先生勤勤恳恳、不遗余力跟随创办人40余年,为育达文化教育机构、为升达的建设和发展做出了巨大贡献。升达师生将永远记住"范道镕"这位老前辈、老领导、老朋友的名字,并以此为动力,推进学院快速发展。

范道镕先生在会上也发表讲话。他说:"承蒙创办人的厚爱,以本人的名字'道镕'命名为本教学楼,实在愧不敢当。我与创办人王广亚博士相交达40年,深受创办人克勤克俭,待人无私付出所感召,略尽绵薄之力,协助创办人办学。在创办升达学院之初,不论严寒酷暑辛苦奔波海峡两地,于短短一年内,完成了建校并招生开学上课,这在教育史上恐怕是前无古人,后无来者,只有创办人才能办得到。这种积极快速、锲而不舍、全心全力付出的精神,实在令人感佩!本人有幸在升达创办之初,陪同在创办人左右,实感荣幸。如今,创办人又以本人之名为教学大楼命名,分享创办人的办学成果,再次感谢创办人对我的厚爱。"

第三节 感谢林时金先生

2011年10月,父亲将升达学院校园内同时兴建的另一座教学楼,以台北育达高级商业家事职业学校原董事长林时金先生的名字冠名为"时金大楼"。

林时金先生1927年出生于台湾省台北市,早年毕业于台湾开南商工（台北市私立开南高级商业职业学校），因病于2008年在台北仙逝，享寿82岁。林时金先生1947年加入台湾商会珠算检定委员会，是台湾的"珠算泰斗"，多次受聘为总教练、总指导职

父亲向80岁林时金先生祝寿

务，对台湾地区的珠算教育推广做出了一定的贡献。

　　林先生是我父亲的老朋友，他曾在我父亲创办的教育机构任职长达43年之久，先后担任台北育达高职教师、董事，台湾苗栗育达科技大学董事。2007年8月出任台北育达高级商业家事职业学校董事长，他对我父亲的教育事业奉献良多，多次为父亲担保银行贷款，被我父亲称为"育达的大恩人"。

　　升达学院创建初期，林先生每年为升达贫困学生捐款，帮助家境贫寒的学子解决学费与生活困难。2011年9月，林先生之女林丽纹女士出资，以其父亲林时金的名义为升达学院贫困学生捐款100万元新台币，为升达学子奉献爱心。

　　2011年10月1日，升达学院18周年校庆，在时金大楼门前广场举行"时金大楼"落成典礼，我父亲王广亚博士，林时金先生之女林丽纹女士、林明丽女士亲临会场。

　　我的父亲在仪式上作精彩演讲，字里行间道出了他对林时金先生感激。他说："回想我从事教育机构之初，由于经费拮据，为扩大招生或增建校舍，常需要到银行办理抵押贷款，因本人没有积蓄和房产，危机困难时刻，都是林时金先生毅然不惜以祖产抵押为育达提供经济担保，才使我的文化教育事业突破瓶颈，得以发展。这种不带任何条件的帮助，以及对我本人与我所办教育事业的完全信任，超过了

一般的人世关系,比之手足、知己也不过如此。除了在学校借贷时,林先生慨伸援手,我的办学理念要点'三三三制',也是从林先生身上得到启发而形成的。因此,我对林先生不只是感恩,还有敬佩。古圣先贤有遗训:大恩不言谢。林时金先生对我的适时解困之情,已超越大小,无法用语言来表达,我将升达的一栋新教学楼命名为'时金大楼',借以表达我对林时金老师的永久怀念。"父亲的讲话博得了在场师生的热烈掌声,这掌声不仅是对林时金先生的感谢,也是对父亲铭记襄助之恩,不忘故交慨援情怀的赞誉。

2007年林老八十大寿时,我的父亲在台湾世贸联社为他老人家举办嵩寿庆祝宴会,真诚而殷切地款待林老,使其家人敬佩之至。2008年林老过世时,我的父亲为他举办了庄严隆重且丰厚的丧礼,所有费用均由父亲负担。

平时,父亲经常给我讲起林老师对他帮助及满腹感激的话语。在"时金大楼"落成典礼仪式上,我感受颇深,也在会上作简要讲话。我赞扬林老师知识渊博、人品高尚,堪称为一代楷模。他对父亲教育机构的贡献,不仅仅是巨额贷款担保,他那高洁的一生,更是我们的精神财富。父亲以他的名字命名教学大楼,就是要我们学习他的高尚品德,传颂他的光辉精神并发扬光大。

此外,林时金先生的女儿林丽纹女士也在仪式上作了《无时无刻不忘创办人的恩情》的讲话。这些都是为了表达对林时金先生的崇高敬意,也彰显了父亲不忘恩情的高尚情怀。

时金大楼落成剪彩仪式

第四节　感谢时任河南省委书记李长春

"万事开头难"，这句话千真万确。1993年，我的父亲在大陆创办了第一所大学——郑州升达经贸管理学院。建校初期，经历了重重困难。建校工程进展缓慢，1994年7月中下旬时，教学大楼、图书馆大楼、学生宿舍、师生餐厅、校大门等主要工程均未完工。3个月以后，招收的新生不知能否到校报到开学，父亲心急火燎。

时任河南省委书记李长春与父亲合影

正在这个节骨眼上，7月20日下午，时任河南省委书记的李长春顶着炎炎烈日到升达建设工地视察工程进度。他当场指示："台胞投资办教育，我们应该全力支持，多方服务，河南省及郑州市有关部门要尽快采取措施，全力解决影响工程施工的各种问题，日夜赶工，把工程抢出来，确保今秋新生按时入校。"

随后，郑州市市长朱天宝、郑州市常务副市长陈义初等领导以及郑州市建委、新郑市建委的工程人员一次又一次地到升达建设工地视察工程，解决问题，检查工程质量，督促工程进度，两个施工队调整部署，增加设备，增添人力，加班加点，奋力施工，使前期工程都顺利完工，新生如期入校上课。

1994年12月6日，在升达学院开学3个月之后，李长春书记在郑州市委书记张德广、省委秘书长王全书、郑州市市长朱天宝、郑州大学党委书记戴羌平及新郑市领导等陪同下，又一次来到升达，视察了校园,察看了教室一流的教学设备,和学生进行了交谈。期间,李书记赞扬我父亲的办学精神,表示给予大力支持,升达师生备受鼓舞,对今后升达的建设发展起到了巨大的促进作用。

李长春书记这次视察升达,我的父亲此时正在台北,他听到省委书记日理万机,在百忙中拨冗亲临升达视察的消息,非常高兴,又十分感动与感激。当即从台北发来传真,表达了诚挚的感谢之意。

2003年12月,父亲在他撰写的《升达与我》一书中这样讲述对李长春书记的感激:"时光飞逝,一晃十年过去了,我至今不能忘怀在我当初创办升达遇到困难时, 省市领导们给我的宝贵支持。特别是李长春书记两次到升达视察,产生了深刻而广泛的社会影响,这是升达能够在中州土地上诞生的重要因素。我之所以不厌其烦地回忆并详细记录下这段历史,就是因为有省市领导的视察、关心,才有升达的今天,他们热情真挚的话语至今使我铭感五内。"

第五节　感谢国家及有关部委领导

升达学院创建之后, 由于这是第一家台资在大陆创办的高等院校,又由于学校认真贯彻执行国家教育方针,其办学理念与中华民族的优秀传统文化紧密结合,学校对学生注重进行爱国主义教育、伦理教育、养成教育,注重实践教学,学校具有鲜明的办学特色,这在当地和全国产生了一定的影响。因此,受到了中央与国家领导人及有关部委领导的关注、关心与大力支持。

1995年7月23日, 中共中央第十届政治局委员、中共中央副书记李德

第十一届全国人大常委会副委员长陈至立(右)会见父亲

生司令员莅临我校视察、指导工作。李司令员在学校会议室观看了介绍升达的专题片，听取了学院建设发展汇报，参观了校园。对我父亲回家乡办学并在短短一年多来取得的成绩表示充分肯定。视察期间，李司令员为我校题词"兴办教育，利国利民"。

1993年，父亲与全国人大副委员长费孝通合影

1994年10月28日，第七、八届全国人大常委会副委员长费孝通在北京家中热情地接待了我的父亲，两人进行了亲切交谈。4年前的1990年，父亲在北京创办了育达管理研究中心，邀请费副委员长担任名誉董事长，费副委员长欣然应允。他对父亲在河南办学高度赞扬，1997年7月19日，费副委员长在河南省郑州市有关领导陪同下莅临我校视察、指导工作，被誉为升达大学的名誉董事长。

1998年8月12日，第七、八、九届全国政协副主席叶选平，在中央及省市有关领导陪同下莅临我校视察、指导工作。叶副主席观看了介绍我校的专题片，听取了我校建设发展情况介绍，巡视了校园。他对我父亲兴教办学的精神，对学院的建设发展及独特的管理方式给予了充分肯定。在我父亲的办公室，叶副主席挥毫泼墨，欣然为我校题词"走新路，育新人"。

1997年3月9日，中央纪委原副书记侯宗宾在时任省委常委、省委秘书长王全书等领导陪同下莅临升达学院视察、指导工作。我和侯恒院长就升达的建设发展情况向侯副书记作了简要汇报。侯副书记甚感欣慰。之后，侯副书记参观学院体育馆等设施，他说："我和王广亚先生是老朋友了，先生热爱家乡、兴教办学之精神，我十分敬佩"。

1994年10月29日，原国家民政部部长王国权专程来郑州升达学院会见我的父亲。王部长亦为巩义籍人士，与我父亲相识多年。20世纪90年代初期,家父在北京创办育达管理研究中心时,得到王部长多方支持。此次相会,王部长听取了父亲创办升达的介绍,连连称赞,对我父亲说:"你为河南人民办了一件大好事,升达学院前途无量啊"!

1999年12月20日, 原国家教育部副部长张保庆在省教委主任王日新、郑州大学党委书记戴羌平、校长曹策问等陪同下莅临升达学院视察。张副部长对升达的办学定位、实践教学、严格管理等办学特色十分欣赏,大加赞扬,并为学院题词"教书育人 为福桑梓"。

教育部原副部长张保庆为升达学院题词"教书育人 为福桑梓"

1995年8月17日, 原全国政协常委、监察部副部长、民建中央常务副主席冯梯云一行在有关部门领导陪同下莅临升达视察、指导工作。我父亲与校领导热情接待了冯副部长,进行了亲切交谈。

以上诸位领导以及还没有提及的领导, 父亲对他们前来升达视察、指导工作,对他们的关心、关注及支持和帮助,都感激之至。

第六节 感谢河南郑州省市领导

我的父亲回河南办学,其目的完全是为了回馈桑梓,完全是为了发展河南的教育事业。然而兴教办学并非易事,有困难,有问题,有阻力,有挫折,这些都是在当地政府的热情帮助与大力支持下解决的。升达办学取得成功,父亲十分感谢河南省、郑州市及新郑市的诸多领导。正像父亲在升达建校十周年时所说:"1993年以来, 我回家乡办学,使我有幸结识了河南省委、省政府和郑州市委、市政府的主要领导,他们的平易近人、干练精明给我留下了十分深刻的印象;他们开阔的胸怀，运筹全局的才能，使我甚为敬佩。他们都是具有远见卓识的领导人士，正是由于他们的关心和支持，才使'升达'这一陌生的字眼，以后成了人们熟稔的一所私立大学响亮的名字。"

时任河南省委书记徐光春与父亲合影

1990年，我的父亲来大陆探亲时，就想在内地办学。当时，他老人家到北京了解、询问政策，国家教委主要领导的回复十分坚定：境外财团不允许在大陆办学。然而，父亲仍不死心，四处奔走，他痴心教育的热情与毅力得到了河南省、郑州市有关领导的大力支持，经呈报国家教委，最后同意合作办学，即以台北广兴文教基金会的名义与郑州大学合作，兴办"郑州大学升达经贸管理学院"。父亲十分感激省市领导的理解与支持。

时任河南省副省长贾连朝(右)为我院获得全国英语演讲大赛第一名的李芳同学颁奖

1993年7月至1994年9月，升达学院在开建工程施工中，前期

父亲与时任河南省副省长徐济超(中)合影

工程进行缓慢，其间，还有建材连续被盗的现象发生。遇到这些问题，我们向河南省郑州市领导、河南省政法委有关领导汇报，他们立即前来视察，又派具体的工作人员前来了解情况，采取措施，协调人力，加大管理力度，使上述问题得到圆满解决，保证了工程质量与工程顺利进行，保证了1994年秋季新生入校按时开学。

1994年,升达学院的第一届招生工作也得到省领导的大力支持。国家教委是1994年6月21日发文同意举办郑州大学升达经贸管理学院。当时,河南省1994年的招生名额早已分配完毕,如果当年不能招生,新建的16栋大楼、许多教学设备,都将闲置一年,新聘的教师也将无事可做,这是多么大的浪费啊!我父亲万分焦急又万般无奈。困难重重之时,在省领导的协调下,省教委很快调剂了招生名额,给升达300名本科生、600名电大生。这才使得升达学院实现了1994年秋季招生的愿望,我和父亲都感激涕零。

1995年以前, 外地市农村籍学生来升达上学, 户口落不到郑州市,然而其他公办院校的农村学生均可迁办,我校学生非常生气。父亲得知情况后,随派院领导与郑州市政府及有关部门联系,在市政府的关心与大力支持下,1995年12月底问题得到解决,凡本校农村学生入学即成为农转非户口,父亲在校园宣布后,学生一片欢呼!

1996年,父亲捐资60万美元,由郑州市人民政府出地,在郑州市区城东路修建一座"升达艺术馆"(原名"刘延涛艺术馆",又名"商都艺术馆"),这是父亲无偿赠与郑州市人民政府的。然而,这个艺术馆在2009年却变成了一家经营性公司。2010年,父亲责成我反映协调解决此事,我投书于时任的省市主要领导卢展工、郭庚茂、连维良、赵建才,他们都非常重视。郑州市委连书记、赵市长及宣传部长丁世显对此事先后作出批示,连续召开五次协调会,最后于2010年彻底解决了问题,"商都艺术馆"恢复为"升达艺术馆",升达艺术馆的23亩土地与4183.34平方米的建筑全部归郑州市政府所有,重建"艺术馆纪念亭"和"建馆记碑文"。同年10月15日,父亲听了我的汇报非常高兴,感谢省市领导非常理解他——一位台胞、一位爱国老人的心愿。他还表扬我办了一件大好事。

2011年4月7日,经教育部批准,升达学院转设为独立的民办本科普通高校——郑州升达经贸管理学院。同年5月8日，学院在河南省艺术中心隆重举行揭牌庆典，邀请有关领导出席庆典仪式。令我的父亲、院领导及全院师生十分感动的是，徐济超副省长当天突受风寒，高烧袭身，但是，为了升达学院的庆典活动不受影响，徐副省长抱病前来参加庆典活动，还在会上发表了热情洋溢的讲话，他代表省政府向升达学院表示热烈的祝贺，并祝愿升达学院以转设为契机，优化办学资源，凝练办学特色，提高办学水平，努力走出一条发展的新路子，为河南高等教育事业的发展再立新功。徐副省长的讲话博得与会师生一片掌声。

据初步统计，升达建校以来，省市领导到升达学院或视察，或调研，或现场办公，指导工作有近百人次，其中，贾连朝副省长、陈义初副主席莅临升达就有一二十次，单从这个数字就可以看出省市领导对升达学院是多么的关心与支持。在此，我和我的父亲谢谢你们——河南省、郑州市以及新郑市的领导。

第七节　感谢时任河南省政协主席林英海

时任河南省政协主席林英海先生

在需要感谢、应当感谢、必须感谢的领导人当中，父亲常常向我提起时任河南省政协主席林英海先生。父亲与林主席是回乡办学，创办升达学院才相识相知的，可能是政协工作与台资在大陆办学工作有着密切联系,也可能是林主席注重海峡两岸文化教育的沟通与交流,注重发展两岸友好往来的关系,还可能是林主席具有令人信赖的扎扎实实的工作作风,总之,在父亲心目中,林主席实实在在,可信可交,是共产党的好干部。

最让我父亲难以忘怀的是,林主席对升达学院第一届招生做出的努力。1994年6月下旬,当国家教委发文批准成立郑州大学升达经贸管理学院时,河南省当年的高校招生名额已经分配完毕。学院的招生报告、招生计划早已上报到省教委,他们怕学校的建设工程不能完工,不具备学生入校学习与生活条件。此时,是林英海主席到学校实地考察,又亲自出面向主管教育的省领导与省教委协调,省教委重新调整招生计划,给升达学院调剂了900名招生名额,在最最关键的时刻为升达解了燃眉之急。

怀着对我父亲回馈桑梓、热心办学的无比敬佩之情,1995年2月27日下午,林主席在时任省政协副主席姚如学、省政协秘书长刘春伟、省教委党组成员张凯亭等陪同下,莅临升达视察、指导工作。我的父亲正好在学校,两人一见如故,进行了亲切的交谈。当易国桢院长汇报升达招生工作面临困难时,林主席当即表态,马上向省委汇报并设法加以解决;当汇报升达的二期工程建设遇到诸多困难时,林主席又大包大揽地说,我去和新郑市有关领导沟通,一定采取妥善的办法予以解决。后来,这些问题都一一迎刃而解。我父亲说:"林主席真是为升达帮了大忙,解决了大问题。"

1998年10月30日,得知升达建校5周年,林主席亲自发来贺信。对于林主席的祝贺、评价、赞誉、鼓舞,我父亲打心眼里感激。

我的父亲对林主席的感激,还有一点就是省政协给了升达大学一个省政协委员的名额,此举并非个人情感,而是从大局考虑,从加强海峡两岸沟通与交流考虑。当然,对升达学院的建设发展也起到了较大的促进作用。本人于1995年担任省政协委员之后,参加省政协会议,参政议政,对升达大学以及民办教育的发展提交议案,所提议项受到省委和省政府的重视,也争取到了各方面的支持。

2010年年初,学校不断建设发展,在校园的东北角兴建两座新教学楼。落成之后,对其中一所冠名时,父亲又想到了林主席,想到了林主席对升达的支持与帮助。他说:"我提议将这栋教学楼冠名为"英海大楼",就是不忘和感激林主席对升达的鼎力相助;就是要把林主席襄助升达,在升达的建设与发展史上留下浓重的一笔;就是要让升达人、升达的师生包括我在内,都要尊敬林主席,感恩林主席。"然而,升达学院工作人员在承办此事时,与林主席取得联系,说明我父亲的感恩之意后,他一再婉言谢绝说:"不妥不妥,不能这样做。"他非常感谢我父亲,说:"帮助和支持升达,都是我应该做的,是我的工作职责,是我对党、对政府、对人民、对社会的应作应为。再说了,我们党早有明文规定,党的干部不允许在任何地方、任何场所以个人名字命名。"虽然好事未办成,但我的父亲以及我,对林主席帮助支持升达这件事、这段历史是永远不会忘怀的。

第八节　感谢张强武常务副院长

张强武常务副院长在升达的筹建及以后10多年的建设发展中,可谓立下了汗马功劳,我的父亲也常常感谢他的襄助。

张强武是我的舅舅,他原是开封黄河水利学校的高级讲师。1993年,我的父亲来郑州办学,他被72岁的父亲回馈桑梓、报效祖国的精神所感召,毅然决然跟随父亲创办升达。1993年8月15日,我父亲曾写信给舅舅张强武:"您个性耿直、待人诚恳、做事有原则,我非常敬佩。希望您对工作多向李代表(创办人驻校代表李昊瞳)学习'忍耐、负责、公平'处理事务,一定可成功……"我的舅舅当年8月12日,参加了升达大学的奠基仪式,随后便开始在筹备处展开工作,曾任行政组代组长、人事组组长职务。而后,在升达又先后担任人事处处长、副校长、常务副校长等职。

在担任人事处处长期间,他探索了民办高校人事编制的原则和方法,他参与了人事重要制度的制定,编制了《教职工手册》,理清了学校的领导体制,严格执行了人事重要规章制度,实行了全员聘用、制度管理、量化考核的机制,形成了稳定的学校教学和生活秩序。

在担任常务副校长期间,他参与了重要事件、重要规章制度的决策工作,承担了学校的工作计划的制定及学校教学和行政管理工作。在学生管理工作方面,积极推行了严格管理、严格淘汰制度;在教学上,坚持扎实做好本科生的常规教学管理,坚持期中考试制度、期中教学资料检查制度,积极提倡办好技术应用型本科教育,强化实践教学,积极推动会计、英语、计算机三大应用技能的培养,努力推进教学

张强武常务副校长向父亲汇报工作

改革,稳步推进学科建设,使学校的教学工作取得一定成绩。

在升达工作期间,张强武常务副校长非常认真地将父亲的办学理念和各项章则制度落到实处。他做事认真、严谨的程度超越常人,达到一丝不苟的地步。工作中,张强武常务副校长也深深感悟,父亲集数十年的办学经验,立足对历史、现在和未来的高度责任,凝练了升达学院的大学文化内涵。父亲不仅人格上为人楷模,而且对民办教育做出了特殊贡献。他总结了跟随父亲在升达与成功学院的工作经验,从理论和实践上提出了"凝练大学文化",彰显了严格管理特色、学科专业特色和培养拔尖应用人才特色的"三大办学特色",编辑出版了《大学文化凝练记》一书。

第十六章　哀悼·追思

"世间好物不坚牢,彩云易散琉璃脆。"2015年12月上旬，我赴台北参加育达高职校庆66周年庆祝活动之后，准备返回郑州,这时,获知父亲突染风寒住院医治，我当即放弃返郑行程，留在台湾

升达学院在校园设立悼念父亲的灵堂

守候在父亲身旁,精心照顾生病的父亲。作为女儿,我心里很明白,父亲一日不出院,我一日不会返程。父亲在弥留之际,昏昏欲睡,一次一醒来,睁开眼睛,看到我还在他的身旁,动情地说,你怎么还在医院？还是我的亲闺女亲啊！之后,父亲病情不断恶化,经医院全力抢救无效,于12月29日清晨六时六分与世长辞,走完了他95年的光辉人生。噩耗传来,如晴天霹雳,我心如刀绞、悲痛万分。我在父亲刚刚停止呼吸的身旁哭诉道:"父亲啊！我们不能没有你,我们需要你,你怎么忍心离我们而去！"

第一节　升达学院沉痛悼念我的父亲

一颗巨星陨落,一代巨擘辞世。父亲去世的消息传到升达,龙湖呜咽,厚山默哀,升达校园沉浸在万分悲痛之中。为沉痛悼念尊敬的

前来吊唁父亲的队伍排成长龙

父亲,学校在思源会馆设置吊唁灵堂。吊唁大厅内外,摆满了各单位与个人送来的花圈,低沉的哀乐在大厅萦回。从2015年12月30日到2016年1月5日,学校举行了沉痛的悼念活动。校领导崔慕岳、张德伟、戎庭银、张洁、张金安、段丰乐、张欣等,手持鲜花来到吊唁大厅,向父亲的遗像鞠躬哀悼。之后,学校各部门教职员工与学生排着整齐的队伍,前来吊唁父亲。吊唁队伍在校园数百米长,大家默默地向父亲的遗像低头致哀,缅怀杰出的教育家、导师、大家长、令我们尊敬的创办人王广亚博士。

第二节　时任省长谢伏瞻与社会各界发来唁电

惊悉父亲去世,2016年1月1日,时任河南省人民政府省长谢伏瞻特发来唁电。

发来唁电的领导还有:河南省人民政府副省长赵建才,河南省人民政府原副省长贾连朝,郑州市人民政府市长马懿,河南省教育厅原副厅长肖新生等。发来唁电的政府部门、社会团体有:中共河南省委宣传部,河南省教育厅,河南省人民政府台湾事务办公室,中共新郑市委、

唁　电

王广亚先生治丧委员会并亲属:

惊悉王广亚先生仙逝,不胜哀恸。2014年我奉团赴台参访交流期间,与先生会于台北育达职高,相谈甚欢,并亲历了两岸同胞血浓于水的骨肉亲情和豫台两地教育合作的前景广阔。先生长期致力于两岸的教育事业,为民族教育事业的发展贡献毕生精力,特别是功名成就后不忘桑梓、回馈桑梓,办学兴教,造福家乡,赈灾扶困,大爱无疆,并搭建了豫台两地各界交流往来的桥梁,成为豫台两地教育界的楷模,更为两岸和平发展做出了积极贡献。

先生的辞世也是豫台两地教育界的一大损失,特敬电深表哀悼!并请你们向先生家属致以诚挚的慰问。

王广亚先生千古!

河南省人民政府省长　谢伏瞻
2016年1月1日

时任省长谢伏瞻发来的唁电

新郑市人民政府,中共登封市委、登封市人民政府,漯河市召陵区人民政府,郑州新郑教育园区管理委员会,新郑市龙湖镇人民政府,登封市卢店镇党委、镇政府,中国民办教育协会,河南省民办教育研究会。发来唁电的兄弟高校有:河南大学,河南师范大学,华北水利水电大学,中原工学院,哈尔滨华德学院,黑龙江财经学院,内蒙古师范大学鸿德学院,海南科技职业学院等60多所省内高校也发来唁电。发来唁电的还有韩国私学法人联合会名誉会长、学校法人愚岩学园创办人赵龙沂、陈润中。

第三节　升达校友纷纷前来吊唁父亲

青山含悲,声声呼导师;碧水长歌,字字唤亚公。在郑州、在河南以及在全国各地的升达校友惊悉我的父亲与世长辞,大家万分悲痛,有的驱车前来学院设置的灵堂吊唁,有的发来唁电,撰写悼念缅怀文章。第一时间,就有升达全国校友总会以及华北、华南、华东、华中、浙江、江苏、武汉、天津、北京、上海、石家庄等地升达校友会,他们或派人,或委托专人向父亲敬献花篮。据不完全统计,12月30日至2016年1月5日,前来学院设置的灵堂吊唁父亲的升达校友达上千人。他们在我的父亲遗像前含着热泪道出发自肺腑的心声:"是创办人,给了我们步入高等学府深造的机会;是

升达校友在灵堂向父亲遗像敬献鲜花

创办人,让我们承载了勤俭朴实、自力更生的中华民族美德;是创办人,教会了我们做人、做事、理财、感恩;是创办人,使我们在人生道路上成长成才。"

第四节　众多媒体报道并沉痛悼念父亲

父亲在台北安祥离世的消息,引发社会媒体广泛关注,刊文报道,深切悼念。当天,凤凰网、新浪网、网易新闻、《河南日报》、《大河报》、《郑州晚报》、《东方今报》、大豫网、印象网、中原网等20多家平面媒体和网络媒体或撰文或转载,深切悼念伟大教育家王广亚博士的一生。

腾讯·大豫网、新浪网:《95岁豫籍教育家王广亚逝世,曾在河南办两所高校》;《河南商报》、凤凰网:《广亚先生走了,他的教诲需一生铭记》;网易新闻:《在河南办学赚的钱,他一分没带走》;《大河报》:《95岁豫籍教育家王广亚逝世,赚的钱一分没带走》;《东方今报》:《满怀敬意,让我们循着王广亚的足迹》。

新浪微博关于沉痛哀悼与父亲去世的话题共计30多万条。在2015年12月29日12点35分,升达学院官方网站父亲逝世的消息发布后,3小时内,每分钟有800多条消息发布,一句句话语组成了直观的微博印象图。

《中国教育报》河南记者站副站长陈

《河南日报》影印件

强特书文《最好的纪念》用毛主席的"做一个高尚的人、一个纯粹的人、一个脱离了低级趣味的人、一个有益于人民的人"评价父亲。

1月7日,《河南日报》以《社会各界沉痛悼念郑州升达经贸管理学院创办人王广亚先生》为题报道了升达学院召开追思大会的情况。大河报的标题是《万人悼念教育巨擘王广亚 老教师提前一小时到场只为送王老最后一程》,郑州晚报报道了升达师生现场追忆父亲一生兴教办学,不求回报的大爱精神,激励后人秉承遗志,再谱升达更美华章。

第五节　气氛凝重　场面感人的追思会

2016年1月6日上午,升达学院在思源会馆举行创办人、我的父亲王广亚博士追思大会,我怀着沉重的心情特地从台北飞回郑州、迈着沉重的步伐走进了会场。

出席追思会的河南省有关部委厅办领导有:介新,訾新建,王良启,朱玉山,尚润泽,荣西海,乔建宏,亓国瑞,徐宁生,肖新生,侯福禄等。郑州市、新郑市及有关局委领导,河南省、郑州市的教育组织、教育团体,台资企业协会有关领导出席追思会。郑州大学副校长宋毛平等数十家河

庄重肃穆的追思会会场

校领导在追思会会场

南省高校领导、代表出席追思会。出席追思会的父亲生前好友有:谢淑香、李蔚起、王彬耀夫妇,王鉴、孟杰、张贵亮。还有来自《河南日报》《大河报》《郑州晚报》等新闻媒体记者与师生校友代表等2000多人。

追思会开始。全场肃立,默哀三分钟。全场响起悲壮的哀乐。大家含泪肃立,缅怀创办人,寄托哀思。之后,LED大屏幕上播放了缅怀父亲教育家一生的纪念片《升达之殇》,片中洋溢着对父亲不舍的依依深情,情到浓处,无不落泪。

会上,升达学院常务副校长崔慕岳教授,省高校工委副书记、省教育厅副厅长訾新建,河南民办教育协会会长、黄河科技学院董事长胡大白女士,校友代表升达校友总会会长袁宁,教职工代表金贸学院院长何伟博士,在校生代表商学院李焱同学等先后致悼词或发言。他们高度评价父亲为教育事业做出的卓越贡献,缅怀父亲光辉奉献的一生,赞扬父亲无私奉献、回馈社会的高风亮节,表示要谨记父亲的谆谆教诲,传承遗志,开拓进取,将父亲的精神代代相传、发扬光大。

我在会上表达了对参加追思会的领导、师生、朋友们的感谢,也表示牢记父亲教诲,继承父亲遗志,努力把升达办得更好,为社会培育更多栋梁之才的决心。

第六节　父亲纪念像在福寿园落成

2016年3月31日,我的父亲王广亚博士纪念像落成仪式在龙湖福寿园举行。出席仪式的嘉宾有:新郑市教育园区管委会副主任张顺安,福寿园国际集团河南区总经理金磊屹等。升达学院全体校领导、各二级学院领导、书记、师生代表近200人参加活动。我与亲属出席仪式。

为让后人永远铭记一代教育巨擘,河南福寿园与升达学院合作,

父亲铜像落成仪式在河南福寿园举行

在该园为我的父亲立碑塑像。活动仪式的主题是"杏坛尊师情系梓里，教育巨擘功在社稷"。仪式上，播放了追忆父亲视频《升达之殇》，视频介绍了父亲光辉传奇的一生，其开篇以沉重的语调、凝重的色彩，再现了父亲逝世后，升达园痛失大家长的悲戚景象。全体人员怀着悲痛、缅怀与感恩的心情，向父亲默哀一分钟。

崔副校长讲话：参天之树，必有其根；怀山之水，必有其源。我们隆重举行创办人像落成揭幕式，就是要饮水思源，感谢创办人历经艰辛为我们创造的优越环境，就是要感念创办人献身教育的丰功伟绩，就是要学习创办人无私奉献的高尚情怀，就是要认真贯彻落实办学理念及其核心"三三三制"，把创办人的教育理念代代相传、发扬光大，不断书写升达更加灿烂辉煌的壮丽篇章。

福寿园总经理金磊屹讲话。他热情地颂扬了创办人在教育事业上创造的辉煌业绩，表示让王广亚先生的精神在福寿园这块"爱国主义教育"的沃土上弘扬光大。

第七节　沉痛悼念　追思我的父亲

父亲一生奉献教育，从未停歇。教育是您的生命，学校是您永远的牵挂，学生是您最疼爱的儿女。作为一位教育巨擘、一位杏坛楷模、一位站在屋顶上的巨人，您付出了毕生的精力和心血，为世人留下了十余所学校和宝贵的精神财富。数十万学子在您创办的学校中读书求学，进而改变了人生的命

作者在追思会上心情万分沉痛

运，百余万人在您"吃苦、吃亏、吃气"信念的感召下，艰苦奋斗，创业有成；数百万人在您"勤俭朴实，自力更生"精神的影响下，脚踏实地，爱岗敬业。

作为创办人，您是广受各界推崇的民办教育先行者，是蜚声中外的著名教育家。作为父亲，您是慈爱的长者，是我人生的导师。您一生疼爱子孙，赋予厚望，关心成长。清晰地记得，我40多岁时与您重聚的那一刻，您带给我满满一箱布娃娃和小女孩的花衣服。我深深明白，这一箱礼物寄托着您36年里，对女儿无尽的思念与疼爱。曾记得，第一次到台北，您和我的午饭只是两盒盒饭，后来我才理解，这是您一贯勤俭朴实的作风。曾记得，您送我到香港读书，却只给学费，我半工半读才完成学业，后来我才体会到，您是在教我自力更生。

亲爱的父亲，您的办学业绩如光辉行地，您的育人懿德似春风广被。您的教诲像一盏明灯，为我照亮前程；您的关怀像一把伞，为我遮风蔽雨。而今，屋顶再无巨人，明德再无光华。您带着对教育事业的无限眷恋，带着对师生儿女的殷殷深情，与我们永别了。留下了万千学子难以忘却的怀念，留下了数万校友发自肺腑的感恩，留下了百万民众哽噎无语的敬重。多想再听听您谆谆的教诲，多想再握握您温暖的

大手,多想再看看您慈祥的面孔,多想再凝视您远去的背影。

高风传梓里,亮节昭后人。人去音容在,身无志犹存。亲爱的父亲,请您放心,我们不会忘记您热爱祖国、无私奉献的赤子之心,不会忘记您回馈桑梓、造福家乡的高尚情怀,不会忘记您心系教育、兴校办学的丰功伟绩,不会忘记您呕心沥血、殚精竭虑的创校艰辛,不会忘记您把学校办大办强的愿望,不会忘记您照顾好师生员工的嘱托。您的壮举将永世传颂,您的理念将不断发扬光大,您的精神将永远激励我们前进。我们将化悲痛为力量,牢记您的教诲,继承您的遗志,齐心协力把升达办得更好,为社会培育更多栋梁之才!

第八节　父亲逝世一周年悼念活动

在不舍与痛心之中,我的父亲、升达学院创办人王广亚博士于乙未严冬永远离开了我们。在他去世后的一年中,我无时无刻不沉浸在对他的怀念与追思中。2016年12月29日,升达学院在思源会馆隆重召开"创办人王广亚博士逝世一周年"纪念大会。

出席纪念大会的有关领导和贵宾有:陈义初、侯福禄、乔建宏、陈强、张强武、吴泽强、张占武。出席纪念大会的我校领导有:郭爱先、张德伟、崔慕岳、戎庭银、张洁、张

父亲逝世一周年悼念活动

金安、王新奇等。来自全国各地的校友代表,学校各部门主管、各党总支书记及师生代表、父亲的亲属2000余人前来参加纪念大会。

大会开始,全体起立向父亲默哀。之后,郭爱先院长、王新奇执行董事、河南省第九届政协副主席陈义初、以及《中国教育报》河南记者站副站长陈强致词。校友代表孙攀峰、教师代表陈怡、学生代表何少芳先后发言。他们都表达了对父亲的深切怀念,感恩创办人给予的精神财富,表示要秉承创办人的教育理念,为升达快速发展做贡献。

最后,在艺术学院合唱团演唱《感恩的心》歌声中,纪念大会结束。

第九节　父亲逝世两周年悼念活动

2017年12月29日,是我的父亲逝世两周年纪念日,学校在创办人纪念广场举行向创办人塑像献花仪式,我和校领导王新奇、任锋、郭爱先、崔慕岳、戎庭银、张洁、张金安、吴益民和全体科级以上干部、国

父亲逝世两周年悼念活动

旗班卫士、师生代表近200人参加了献花仪式。

上午9时,参加活动的全体人员穿着深色服装,冒着凛冽寒风,胸前戴着白花,手持着鲜花,排着整齐的队伍伫立在广场。献花仪式开始,大家先向父亲的塑像默哀、又恭恭敬敬地三鞠躬。接着,校领导、各部门主管、科长、师生代表,人人都怀着沉重的、难以抑制和万分思念的心情,依次分别向父亲塑像敬献花篮或献花,大家真切地表达了对父亲的无限敬仰、无限哀思。

还有我的亲属、众多师生、众多校友,或三五同行,或单独来到纪念广场父亲的雕塑前默哀、鞠躬、献花,进行各种纪念活动。

第十节　父亲逝世三周年祭奠追思活动

2018年12月29日,是我的父亲王广亚先生逝世三周年纪念日。在河南民间,对先辈的祭奠活动,三周年是一个特别的、重大的日子。因此,为表达对父亲的深切思念,缅怀他的至伟功绩,学习他的嘉行懿德,继承他的遗志,弘扬他的精神,我决定在老家巩义海上桥村举办父亲逝世三周年纪念活动。事前,我精心规划、细心审定活动方案,还责成学校在海上桥村布置《一代教育巨擘——王广亚先生事迹展》。追思会筹备期间,我又于12月16日、25日、28日,三次冒着严寒,亲赴海上桥村现场巡视,检查指导筹备活动工作,提出具体要求,确保活动顺利进行。

场面隆重壮观、感人泪下、催人奋进

2018年12月29日这天,中央气象台预报,郑州最低气温零下八摄氏度。而郑州西部山区的气温更低,在零下十度左右。但是,寒冷挡不住前来参加追思会人们对父亲的炙热情怀,大家冒着严寒,一大早就从四面八方赶到海上桥村。

追思会会场布置得庄严肃穆，用青松翠柏搭建的门楼柱子上，书有"伟绩丰功垂青史，高风亮节昭后人"楹联。主席台正中央，悬挂着父亲的巨幅画像；主席台上方横标："王广亚先生逝世三周年追思会"，两侧竖联："教育巨擘功在社稷，杏坛楷模情系乡里"，这是对先生最好最高的评价。主席台下方摆满了花圈花篮。广场东面墙壁上，书写着"爱满天下、爱及乡里""心照日月照天地，槐荫广被惠后人"等一幅幅、一篇篇乡亲们自发书写的纪念颂词与感恩信。

在前来参加追思会的人群中，有海上桥村一家家一户户的父老乡亲，有郑州升达学院、郑州商学院一拨又一拨的师生，有接受过父亲谆谆教诲、感恩不尽的众多校友，有得到父亲支持帮助过的企业集体和群众，有政府官员、新闻记者，有八十多岁的老人，有七八岁的儿童，还有专程从澳大利亚、美国远道而来的亲人。在海上桥的村民中，有不少家庭都是大人牵着孩子、青壮年人搀扶着老人、全家人一起来到祭奠、追思会现场的。

赓续民俗美德，族亲祭奠活动隆重热烈

父亲逝世三周年追思大会

在广场另一侧的王家祠堂,族亲祭奠父亲活动开始。当司仪宣布"点放礼炮",其话音刚落,一声声礼炮腾空炸响,拉开了祭奠序幕,使寂静的小山村顿时浮动起来。瞬间,由30多人组成的腰鼓队在广场一角即刻挥动鼓槌,尽情表演,他们变换着鼓点,变换着队形,把民间腰鼓表演到了极处,为追思与祭奠活动营造了浓烈的气氛。

青山无语洒悲泪,苍天有情诉哀思。我在族亲祭奠活动上,深切怀念我最最敬爱的父亲讲道:"今天,是我的父亲逝世三周年忌日,大家怀着万分沉痛的心情,前来悼念他老人家,令我十分感动。亲爱的父亲,三年来我时时刻刻怀念您老人家。今天,在您三周年忌日来临之际,我们在家乡再度缅怀您老人家那坎坷而又辉煌的一生,追忆您所创造的卓越功绩,尤其是您对民办教育事业做出的不朽贡献,使我们海上桥村倍感自豪。亲爱的父亲,此时此刻,全村父老乡亲对您更加崇敬与爱戴,您虽然已离开我们,但您的教育事业,我们会好好继承,一定遵循您的教育理念与办学理念,把升达学院办成一流的民办大学,让升达成为培养人才的摇篮,为社会培养更多的优秀人才,为国家做出更大的贡献。桃李满天下,伟业传千秋;福祉泽乡亲,美名传千里。亲爱的父亲,您的精神,我们将永远发扬;您的美德,我们将永远光大,您永远是我们后代人学习的好榜样!"

弘扬先生的精神　光大先生的教育事业

上午10时,天空晴朗,万里无云,一轮太阳挂在东南天空,一轮圆月挂在西南天空,日月同辉,喻示着今天是个吉祥而美好日子,也是天道天灵祈福。在此良辰佳境,父亲逝世三周年追思会隆重开幕。

出席追思会的主要领导和嘉宾有:省教育厅原党组成员、巡视员任锋,巩义市原市长、河南省机关事务管理局原副局长乔建宏,新郑教育园区管委会常务副主任张顺安,《北京青年报》总编辑缪玲,郑州市台资企业协会副会长林英源,郑州商学院院长吴泽强、党委副书记裴晓涛,嵩山少林武术职业学院校长刘少鹏等。出席追思会的升达学院校领导有郭爱先、张德伟、崔慕岳、戎庭银、张金安。

与会人员向父亲遗像默哀。接着,近20多位参会领导、嘉宾分别向父亲像敬献花篮。训练有素的升达学院国旗班卫士,抬着一个个花圈,迈着铿锵有力的步伐走向主席台,那姿态、那仪表、那步履,令与会人员啧啧称赞。

升达学院常务副校长崔慕岳教授代表升达学院,原巩义市市长乔建宏,大峪沟镇镇长朱星理,海上桥村村委会主任张占普先后致词,他们讲述了父亲的非凡人生,赞扬了父亲的光辉业绩。大峪沟镇镇长朱星理说:"王广亚先生是我们大峪沟镇杰出人物的代表和一张名片,这是我们家乡的骄傲。"海上桥村村委会主任张占普如数家珍地讲述了创办人先后出资千余万元,为家乡办的一桩桩慈善好事。讲到感人处,几次哽咽,泣不成声。

最后,郑州升达经贸管理学院执行董事,我的三子王新奇博士,代表家属以及亲人,向所有参加追思活动的领导、来宾致答谢辞。他表示,牢记外祖父的嘱托,谨记外祖父的教诲,继承外祖父的遗志,秉承外祖父的理念,在王淑芳董事长的领导下,努力创建全国一流民办大学,为办好人民满意的教育,为实现中华民族伟大复兴的中国梦而努力奋斗。

第十一节 父亲逝世四周年祭奠追思活动

一夜思亲泪,天明又复收,父亲逝世四周年纪念日到了。12月27日,学校在龙湖镇福寿园举行纪念创办人王广亚博士逝世四周年献花仪式。我和校领导王新奇、郭爱先、张德伟、崔慕岳、戎庭银、张金安、吴益民,全体主管,以及校友代表、教师代表和学生代表参加了献花仪式。陈振楠副总经理代表福寿园实业有限公司参加了献花仪式。

是日，参加仪式的人员怀着无比崇敬的心情来到父亲的纪念像前，瞻

父亲逝世四周年祭奠追思活动

仰父亲的雕像并敬献鲜花，深切缅怀父亲，表达对父亲的无限哀思。献花仪式开始，首先，全体人员向父亲的雕像默哀，全体人员向父亲的雕像行三鞠躬礼。随后，我的三子王新奇及儿媳擦拭父亲的纪念像，执行董事王新奇代表董事会代表董事会，郭爱先校长、张德伟书记代表学校党政，河南福寿园实业有限公司副总经理陈振楠先生代表公司全体员工，袁宁、孙攀峰代表升达全体校友，张蕾处长、韩炎涛书记代表学校全体教职员工以及徐梓源、张亚薇同学代表全体在校学生向父亲的纪念像敬献花篮并整理花篮缎带。校领导崔慕岳、戎庭银、张金安、吴益民分别向父亲的纪念像敬献鲜花花束。各位主管、工作人员、学生代表依次向父亲的纪念像敬献了鲜花。

执行董事王新奇代表我和家属代表我和家属致词，向出席仪式的各位领导及各位同仁表示衷心的感谢；讲述了父亲毕生献身教育事业，致力文化传播的光辉业绩，他是值得我们永远学习的杏坛楷模和永远怀念的杰出教育家；宣布在2019年全校师生共同努力下，学校通过了教育部本科教学工作合格评估；强调学校建设和发展永远在路上，要始终坚持党的领导和社会主义办学方向，继承父亲遗志，不断加强学校内涵建设，不断深化教育教学改革，不断优化师资队伍，不断提高办学层次和科研水平，争取早日把升达建设成为全国一流的民办高校。

第十二节　父亲的教育理念研讨会

父亲在67年的办学实践与探索中,形成了丰富的教育理念体系,包括"伦理、创新、品质、绩效"的办学理念,"勤俭、朴实、自力、更生"的升达校训,"爱国爱校、宁静好学、礼让整洁"的升达精神,"好的师资、好的设备、好的制度、好的管理、好的福利"的"五好"办学原则和"三三三制"的办学特色等。把这些理论体系用于指导我们的办学实践,将会为民办高等教育事业的发展起到极大的促进作用。

在升达建校26周年校庆之际,为深入研究父亲的教育理念,传承和弘扬父亲的教育精神,学校于2019年11月1日上午9点在双创大讲堂隆重举办了"创办人王广亚博士教育理念研讨会"。河南省教育厅政法处(民办教育处)平奇副处长、日本名古屋产业大学理事长高木弘惠博士、菲律宾莱西姆大学学术校长康拉多·伊尼格博士等一行12人,育达教育事业机构校友会联合总会第六届总会长刘义宗先生、苗栗育达科技大学董事游陈凤娇女士等一行28人,校友会联合总会第

父亲的教育理念研讨会

七届总会长袁宁先生、升达全国校友总会闫嘉会长等一行25人，学校领导王新奇、郭爱先、张德伟、崔慕岳、戎庭银、张金安、吴益民，各单位一级主管（副主管）、党总支书记、《王广亚文集》编委会成员、王广亚研究中心全体人员、师生代表，共计220余人参加了研讨会。

研讨会在雄壮的国歌声中拉开帷幕。首先，郭校长从教育情怀、家国情怀、修身崇德三个层面深刻阐述了父亲的教育理念，讴歌了父亲一生躬耕杏坛、回馈桑梓、传播文化、立德树人的崇高精神。接着，省教育厅政法处平奇副处长回顾了升达从建校之初的艰难困苦到如今的不断发展壮大的历程，肯定升达学院建校以来在民办教育事业方面取得的长足发展和巨大成绩，强调创办人的教育理念对河南省民办教育事业具有重要的指导意义，指出升达学院应不断传承父亲的教育理念，持续推动学校内涵式发展，大力提升办学水平。

随后，日本名古屋产业大学理事长高木弘惠博士，菲律宾莱西姆大学学术校长康拉多·伊尼格博士，苗栗育达科技大学董事游陈凤娇女士，台湾桃园育达高中副校长王怡平先生四位贵宾相继进行了发言。高木弘惠博士说，创办人一生为他人着想，奉献教育事业的精神值得敬仰，作为教育工作者，他将把创办人提出的"处处为学生，一切以学生为中心"的信念铭记于心，日本名古屋产业大学也将与升达学院齐头并进，为社会培养出更多优秀的人才。康拉多·伊尼格博士谈到，创办人用一生践行了升达校训，奠定了升达学院发展的基础，菲律宾莱西姆大学今后将与升达学院形成更加紧密积极的伙伴关系，以不断提高教育的生产力，提供优质的全球化教育。游陈凤娇女士分别从"教育是改善生活的重要途径、从严治校、吸引和留住教职工、取之于学生用之于学校、重视校友"等五个方面，阐述了自己对创办人教育理念的体悟。王怡平先生讲述了创办人只身来到台湾办学的艰辛和不易，面对办学苦难从未退缩依然坚持办学和用心经营，培养出了许多优秀的毕业生，为国家和社会做出了卓越贡献；强调创办人的办学理念对学校的发展、对人才的培养都至关重要，值得大家深入研究和学习。

随后，台北育达校友会会长沈朝宾先生、台北育达校友会咨询委员赖永龙先生，升达1994级优秀校友袁宁先生、1998级优秀校友孙攀峰先生作为校友代表进行发言。沈朝宾先生认为创办人平生献身教育，醉心文化事业，深获中外教育界推崇，一生的办学经验形成了"伦理、创新、品质、绩效"的办学理念，形成了育达教育机构优秀的文化传承系统。赖永龙先生一直以创办人的"吃亏、吃苦、吃气"的精神勉励自己，也相信每一位育达人在创办人的"吃亏、吃苦、吃气"的精神中创造育达的天空，迈向2020年成功之路。袁宁校友细数自己作为升达学院的第一届学生，创办人对自己的谆谆教诲，自己在升达学院的所感所获以及成长后自己对创办人办学理念的深刻领会。孙攀峰校友讲述了创办人教育理念对自己的巨大影响，没有王广亚教育理念，就不会有今天的升达学院，王广亚教育理念是升达的宝贵精神财富。

然后，教师代表纪德尚教授从"王广亚先生教育理念与人学辨析、王广亚先生教育思想的人学态度、王广亚先生办学理念的人学主张、王广亚先生治学精神的人学路向、王广亚先生治学理念的人学回归"五个方面，深刻阐述了创办人的教育人学思想。这一思想为升达学院强化凝聚力、形成教育力、提高创新力、扩大影响力奠定了重要的人学基础。学生代表裴东博作为一名在校生发言，他在学习、生活中深深体会到创办人对学生的关心和关爱，如春风化雨，润物细无声。他时刻将"失败反省自己，成功感谢他人"作为座右铭，鞭策自己，努力学习，要做一名有理想、有本领、有担当的新时代大学生，努力成为对社会有用的人。

最后，王广亚研究中心特聘专家刘道兴研究员以《研究升达精神传播<广亚智慧>》为题发言,首先介绍了《王广亚文集》编辑的初衷和对传承弘扬创办人教育理念所具有的深远意义,认为此文集是升达学院独有的办学育人思想理论基石,是认识升达精神、传承升达文化、把握升达灵魂的管理宝典,也是培育升达学子茁长成长的精神财富和肥沃土壤;其次讲述《广亚智慧》课程的开设过程、课程大纲内容以及课程取得的成效,与大家分享了《广亚智慧》课程的建设情况;随后从创办人对人类社会的贡献、对教育的热爱和执着、对国家民族的关心和厚爱、对教育规律的体悟和探索、对下一代的殷切期望和谆谆教诲、以及创办人个性和特色的教育思想和理论体系六个方面,全面梳理了创办人的教育理念。

学校执行董事王新奇博士做总结发言。他非常感谢各位贵宾和领导莅校参加升达26周年校庆,升达能有今天的辉煌和成绩得益于创办人科学的、先进的教育理念,也离不开社会各界人士对升达的支持与厚爱。创办人一生致力于教育事业,兢兢业业、勤勤恳恳,提出的许多宝贵教育理念已成为学校重要的精神财富。目前,学校已经形成了创办人王广亚教育理念成果体系,包含《王广亚文集》、《广亚智慧》课程、"王广亚教育基金专项课题"等。为此,我们将进一步加大对创办人王广亚教育理念的研究与弘扬,形成"人人参与、人人学习、人人共享"的研究局面,以催生更高级别的研究成果,努力把我校建设成为省内乃至国内一流的高水平民办高校。

本次研讨会邀请国内外专家学者、师生校友出席和参加研讨,从不同国度和不同学者角度对父亲的教育理念、办学实践和教育贡献进行全方位的回顾、梳理和展望。学校首次成功举办父亲的教育理念研讨会,对进一步弘扬父亲的教育理念,推进父亲教育理念全方位的研究,具有里程碑式意义。

王广亚博士兴教办学大事纪

1922年6月　出生于河南省巩义市大峪沟镇海上桥村一普通农民家庭。

1949年12月　创办育达会计补习学校（现台北育达高级商业家事职业学校）。

1953年5月　创办育达初级商业职业学校（现台北育达高级商业家事职业学校）。

1955年12月　创办台北育达中坜分校（现桃园育达高级中学）。

1964年8月　领衔发起成立"台湾私立教育事业协会"。

1967年3月　毕业于日本亚细亚大学，获经济学学士学位。任私立教育事业协会理事长（二至八届计27年）。

1969年6月　创办《现代教育》季刊，至1975年，共出版17期。

1973年4月　带领环球台湾教育考察团，访问欧、美、亚洲17国。

1973年6月　出版著作《商科大辞典》。

1974年5月　创办台北点点幼儿园。

1976年8月　创办桃园育达高级商业职业学校。

1976年12月　率团赴韩国与韩国私学财团联合会结盟。

1977年1月　担任台湾、韩国文化基金会董事兼秘书长。

1977年7月　设立台北区私立高中、高职联合招生制度。

1977年10月　获美国加州联合大学荣誉教育博士学位；率团赴韩国出席会议，发表专题演讲。

1978年8月　制定《台湾私教协会资深优良教师奖励办法》。

1980年12月　获韩国私学财团联合会颁赠"特别功劳凤凰奖"。

1981年1月　主办第二届泛太平洋私立学校教育联合会会议。

1981年12月　赴韩国接受"教育功劳奖牡丹奖章"。

1983年10月　出版著作《杏坛履痕》。

1983年10月　赴美参加密西根州高中校长年会。

1984年1月　出版著作《乐育菁莪集》。

1984年3月　出版著作《进德与修业》。

1984年10月　出版著作《人际礼仪》。

1985年12月　致力教育事业卓有贡献，荣获"木铎奖"。

1986年8月　任泰北清迈惠明中小学董事长。

1986年10月　在台北主办第八届泛太平洋私校教育联合会会议。

1986年10月　出版著作《商业与心理》。

1987年4月　获美国WUM国际教育财团颁赠"世界和平教育奖奖章"及"世界和平奖奖章"。

1987年10月　与美国12所大学院校签订互派交换学生协议。

1988年4月　主持私教协会与香港大专院校教授联谊会结盟。

1988年12月　出版著作《杏坛纵横》。

1989年5月　出版著作《成功与失败》、《学校管理》。

1989年12月　创建升达艺术馆。创立财团法人广兴文教基金会。

1991年7月　率台湾育达师生慨捐100万元援助华中、华东灾区。

1991年10月　于韩国汉城接受国际文化协会颁授"和平奖章"。

1991年12月　主持制定台湾私立学校教职员退休办法座谈会。举办大陆画家杨健健墨彩人物画欣赏展。出版著作《杏坛拾穗》。

1992年4月　创办内蒙古经贸外语职业学院。

1993年2月　筹建"升达大学"。

1993年7月　在郑州新郑市小乔乡（现为龙湖镇）购置土地近1000亩,确定升达大学校址。

1993年8月　率团赴日内瓦出席第一届国际校长研讨会;创办郑州升达经贸管理学院。

1994年3月　在郑州国际饭店主持升达大学第一届董事会,任命王淑芳为驻校董事。

1994年4月　参加郑州大学与台北广兴文教基金会合作兴办"郑州大学升达经贸管理学院"协议书签字仪式。

1994年7月　河南省委书记李长春到升达学院建筑工地视察,在台北致函感谢;主持召开"升达校务发展座谈会"。

1994年10月　提出升达校训和升达精神;在北京拜会全国人大常委会副委员长费孝通。

1994年10月　在升达学院接受新华社记者采访。

1995年1月　从台北飞往美国洛杉矶,为升达学院延聘师资。

1995年4月　代表升达学院与美国诺实务大学、布纳维斯塔大学缔结姐妹学校,举行签约仪式。

1995年5月　出席台湾台硝集团与升达校企合作仪式并发表讲话;在北京大学等教育机构为升达学院延聘人才。

1995年6月　荣获台湾颁发的"华夏一等奖章";被推举为台湾私教协会永久名誉理事长;赴美为升达学院寻聘外籍英语教师。

1995年9月　出席升达学院与韩国庆熙大学缔结姐妹学校典礼。

1995年12月　荣获台湾杰出终身从事教育精英人才"巨龙奖"。

1996年4月　赴香港参加"创意优质教学研讨会";在郑州大学、黄河水利学校设置"广亚奖学金"。

1996年5月　获国际光明会社世界总会颁赠最高荣誉　"和平奖

章"。

1996年6月　捐资60万元美元建造"升达艺术馆"工程破土动工。

1996年7月　参加升达学院首届(1994级专科)毕业生毕业典礼。

1996年9月　出版著作《人生拾零》《生活小语》;应邀参加郑州大学建校40周年校庆并在大会上发言。

1996年10月　赴复旦大学考察,引进人才。

1997年3月　赴中国人民大学、首都经济贸易大学延聘精英师资。

1997年4月　荣获韩国清州大学名誉经营学博士学位。

1997年5月　为升达图书馆题词"坐拥书城,掌握未来"。

1997年7月　出版著作《拥有与享有》。

1997年12月　接受访谈出版《屋顶上的巨人——王广亚兴学记》。

1998年8月　捐款78700百元,购置棉大衣送给河南台前县灾区。

1998年9月　出版著作《杏坛随笔》。

1998年10月　参加升达学院建校5周年庆祝大会。

1998年12月　获颁管理学学会1998年"李国鼎管理奖章"。

1999年8月　创办北京育达高级职业学校与台湾育达科技大学。

2000年5月　在升达学院接待韩国清州大学校长李光泽一行。

2000年10月　出席郑州大学与日本名古屋产业大学合作典礼。

2001年3月　获选"台湾第一届私校十大杰出教育事业家"殊荣。

2001年9月　参加升达学院为他举行的"八十嵩寿茶话会"。

2001年12月　率升达学院参访团对南京师大、江苏大学考察。

2002年5月　出版著作《杏坛鳞爪》。

2003年4月　出版著作《升达与我》;指导升达"非典"防治工作。

2003年10月　出版著作《私教协会与我》。

2003年10月　在升达学院建校十周年庆祝大会，提出学院未来的发展方向：国际化、资讯化、实用化。

2003年12月　出版著作《升达与我》《育达与我》。

2004年8月　在升达年度校务会上提出"三严、三心、三特色"办学要求，在暑期云台山主管讲习班阐述办学理念和"三三三制"。

2004年10月　参加升达学院华东校友会成立大会并发表讲话。

2004年10月　出版著作《三本教育思想——我的办学理念与实践》。

2005年4月　出席升达学院升光书画社十周年社庆。

2005年12月　邀请美国DBU大学副校长Gregory博士以及DBU大学驻中国代表Park先生莅临升达学院参访交流。

2007年4月　受到河南省副省长王菊梅、省教育厅厅长蒋笃运接见。

2007年6月　出版著作《广亚锦言拾粹》。

2008年9月　出版著作《成功与我》。

2008年10月　出席升达学院2008年招生工作表彰大会并颁奖。

2008年11月　出席升达学院建校15周年庆典大会。

2009年3月　受到第十一届全国政协港澳台侨委员会主任、海峡两岸关系协会会长陈云林先生亲切会见。

2009年5月　邀请升达学院部分优秀教师赴港澳参观考察。

2009年6月　出版著作《八八忆往》《烛火集》。

2009年7月　接受访谈后出版《在自己的生命做第一——办学达人王广亚教你找到成功之门》；在升达指导甲型H1N1防控工作。

2009年8月　荣获韩国南部大学校颁赠名誉教育哲学博士学位。

2009年10月　获"感动中原——60年·60事·60人"殊荣。出席升达学院举行的创办人像落成暨建校纪念碑揭幕仪式。

2009年12月　接受访谈后出版《育达传奇》;荣获日本创价大学颁授最高荣誉奖章;出席升达学院第二届科研工作暨表彰大会。

2010年1月　出席两岸三校联合校务会议并讲话。

2010年3月　获日本创价大学颁赠名誉博士学位。

2010年4月　向玉树震区捐款两万元。

2010年6月　出席升达学院举行的王广亚博士九十嵩寿招待会。

2010年9月　为升达学院2010届会计系毕业生冯协题词"学习冯协精神,争做社会栋梁"。

2010年12月　出席升达学院"大学生创业实践中心成立"揭牌仪式。

2011年3月　出席在杭州召开的台湾育达科技大学、升达学院、成功学院、台北育达高职、台湾桃园育达高中五校联合校务会议。

2011年4月　获周大观基金会颁"第十四届全球热爱生命奖章"。

2011年5月　出席在河南艺术中心隆重举行的郑州升达经贸管理学院揭牌庆典并致词,升达学院转设为独立民办普通本科高校。

2011年8月　出席"升达学院第一届董事会暨董事长就职典礼",宣布王淑芳任升达学院第一届董事会董事长并讲话。

2011年10月　出席升达学院第三届科研工作大会。

2011年11月　陪同台湾贵宾出席升达建校18周年庆祝活动。

2011年12月　荣膺"跨越新十年2011全国教育行业最具影响力人物"称号。

2012年1月　中共郑州市委机关报《郑州日报》以《多维世界构建"教育帝国"》为题,深度报道创办人的传奇经历和多维世界。

2012年5月　支援政府市政建设,为龙湖镇鸿鹄南路建桥工程捐款600万元,该桥被冠名为"升达大桥"。

2012年6月　升达学院与登封市人民政府签订协议,在登封征地

1000亩,建设升达学院登封校区。

2012年8月　接受访谈后出版《务实的传奇教育家——王广亚的奋斗人生》;出席升达学院第一届董事会第二次会议,提议并通过董事会增加王育丰和王新奇两位董事。

2012年9月　荣获"民办教育慈善人物"称号;出席2012两岸三校联合校务会议,并作重要讲话。

2012年12月　率升达学院参访团一行9人赴西安参访调研。

2013年3月　创办升达幼稚园。

2013年6月　出席升达学院2013届毕业生毕业典礼,向五位通过注册会计师考试的同学颁发证书和每人10000元奖金。

2013年7月　在院长崔慕岳等陪同下深入招生办视察招生工作。

2013年8月　出席两岸三校联合校务会议",提出教育师生要有"吃苦、吃亏、吃气"的"三吃"精神。

2013年9月　创办升达小学;升达学院董事长王淑芳撰写的《我的父亲王广亚》一书举行发行仪式;中秋佳节分别会见升达学院7位优秀校友和升达、成功两校校报主编。

2013年11月　出席升达学院建校20周年庆祝大会并发表讲话,升达校报刊发撰写的回想文章《坎坷风雨路　光辉二十年》。

2013年12月　出席升达学院"创办人播撒爱心　温暖学生"活动并讲话,向寒门学子发放棉衣;荣获"2013中国突出贡献教育人物"称号。

2014年3月　河南省豫商联合会拍摄《黄河之子——王广亚》在凤凰网河南频道播出;在台湾会见升达赴台研习师生;接受升达学院校园记者专访。

2014年4月　出版《杏坛珠玑》。

2014年6月　率升达学院领导出席在河南博物院开幕的《故园青

山——刘延涛书画特展》;在台湾受到河南省省长谢伏瞻看望。

2014年9月　出席升达学院第一届董事会第三次会议并讲话;在台湾欢迎河南省教育厅刁玉华副厅长一行赴育达科技大学访问。

2014年10月　新著《升达情深》在升达学院举行发行仪式。

2014年11月　在郑州索菲特酒店宴请美哥伦布斯州立大学副校长一行。

2014年12月　获"2014中国突出贡献教育人物"殊荣;在台湾会见河南省高校工委专职委员贾修国一行。

2015年3月　巡视升达校园,出席"升达之春"文艺晚会;会见中国教育报河南记者站副站长陈强先生并向其颁发升达客座教授聘书。

2015年4月　陪同曹立清、范道镕等台湾贵宾参访升达学院。

2015年5月　观看升达学院体育舞蹈获奖汇报表演,向奥运冠军邓琳琳颁发"特聘高级教练"聘书;参观升达学院艺术设计专业毕业设计展。

2015年6月　会见升达校友,专访校友企业"云端创投咖啡"。

2015年8月　出席升达学院暑期主管研习营并发表重要讲话。

2015年9月　出席升达2015级新生开学典礼暨军训汇演并讲话。

2015年10月　出席河南民办高校会计学专业骨干教师培训班。

2015年11月　出席升达学院《杏坛之光》一书发行仪式。

2015年12月　升达学院呈报《海峡两岸的文化使者》材料,王广亚参加"2015年度中华文化人物"评选获准。

2015年12月　获"2015年度中国教育事业领军人物"荣誉称号;29日逝世于台北市立万芳医院。

2016年6月　创办人的事迹荣登"2016河南中招思想品德试卷"。

2018年5月　《王广亚文集》四卷本,由河南人民出版社出版发行。

2018年12月　被追授颁发"改革开放40年河南民办教育终身成就奖"。

2019年9月　荣获新中国成立70周年"河南省突出贡献教育人物"特别奖。

后 记

《跨越海峡两岸的教育实践家——我的父亲王广亚》一书,在中国大陆重印了,经过整整一年的辛勤努力,久久珍藏于胸中的热切心愿,终于得以实现,这令我激动不已,又令我按捺不住内心的喜悦。

在祖国大陆,有我父亲付出的一腔腔热血;这里,有他拼搏奋斗的一行行足迹;这里,有他的亲人、挚友、同仁和难以忘怀的师生;这里,有他的说不完、道不尽的感天动人故事;这里,有他的远大理想、宏伟抱负;这里,有他的丰硕成果、丰功伟绩。今天,该书重印,是父亲生前的心愿与期望,也是广大亲朋好友的热切期待,还是对所有了解父亲、熟知父亲、认可父亲的人们的最大激励,更是我们对这位伟大教育家的最好缅怀、最好思念。我想,听到这些,我的父亲一定会在九泉含笑,他的不灭灵魂也会得到极大慰藉。

此时此刻,我感慨良多:是父亲,为我提供了良好的成长环境,给了我前进的动力;是升达和育达教育机构,为我能力的锻炼和水平的提高提供了宽阔的平台;是升达和育达教育机构的同仁与朋友,给了我事业上的激励与襄助。此时此刻,除了兴奋与喜悦,在这里,我要十分感谢为编撰本书、修订本书,曾给予我大力支持与热情帮助的领导、同仁和朋友。

感谢台湾地区教育部门负责人吴清基先生,生前在百忙中为本书作序。他的爽快应允、他的辛苦劳作、他的文笔文采,以及对我父亲王广亚博士的讴歌与赞誉,都令我十分感动、十分钦佩。十分感谢台北广兴文教基金会秘书长陈坚德,中华博远文化经济协会原会长卢博文,苗栗科技大学《育达时报》编审林淑珍,台北育达高级商业家事职业学校洪毓俊主任、林丽纹老师,台北育达点点幼稚园,为本书前期编撰提供帮助、提供资料所付出的辛劳。

此次，本书重印十分感谢河南省人民出版社的热情承接与筹办。同时，十分感谢河南郑州升达经贸管理学院执行董事王新奇、发展规划处处长沈定军、宣传部部长职正路、科研处处长杨存博为本书修订进行宏观指导；十分感谢教务处袁向阳、章泓，学务处苏虹，总务处申志萍，党委办公室刘帅，校长办公室郝艳海，人事处殷玉玲，招生就业处冯科、袁保华、李莹，商学院马巧丽，创新创业学院汪梁，艺术学院邬志国、申成，体育学院张瑶、乔亚珺、建筑工程学院朱俊博等老师，以及学生彭慧颖、李蕊、王翠萍、张震、扶亚男等，还有河南巩义海上桥村村干部们，为本书再版收集整理资料、图片。尤其感谢郑州升达经贸管理学院校报原主编王光汉、宣传文化科赵建华，王广亚研究中心办公室主任彭丽，王广亚研究中心凡锐丽、王楠、丁童心、杜晓东等老师，对本书进行认真规划、精心编排以及与河南人民出版社反复沟通协商，方使该书面世。

本书洋洋洒洒20余万言，是我对父亲王广亚博士从事教育事业67年的所见所闻及全部了解，是父亲整个人生的真实写照，是我对父亲心存感恩的和盘托出。书写本书的过程中，也是我向父亲学习与提高自己的过程。文中，有不少内容是我个人对父亲的认知及理解。真实地讲，我不一定能全面而深刻地读懂父亲的精神世界，不一定能全面详细地介绍父亲的恢宏业绩，但是，这是我对父亲的真情回报，对父亲的深情缅怀。

由于工作繁忙，时间仓促，书中不可避免地会有遗漏或差错，敬请读者见谅与批评指正。

谢谢！

王淑芳

2020年6月